하워드 가드너 심리학 총서 3

창조성은 어떻게 만들어지는가

하워드 가드너 심리학 총서
— 재능편 —

창조성은 어떻게 만들어지는가
Extraordinary Minds

하워드 가드너 지음 | 문용린 옮김

사회평론

비범한 사람은 현실에서 도피하려고 하지 않는다.

그는 실패라는 붓을 가지고 성공의 그림을 그리지 않는다.

그렇다고 실패를 무시하는 시도를 하지도 않는다.

◈ 차례

3장 비범한 지능의 탄생 065

4장 위대한 대가, 모차르트 093

5장 위대한 창조자, 프로이트 121

6장 위대한 내관자, 버지니아 울프 149

감사의 말

나는 지난 10년 동안 비범한 사람들의 삶을 연구하면서 그들의 삶에 깊이 빠져 지내왔다. 그들은 대부분 내가 존경하는 사람들이다. 나는 그들의 전기를 읽고, 그들의 업적에 대해 연구하고, 그들에 대해 잘 아는 사람들과 인터뷰를 하는 등, 위대하고 때로는 신비스럽기까지 한 그들의 정신이 어떻게 작동했는가를 알아내기 위해 가능한 한 그들의 정신 속으로 깊이 파고들어 가려고 노력해왔다.

비범한 사람들의 정신을 연구하면서 내가 얻은 교훈 중에는 마사 그레이엄의 노트와 파블로 피카소의 스케치북 사이에 더할 수 없이 큰 유사성이 존재한다는 것과 같이 구체적인 것도 있고, 볼프강 모차르트와 이고리 스트라빈스키, 마오쩌둥과 프랭클린 루스벨트, 버지니아 울프와 마거릿 미드 등의 경우에서 보듯 놀랄만큼 많은 요소들이 시간과 공간 그리고 영역에 걸쳐 반복된다는 것과 같이 보편적인 것도 있다. 이 책은 그간 내가 공부해왔던 비범성의 정의에 수반되는 창의성, 지능, 지도력과 그 외의 구체적인 자질들에 대해 재고해볼 기회를 주었다.

예전에 가졌던 생각들을 통합하고, 그 과정을 통해 그 생각들을 보다 현명하게 발전시킬 수 있으리라 기대하면서, 나는 주로 다음과 같은 두 가지 전제로 이 연구를 수행했다.

첫째, 비범한 사람들에게는 네 가지 유형이 있다는 결론을 내렸다. 이 책에서 나는 대가the Master, 창조자the Maker, 내관자the Introspector, 지도자the Influencer 등 네 가지 유형의 비범성들의 발달 기원과 성숙한 행위를 규명하고자 했다.

둘째, 누구나 위에 열거한 네 가지 유형의 요소를 본질적으로 갖고 있다고 확신했다. 모차르트, 프로이트, 울프, 간디의 정신 상태를 잘 이해함으로써 우리는 더 많은 것을 이해할 수 있을 뿐 아니라 우리 사회에 좀 더 의미 있는 기여를 할 수 있을 것이다.

내게 이 주제를 다룰 것을 처음으로 제안했던 존 브록만에게 감사한다. 이 책의 편집을 맡아준 수전 라비너, 린다 카본, 브라이언 데스몬드에게도 감사한다.

내가 이 책을 위해 연구하고 글을 쓰는 동안 유용한 충고와 조언을 아끼지 않은 미하이 칙센트미하이, 윌리엄 데이먼, 로버트 킬리, 타냐 루어만, 그리고 나의 아내 엘렌 위너에게 진정으로 감사를 드린다.

창의성에 대한 나의 최근 연구를 지원해준 휴렛 재단, 로스 가족 자선재단, 그리고 루이스 클로드 로젠버그 주니어 가족 재단에도 감사를 드린다.

내가 글을 쓰는 동안 내내 격려해준 나의 친구이자 진정으로 비범한 정신의 소유자인 대니얼 칼턴 가이듀섹에게도 감사의 마음을 전한다.

매사추세츠 케임브리지에서

하워드 가드너

감사의 말

1장

**창조적 인간의
비범한 특성**

비범하다는 것의 의미

◇ ■ ◈

지난 수천 년 동안 지구에 존재했던 수십억의 인간들 중에서 자신의 활동 범위를 초월해 자취를 남긴 사람은 그리 많지 않다. 그 얼마 되지 않는 사람들 중에서 우리의 기억에 남은 사람으로는 잔 다르크처럼 특별한 용기를 지녔던 사람이나, 로즈 케네디 Rose Kennedy처럼 오래 살아서 유명한 사람이 있다. 그런가 하면 앤드루 카네기 Andrew Carnegie처럼 관대함으로, 또 칭기즈 칸처럼 잔인함으로 알려진 사람도 있다.

어느 시대건 창조적 업적을 남겨 유명해진 사람은 극소수에 불과하다. 그중에는 그가 남긴 성과물이 비범하고 훌륭하기 때문에 인정받았던 사람들이 있다. 젊은 나이에 요절했음에도 볼프강 아마데우스 모차르트 Wolfgang Amadeus Mozart는 당시 존재했던 거의 모든 음악 장르에 걸쳐 수십 편의 명곡을 작곡했다. 때로는 혁신적이었기에 두드러진 사람도 있다. 마흔이 될 때까지 아무런 주목도 받지 못했던 지그문트 프로이트 Sigmund Freud는 정신분석학이라는 영향력 있는 학문 영역을 새로이 창조해냈다. 때로는 자신의 마음을 꿰뚫어 보는 뛰어난 통찰력을 지녔다는 점에서 부각된 사람도 있다. 버지니아 울프 Virginia Woolf는 자신의 심리와 여성으로서의 경험, 의식의 진행 과정의 본질 등을 깊이 통찰했다. 한편 타인을 감화시키는 능력이 뛰어났던 사람도 있다. 영국의 식민 지배를 받던 인도의 시골 출신 변호사 마하트마 간디 Mahatma Gandhi는 시민 불복종이라는 저항 양식을 만들어내고 그것을 실천함으로서 지금까지도 전 세계 수백만의 사람들에게 지속적으로 영감을 불어넣고 있다.

모차르트, 프로이트, 울프, 간디는 모두 이 책에서 제시하려는 네 유형의 예가 될 정도로 특별한 사람들이다. 그러나 그들만이 유일한 예는 아니다. 중국 소녀인 왕 야니 Wang Yani가 그린 원숭이 그림이나 자폐증에 걸린 소녀 나디아가 그린 말 그림, 그리고 자폐증에 걸린 소년 스티븐 윌트셔 Stephen Wiltshire가 그린 건물 설계도를 본 현대의 연구자들은 영감을 불러일으키는 그들의 작품을 잊을 수 없을 것이다. 뿐만 아니라 로렌초 데 메디치 Lorenzo de Medici가 겨우 열네 살이라는 어린 나이에 외교 임무를 수행했다거나, 토머스 제퍼슨 Thomas Jefferson이 스물여섯 살에 독립선언문을 작성했다거나, 알렉산더 대왕이 서른셋의 나이로 죽을 때까지 문명 세계의 대부분을 정복했다는 사실은 정말로 놀라운 일이 아닐 수 없다. 또 폴란드 태생의 프랑스 과학자 마리 퀴리 Marie Curie, 미국 현대무용의 선구자 마사 그레이엄 Martha Graham, 남아프리카의 정치 지도자

넬슨 만델라 Nelson Mandela 등이 엄청난 역경을 헤치고 거둔 성공에 우리는 경이로움을 느끼지 않을 수 없다. 괴테 Johann Wolfgang von Goethe 가 여든둘이라는 연로한 나이에도 대작《파우스트》를 완성했다거나, 베르디 Giuseppe Verdi, 예이츠 William Butler Yeats, 미켈란젤로 Michelangelo 가 노년에 이르러서까지 위대한 작품을 창조해냈다는 것은 도저히 믿기지 않는 놀라운 사실이다.

우리 대부분은 비범한 인물에 대해 애증의 감정을 가지고 있다. 한편으로 그들의 공헌을 소중히 여기고, 또 그로부터 혜택을 누려왔다. 우리는 건물이나 특정 지역에 그들의 이름을 붙이고 그들의 생애에 관한 책을 읽거나 쓰기도 하며, 그들의 말과 업적을 중심으로 강좌를 만들거나 학파를 구성해왔다.

다른 한편으로 우리에게 위대한 선물을 제공하거나 우리 삶에 지대한 영향을 끼친 비범한 사람들에 대해 끊임없이 의심하기도 한다. 우선, 우리는 그들이 이루어놓은 것을 인정하는 데 인색해서 창조자들을 무명인 채로 내버려두거나 그들의 혁신적인 업적을 거부하기도 한다. 또한 그들의 업적이 인정받은 후에도 마치 그들을 우리와 동등한 입장으로 끌어내기라도 하려는 듯, 종종 그들의 약점이나 옥의 티, 혹은 그들의 지위를 깎아내릴 만한 어떤 이유를 찾아내려 애쓴다. 평범한 사람들은 영웅들을 존경하면서도 그만큼 그들을 헐뜯고 폄하하기를 좋아하는 것이다.

사회 정책을 입안하는 데에도 이와 유사한 모순된 심리가 나타난다. 대부분의 사회는 이런저런 방법으로 비범한 사람들 중에서 재능 있는 사람들을 찾아내서 그들을 교육하거나 적자생존의 원칙에 따라 살아남게 하는 특별한 프로그램을 통해 그들에게 자신의 재능을 한껏 발휘할 기회를 제공한다. 그러나 민주사회는 그것이 노력에 의한 것이든 '타고난' 것이든 상관없이 엘리트라는 개념에 대해 극도로 불편해한다. 특히, 우리는 지적 재능을 지닌 사람들을 멸시하는 경향이 있다. 예를 들어, 특별한 재능을 지닌 사람들보다는 학습장애가 있는 사람들을 위해 더 많은 재원을 투입하는 경우가 그렇다. 간혹 타당한 경우도 있지만, 자신들만이 과거의 위대한 정신을 이해할 수 있다는 이유로 보통 사람들과 자신들을 구별하려는 '엘리트 숭배자'들을 우리는 정당한 이유를 들어가며 마땅찮게 여긴다.

심지어 학자들 사이에서도 이런 서로 상반되는 견해가 나타난다. 특히 전기 작가나 역사가, 문학 및 예술 비평가 등과 같은 인본주의적 경향을 지닌 학자들은 어떤 사람의 천재성을 인정하고, 이에 지속적인 관심을 갖기도 한다. 과거에는 프로이트나 카를 마르크스Karl Marx, 알베르트 아인슈타인Albert Einstein이나 찰스 다윈Charles Darwin, 제인 오스틴Jane Austen이나 찰스 디킨스Charles Dickens와 같은 비범한 사람들을 연구할 때 이들을 미화하고 이들의 정신적 자질을 강조하는 경향이 있었다. 그러나 최근에 와서는 이들 분야에서도 엘리트라는 개념을 못마땅해할 뿐만 아니라, 그들의 약점을 파헤치는 것을 상대적으로 강조하는 경향을 보인다. 이는 '병리학' 분야에서 극에 달한다.

자연과학자들이나 행동과학자들 사이에서는 비범한 사람들에 대한 연구가 그리 큰 관심의 대상이 되지 못한다. 왜냐하면 다른 종에서는 개체 간의 차이가 그렇게 두드러지지 않기 때문이다. 인간에 대한 연구에 초점을 둔 과학자들 대부분은 특정 개체를 다른 개체들과 구분 짓는 제한적 법칙보다도 모든 사람에게서 동일하게 나타나는 현상을 찾아내는 데 더 큰 관심을 보인다. 더구나 특별히 정신 활동에 초점을 맞추는 연구 분야인 인지과학은 모든 인간은 동일한 정신 과정을 거친다는 가정 쪽으로 강하게 기울어 있다. 에이브러햄 링컨Abraham Lincoln, 마리 퀴리, 존 도John Doe 등을 예로 들자면, 인지과학은 이들 세 사람이 모두 동일한 기억, 학습, 행동의 과정을 거쳤다고 추정하며, 만일 그들 사이에 어떤 차이가 존재한다고 하더라도 그것은 정도의 차이일 뿐 종류의 차이는 아니라고 무시해버릴 것이다.

비범한 이들에 대한 오해

◇▣❖

비범한 사람들의 삶은 너무나 특이해서 그들의 생애를 아무리 열심히 연구해도 일반화하기가 불가능하다고 생각할 수 있다. 또한 찰스 다윈가 사람들과 제임스 스미스가 사람들 사이에 존재하는 어떤 놀라운 차이를 과학자들이 밝혀내지 못할 것이라고 생각할 수 있다. 그러나 적어도 마사 그레이엄과 마하트마 간디의 삶에서, 알렉산더 대왕과 로렌초 데 메디치의 성격에서, 혹은 음악 천재와 미술 천재의 성장 환경에서 어떤 유사성이 존재하는지 연구하려고 시도해보지도 않은 채 어느 쪽으로든 결론을 내리는 것은 너무 성급한 일이다. 비범성을 연구하는 것이 가능한가에 대한 문제는 명백히 경험적으로 증명되어야 한다.

비범성에 대한 연구는 가능하며, 실제로 그런 학문 분야가 형성되고 있다. 비범성을 다루는 학문이 피해야 할 두 가지 어리석은 극단적인 생각이 있다. 한 가지는 비범한 사람들은 행동·사고·활동에 대한 일반적인 법칙으로는 설명할 수 없는 별개의 종種이라는 생각으로, '개별성'을 주장하는 것이다. 다른 하나는 비범한 사람들도 우리와 같은 평범한 사람들과 어느 모로 보나 별로 차이가 없다는 생각으로, '무차별성'을 고집하는 것이다. 비범성의 과학이 존재하려면, 어쨌든 이 두 가지 입장을 적절히 결합해야 한다. 사람을 건물에 비유하자면, 비범한 사람들도 실제로는 우리와 똑같은 재료로 지어진 건물이다. 그러나 아무리 같은 재료로 지어졌다 하더라도 일단 완성되었을 때 전혀 다른 건물이 되는 것과 마찬가지로, 그들도 우리가 거리에서 마주치는 사람들과는 전혀 다른 사람들이 된다.

이 양극단을 피해 중간 입장을 유지하는 것은 그리 쉽지 않다. 비범한 사람들의 눈부신 업적에 우리가 한눈을 판 나머지 알려지지 않은 사람들의 업적에 대해서는 잘 모를 수도 있다. 간혹 예이츠나 마리 퀴리 같은 인물처럼 백과사전에 등장할 만하거나 특별한 업적을 이룬 이가 이런저런 이유로 알려지지 않은 채 무명으로 지낼 수 있다. 만일 화성인의 눈으로 인간을 평가한다면, 한 가지 혹은 그 이상의 언어를 습득하고, 수백 명의 사람을 얼굴만 보고도 구분하고, 과거의 무수한 일련의 사건들을 분명히 기억한다는 것만으로도 모두 나름대로 인상적이고 제각기 설명하기 어려운 커다란 업적을 이루었다고 생각할 수 있는데, 이러한 사실 역시 중요하다. 그리고 실제로 우리는 다른 사람들을 한 번쯤 깜짝 놀라게 만들 무언가를 배울 수도 있다. 가령 엄청나게 긴 숫자를 기억한다든지, 여러 가지 악기를 능숙하게 다룬다든지, 혹은 입술을 움직이지 않은 채 말하는 것보다 훨씬 빠른 속도로 책을 읽는 것과 같은 능력을 익힐 수 있다.

유감스럽게도 우리는 역사를 암울하게 만들었던 인물들을 별로 힘들이지 않고도 떠올릴 수 있다. 20세기만 하더라도 히틀러, 스탈린, 마오쩌둥과 같은 이름들이 떠오른다. 이들이 지닌 매력은 사그라지지 않은 채 학자들이나 언론인들 사이에서 잊히지 않고 거론된다. 나는 인류에 해악을 끼친 이런 사람들을 기억하는 것보다 사회에 지속적이고 긍정적인 공헌을 한 사람들을 이해하는 것이 더욱 중요하다고 확신한다. 이들은 우리에게 인간이 성취해낼 수 있는 것이 무엇인지를 깨닫게 해주고, 훗날 그들처럼 지고한 업적을 쌓을 수 있도록 영감을 불어넣어 준다. 더욱이 나는 평범한 사람과 비범한 사람을 칼로 무를 자르듯 갈라놓을 수 있는 절대적인 기준은 없다고 믿는다. 우리는 모두 같은 인간이며, 인문과학에 의해 설명될 수 있는 존재들이다. 그들이 어떤 유전자를 물려받았든 파블로 피카소Pablo Picasso나 제인 오스틴, 혹은 넬슨 만델라도 태어날 때부터 훌륭한 사람은 아니었다. 그들은 꾸준히 노력하고 발전해 마침내 우리가 존경하는 사람이 되었다. 바로 그렇기 때문에 그들이 우리 모두에게 귀감이 되는 것이다.

이 책에서는 세 가지 과제를 살펴보려 한다. 첫째, 무엇보다도 예외적인 인물에 대한 이해가 필요하다. 즉 아이작 뉴턴 Isaac Newton 이나 레오나르도 다빈치 Leonardo da Vinci, 토머스 제퍼슨과 같은 사람들의 삶에 나타나는 독특한 방식을 알아내는 것이다. 둘째, 평범한 사람들과 비범한 사람들을 이어주는 요소들을 찾아낼 것이다. 이런 연구는 우리 모두의 삶에 영향을 주는 비범성의 특징뿐만 아니라 모든 발전 과정에 공통적으로 나타나는 특징을 찾아내는 것을 포함한다. 마지막으로 비범한 사람들의 삶을 연구함으로써 그렇지 않은 다른 사람들, 즉 우리 모두가 어떻게 하면 더 생산적이며 만족스러운 삶을 영위할 수 있는가에 대한 구체적인 통찰을 얻고자 한다.

이 연구를 시작하기 전에 알아야 할 몇 가지 중요한 것들이 있다. 이 장의 나머지 부분에서 비범성의 과학과 관련된 생각 몇 개를 제시하고, 내 분석의 핵심적인 요소들을 소개할 것이다. 아울러 이 책의 나머지 부분을 전체적으로 조망해보겠다.

비범한 마음에 대하여

◇▩❖

'비범성의 과학'은 두 가지 근거에 기반해 형성된다. 그 한 가지는 먼저 비범한 인물을 각 사례별로 꼼꼼하게 살펴보는 것이다. 비범성을 이해하기 위해서는 일반적으로 특별하다고 인정되는 인물의 삶이나 사고에 대한 이해가 선행되어야 한다. 그런 다음 주어진 범주 내에서 인물들을 살펴보아야 한다. 예를 들어 다윈, 아인슈타인, 마리 퀴리 같은 한 비범한 과학자 집단에서 드러나는 패턴을 찾아본다. 그리고 이런 공통된 특징이 전혀 다른 범주에서도 나타나는지 알아보기 위해 다른 범주에 속하는 인물들과 비교해야 한다. 예를 들자면 버지니아 울프, 제임스 조이스James Joyce, 레오 톨스토이Leo Tolstoy 등의 작가 집단과 과학자 집단을 비교하는 것이다. 결국 비범성을 연구하는 과학자들의 목표는 다음과 같다. 모든 비범한 사람들에게서 나타나는 유사한 특징을 찾아낸다. 이를테면 자신의 일에 투자하는 에너지의 양을 살펴보는 것이다. 다음으로 특정한 부류의 비범한 사람들이 갖는 유사한 방식을 규명해본다. 작가들의 가계에 다른 창작자들의 가계보다 더 많은 조울증 환자가 있다는 연구가 그러한 것이다. 그리고 비범한 특정인만이 유일하게 갖는 독특한 방식에 관심을 두는 것이다. 이를테면 아이작 뉴턴의 삶에 만연한 신비주의와 고독을 알고자 하는 것이 이에 더 속한다.

이런 연구 방법은 다양한 학자들이 꾸준히 시도해왔다. 예를 들어 하워드 그루버Howard Gruber는 각각의 비범한 인물을 집중적으로 연구했고, 딘 키스 사이먼턴Dean Keith Simonton은 비범성에 일반 법칙이 있는지를 찾고자 했다. 나의 비범성 연구에 가장 많은 영향을 미친 미하이 칙센트미하이Mihaly Csikszentmihalyi는 비범성에 대해 '체제적 관점system view'을 취했다.

칙센트미하이의 분석 방법은 데이비드 펠드먼David Feldman과 나의 동료들이 어느 정도 발전시켜왔는데, 이 분석에 따르면 특정 인물이 창의적인지 혹은 비범한지를 묻는 것—마치 그 대답이 그들의 뇌나 마음 혹은 인성에 있는 것처럼—은 비범성을 잘못 연구하는 것이다. 그의 주장에 따르면, 비범성을 연구하기 위해서는 세 가지 요소와 상호작용에 항상 주목할 필요가 있다. 세 가지 요소란 재능과 목표를 가진 사람 자체^{individuality}, 그 사람이 일하기 위해 선택한 분야^{domain}, 그리고 처음에는 시험적이지만 이후에 보다 결정적으로 그의 작업을 평가하는 일련의 사람들이나 제도인 삶의 영역^{field}을 의미한다. 따라서 우리는 "누가 비범한가"를 묻기보다 "어디에 비범성이 있는가"를 물어야 한다. 그리고 그 해답은 세 가지 요소의 역동적인 상호작용에 있다.

이와 관련해 몇 가지 예를 들어보면, 에밀리 디킨슨^{Emily Dickinson}은 그녀의 짧은 인생의 상당 기간을 시를 쓰며 보냈다. 그녀는 문학 분야에 상당한 영향을 끼친 재능 있는 작가였다. 그러나 에밀리 디킨슨의 자질은 사후에 메이블 토드^{Mabel Todd}나 토머스 웬트워스 히긴슨^{Thomas Wentworth Higginson}에 의해 그녀의 시들이 출판된 후에야 비로소 인정받았다. 시 전문가들이 모인 공인된 '장'에서 그녀의 작품이 검토될 기회가 주어졌을 때 비로소 긍정적 평가가 이루어진 것이다.

이와 유사한 이야기는 죽은 지 몇 년 후에 인정받은 화가 빈센트 반 고흐^{Vincent van Gogh}와 생물학자 그레고어 멘델^{Gregor Mendel}의 생애를 통해서도 찾아볼 수 있다. 대조적으로 지그문트 프로이트는 다양한 재능과 특이한 야망을 가진 인물이었다. 초반기에는 많은 업적을 이루지 못한 채 과학의 여러 영역을 전전했지만 프로이트가 정신분석이라는 새로운 영역을 창조하게 되면서 그 분야에서 그의 연구가 가치 있는 것으로 인정받게 되었다. 그리고 결국 정신분석학이라는 학문의 발전도 도모할 수 있었다.

이러한 배경에서 비범성에 대한 나름의 접근 방식을 만들어온 나는 하워드 그루버의 방법을 따라 철저한 사례 연구를 시작할 것이다. 그다음에 초점을 개인individuality으로부터 분야domain로 확장하고, 또 그 분야 내에서 이루어진 활동과 업적field을 살펴보는 데 집중할 것이다. 이런 사례 접근식 개인 연구를 통해 사이먼턴식의 접근인 일반 법칙 발견에 이르리라 기대한다. 내가 이런 연구 방식을 채택하게 된 데에는 미하이 칙센트미하이의 영향이 컸는데, 그의 연구 방법은 우리에게 비범성이 결코 개인이나 일 그 자체에 있지 않음을 상기시킨다. 관련 분야에서, 또한 그들의 업적을 판단하는 장에서 특정 인물을 살펴본다면 그 인물의 공헌이 비범한지 그렇지 않은지를 좀 더 신빙성 있게 판단할 수 있을 것이다.

그러나 한 연구 방법이 과학이 되기 위해서는 거쳐야 할 과정이 있다. 이런 연구 방법은 비범성을 연구하는 학자들에게 분명하게 검증할 수 있는 강력한 모델을 아직 제시하지 못하고 있다. 비범성의 연구가 하나의 과학이 되기 위해서는 우선 개인 사례를 철저하게 기술한 다음 그 사례를 기반으로 분류학을 형성할 필요가 있다. 따라서 우리는 새로운 분야를 개척하는 학자로서 아리스토텔레스Aristoteles 또는 린네Carl von Linné가 행했던 분류 과제를 수행하게 되는 것이다. 관련 자료를 성공적으로 정리하게 될 때, 일종의 다원식의 통합을 이룰 가능성이 높아진다.

비범한 마음의 비밀

❖✷☼

지금까지 비범성에 대한 연구가 형성되어온 전통을 소개했다. 이제 두 번째 준비 과정으로 비범성을 분석하는 기반이라 할 몇 가지 구성 요소들을 정의하고자 한다. 우선 세 가지 주요 구성 요소와 일련의 과정을 제시하고자 한다. 세 가지 구성 요소는 사람, (인간 이외의) 물리적 대상 그리고 상징적 실체를 말한다. 그리고 일련의 과정이란 인간의 발달 과정을 말하는 것이다. 이 단순한 기초로부터 나오는 평범함, 비범함, 그리고 그 둘 사이의 다양한 관계를 설명할 수 있는 체계를 만들고자 한다.

첫 번째 요소는 사람이다. 우리는 모두 사람이다. 그 말은 곧 우리는 자연 세계에 존재하고 특정한 모습을 지니고 있으며, 느낌·원망·요구를 경험하는 실체라는 것을 뜻한다. 사람은 모든 관계에서 어떤 태도를 가지고 있다. 즉, 그들은 서로 원하기도 하고, 서로 두려워하기도 하고, 서로 의사소통을 하려고도 한다. 그리고 그 의사소통에서 기대했던 효과를 얻지 못했을 때 좌절하기도 한다.

두 번째 요소는 (인간 이외의) 물리적 대상들이다. 우리는 많은 실체들, 즉 인형이나 딸랑이 장난감같이 단순한 보호의 대상, 코끼리·땅벌·상록수와 같은 복잡한 자연물, 그리고 장기·시디롬과 같은 복잡한 인공물들에 둘러싸여 있다. 이런 실체들은 서로 다른 기원과 모습을 가지고 있긴 하지만 동일한 물리적 법칙에 따라 움직인다. 인류도 물리적 대상에 속한다고 볼 수 있지만 다른 물리적 대상과 구분하는 것이 유용하고 과학적으로도 정당하리라 생각한다.

세 번째 요소는 상징적 실체들이다. 인간은 상징을 인식하고 만들기 좋아하는 독특한 특성을 가지고 있다. 이런 특성 때문에 우리는 다른 동물과 구별된다. 여기서 상징이란 단어, 동작, 그림, 수 및 기호들처럼 물리적이고 자연적인 대상을 말한다. 이 상징들에는 지도와 같이 물질적인 것이 있는가 하면, 구어나 머릿속에서 이루어지는 수학적 조작과 같이 좀 더 가상적인 것도 있다. 그리고 어떤 상징들은 컴퓨터 언어와 같이 정교한 체제의 일부분인가 하면, 헨리 무어Henry Moore의 조각품처럼 그 자체가 상징인 것도 있다.

궁극적으로 이러한 상징들은 성인의 경험들 또는 '전문 분야들domains'과 결합되어 나타난다. 이 분야란 특정 문화에 의해 그 가치를 인정받고, 공인된 도제 관계를 통해 숙달할 수 있는 기술 또는 학문의 분야를 말한다. 따라서 법 분야에는 언어적 상징이 필요하고, 수학에는 숫자와 여타의 추상적인 상징이 필요하다. 음악 분야에서는 표현성과 역동성을 지닌 악보를 다룬다.

마지막으로 발달 과정을 들 수 있다. 많은 동물들과 마찬가지로 인간도 어느 정도 거의 형성된 상태에서 태어났다고 보는 입장이 있다. 반면에 완전하게 형성되지는 않았지만 다양한 경험들에 영향받지 않는 고정적인 계획에 따라 전개된다고 보는 입장도 있다.

그러나 이 두 입장 모두 사실이 아니다. 임신된 순간부터 태아는 자궁의 물리적인 조건에 영향을 받는다. 때로 어떤 환경은 유기체가 무엇이 될지에 지대한 영향을 미치기도 한다. 그렇다고 해서 이 유기체가 단순히 환경의 영향을 받기만 하는 백지 같은 존

1장 창조적 인간의 비범한 특성

유아	
사람과 직접적인 관계	대상과 직접적인 관계

아동	
사람과 직접적인 관계	대상과 직접적인 관계
사람·대상과 관련된 상징체계에 대한 초기 해석과 기호화 (예를 들면 언어, 그림 표현 등)	

유아	
사람과 직접적인 관계	대상과 직접적인 관계
상징체계를 통해 사람과 간접적 관계	현존하거나 새롭게 창조된 상징체계를 통한 대상 창조

재는 아니다. 즉 인간은 민감한 감각기관과 판단 능력을 가지고 있을 뿐만 아니라, 어떤 경험에 대해 집중·추론하고, 다양한 인지적·정서적·심리적 상태를 경험하게 된다.

나는 '발달'이라는 용어를 사용하여, 모든 사람들의 성장이 내적 프로그램을 가진 생명체와 예측 불가능한 구성물로 이루어진 환경 사이의 역동적이고 지속적인 상호작용을 반영한다는 것을 강조하고자 한다. 더 나아가 이 역동적 상호작용이 실제 삶에서 시종일관 지속되고 구체화되어, 개인의 존재와 궁극적인 성취에 의미를 부여한다고 주장한다. 다음 장에서는 이 개인—대상—상징의 상호작용이 평범한 사람과 비범한 사람 사이에서 발달해가는 과정을 추적할 것이다.

창조적 인간의 네 가지 유형

인간은 자라면서 자신을 둘러싼 세계의 직접적인 지식들을 획득하게 된다. 또한 직업 세계에서 대상·상징들과 관련된 그와 유사한 전문 지식 혹은 기술을 습득한다. 여기에는 학교에서 접하는 학문 영역은 물론이고 개개인이 종사하는 직업이나 전문 분야, 그리고 삶을 풍요롭게 하는 여러 가지 여가에 이르기까지 다양한 영역들이 포함되어 있다. 우리는 아래의 표와 같이 개인을 중심에 놓은 상태에서 기술의 범위를 생각해볼 수 있다.

분야				타인
1 2 3 4 5 · · · N	개인이 참여하는 분야	개인이 바라보고 이해하는 자아	개인이 타인과 어울려 사는 삶의 영역	1 2 3 4 5 · · · N

표에 나타난 것처럼 모든 개인은 타인, 관심 분야 그리고 자기 자신과의 관계를 발전시켜나간다. 그리고 이러한 발전은 환경에 상관없이 모든 인류에게 공통적으로 나타난다. 사람에 따라 이러한 관계에서 하나 또는 그 이상을 강조할 수도 있다. 특히 비범한

사람들은 하나의 특별한 관계를 강조한다는 점에서 보통 사람들과는 많이 다른 편이다.

이런 개념적 틀을 가지고, 우리는 비범성의 네 가지 유형이 지니는 특징을 설명하기 위해 각 유형에 속하는 네 명의 인물에 접근할 것이다. 각각의 사례는 우리가 만들 수 있는 네 가지 가능한 관계 중 하나에 해당한다.

모차르트는 대가형의 실례다. 대가란 하나 또는 그 이상의 분야에서 완벽한 실력을 발휘하는 사람을 일컫는다. 그리고 이런 확실한 실행(연습) 속에서 그들은 혁신을 이룰 수 있다. 모차르트의 경우, 당대의 작곡에 관한 모든 내용을 거의 완전하게 숙달했다. 또 다른 음악의 대가로는 그 이전 시대의 바흐^{Johann Sebastian Bach}를, 이후에는 브람스^{Johannes Brahms}를 들 수 있다. 각 분야마다 대표적인 대가가 있다. 19세기 영국 소설의 대가로는 엘리엇^{T. S. Eliot}을, 17세기 네덜란드 초상화의 대가로는 렘브란트^{Rembrandt}를 들 수 있다.

프로이트는 창조자형의 실례다. 창조자란 자신의 기존 전문 분야에 숙달되어 있으며 또한 새로운 영역을 개척할 때 자신의 에너지를 쏟아붓는 사람을 말한다. 프로이트는 정신분석학을 창안했으며, 잭슨 폴록^{Jackson Pollock}은 추상적인 액션 페인팅(행동 회화)의 개척자로 인정받는다. 찰스 다윈은 생물학에서 진화론을 창조했으며, 대중문화에서는 찰리 채플린^{Charles Chaplin}과 존 레넌^{John Lennon} 같은 사람들을 그 예로 들 수 있다.

버지니아 울프는 내관자형을 대표한다. 내관자는 자신의 내면 세계, 즉 매일의 경험, 잠재된 욕구와 두려움, 의식의 작용 등에 주로 관심을 가지는 사람을 말한다. 울프는 자신의 소설, 수필, 일기, 편지 등에 많은 내관의 흔적을 남겼다. 또 다른 내관자형 인물로는 소설가인 마르셀 프루스트 Marcel Proust 와 제임스 조이스, 그리고 일기 작가인 아나이스 닌 Anaïs Nin , 비톨트 곰브로비치 Witold Gombrowicz 같은 인물을 들 수 있다.

간디는 지도자형에 속한다. 지도자형에 해당하는 사람들은 다른 사람에게 영향을 주는 것에 주요한 목표를 둔다. 간디는 다양한 정치적·사회적 운동에서 직접적으로는 자신의 리더십과 모범적인 모습을 통해, 간접적으로는 자서전 또는 교훈적인 글을 통해 사람들에게 영향을 끼쳤다. 정치·군사 분야의 리더들은 주로 직접적인 영향을 미치는 데 비해 카를 마르크스처럼 글을 통해서, 혹은 마키아벨리 Machiavelli 처럼 어떤 행동을 하도록 지도자들을 설득함으로써 간접적으로 영향을 주는 사람들도 있다.

지금까지 비범성의 네 가지 주요한 유형들을 살펴보았다. 여기에 다음과 같은 몇 가지를 덧붙여 얘기하고 싶다. 첫째, 다른 유형의 비범성이 있을 수 있다. 정신적 지도자, 도덕적 인물들이 이에 해당된다. 이 다양성에 대해서는 8장에서 다시 다룰 것이다. 둘째, 한 가지 이상의 비범성을 보이는 사람들도 있을 수 있다. 예를 들어 프로이트는 이 네 유형의 특징을 모두 가진 사람으로 인용될 수 있다. 즉 그는 신경학 분야를 숙달했고, 정신분석학이라는 삶의 영역을 창조했으며, 자신의 경험을 내관하는 능력도 가지고 있었다. 그리고 직접적으로 제자들뿐만 아니라, 궁극적으로는 수백만의 독자들과 환자들에게 영향을 미쳤다. 셋째, 사람들을 분류하는 이 방법이 다른 방법들로 대체될 수는 없다. 이후의 장에서 네 가지 비범성이 어떻게 다양한 창의적인 행동과 재능 또는 지능을 구분하는가에 대해 논의할 것이다.

마지막으로 비범성의 유형을 분명히 구분할 수 있는 확실한 경계선은 없다는 것이다. 모든 행동은 어느 정도는 독창적이므로, 누구 한 사람만이 대가일 수는 없다. 그리고 어떠한 사람도 자신의 현재 활동 분야를 숙달하지 않고서는 창조자로 나아갈 수 없다. 유형들 사이를 연결하는 다음의 예들처럼, 내관자와 지도자는 자신에 세계(영역)에 몰두하면서도 자신의 특정 분야에서 활동한다. 간디와 마오쩌둥이 정치라는 영역에서 개혁자인 것처럼, 울프와 조이스는 문학 영역의 개혁자다. 앞으로 다음의 표와 같이 네 명의 인물을 다른 가능한 예들과 연결시켜가면서 순환적인 형태 속에 배열시켜 생각해보는 것이 바람직할 것이다.

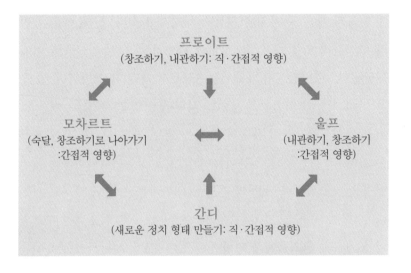

프로이트
(창조하기, 내관하기: 직·간접적 영향)

모차르트
(숙달, 창조하기로 나아가기
:간접적 영향)

울프
(내관하기, 창조하기
:간접적 영향)

간디
(새로운 정치 형태 만들기: 직·간접적 영향)

이 책의 구성

◇ ▦ ◊

우리 모두가 비범하지 않음에도 나는 두 가지 이유에서 '우리'라는 단어를 사용한다. 첫째, 우리는 모두 어떤 면에서 각각의 역할을 수행할 잠재력을 가지고 있기 때문이다. 즉 우리는 모두 어떤 한 분야를 숙달할 수 있고, 그 분야를 의미 있는 방식으로 다양화할 수 있다. 그리고 우리 자신의 내면을 내관할 수 있으며, 다른 사람들에게 영향을 줄 수 있다. 진정한 의미에서 우리 모두는 이 네 가지 유형의 특징을 가지고 있다. 둘째, 비범성은 우리가 속한 환경에서 서서히 드러나기 때문이다. 즉 비범성이 더 넓은 인간 공동체의 삶의 질을 향상시키는 데 기여했다는 점에서, 그리고 각 관련 분야에서 기성세대의 평가에 의해 '형성'되어왔다는 점에서 '우리'의 내면에 내재한 특징이라 할 수 있다.

2장에서는 아동의 발달 과정을 주로 다룰 것이다. 3장에서는 비범한 사람의 발달 과정을 살펴보려 한다. 이 책의 중심 부분인 4~7장에서는 모차르트, 프로이트, 버지니아 울프와 간디의 사례 연구를 통해 발견한 사실들을 정리하고, 비범성의 일반적인 패턴을 보여주기 위해 이 사례들을 다른 비범한 사람들과 철저하게 비교할 것이다. 8장에서는 앞에서 특별히 다루지 않은 다른 유형의 비범성이 있는가를 살펴볼 것이다. 그리고 마지막 장에서 이 시대에 부각되고 있는 세 가지 쟁점에 대해 논의할 것이다. 즉 비범한 사람에게서 우리가 배울 수 있는 교훈은 무엇인가? 창의성이나 비범성을 증진시킬 수 있는 요소에는 어떤 것이 있는가? 어떻게 하면 비범한 사람으로 하여금 공동선에 기여하도록 동기를 부여할 수 있는가?

독자들을 위한 지침으로, 나는 이 연구를 통해 드러난 세 가지 교훈을 얘기하겠다.

첫째, 비범한 사람은 삶에서 경험했던 크고 작은 사건들을 자신의 삶에 반영하는 능력이 다른 사람에 비해 뛰어나다.

둘째, 비범한 사람은 자신의 '타고난 강점'을 그대로 내세우기보다 자신의 강점을 인식하고 개발하는 능력이 뛰어나다.

셋째, 비범한 사람들도 때때로 실패를 경험한다. 그러나 그들은 포기하기보다 역경에서 무언가를 배우고자 하며 패배를 기회로 전환하고자 한다.

사람들은 종종 나에게 '왜 우수성, 창의성, 비범성에 관심을 두는가'라고 묻는다. 단지 순수한 호기심에서 이런 질문을 하는 경우도 있지만, 인간의 능력을 나타낸 분포 곡선에서 특혜를 받은 소수의 사람들에 대해 학문적으로 몰두하는 것을 비난하려는 경우도 있다.

비범성에 대한 나의 관심은 여러 가지 동기에서 비롯되었다.

첫째, 나는 그런 사람들에 대해 개인적으로 상당한 관심이 있으며, 그들을 설명하는 데 실패한 인문과학의 틀에 대해 문제를 제기하고자 한다. 일례로, 장 피아제 Jean Piaget의 유명한 인지 발달 이론은 '특정 분야의 천재'에 대해 설명할 수 없다. 따라서 피아제의 이론은 인간 지능의 구조와 단계를 일반화하기 어렵다. 괴짜, 자폐아, 천재, 정신분열증 환자 등 특이한 사람에 대해 이해할 수 없다면, 우리가 받아들이고 있는 피아제의 일반적 이론은 진정으로 포괄적인 것이라 할 수 없다.

둘째, 나는 이 세상에 바람직한 것과 그렇지 못한 것의 대부분이 몇몇 비범한 사람의 사고와 행동에서 나온 것이라 믿는다. 다윈이나 아인슈타인 없이 과학을 생각할 수 있겠는가? 모차르트나 비틀스 없이 음악을 생각할 수 있겠는가? 나폴레옹이나 간디 없이 정치를 생각할 수 있겠는가? 한 시대의 사회적 요구, 역사적 힘, 기회 등은 개인의 역할을 통해서 파악할 수 있다. 실제로 톨스토이나 마르크스와 같이 개인의 중요성을 부인했던 이들조차도 스스로 이룬 업적의 놀라운 영향력에 의해 자신들의 주장이 옳지 않다는 것이 드러났다.

마지막으로 나의 연구에는 도덕적인 함의가 있다. 나는 비범성 그 자체는 사회적인 선을 향한 직접적인 작업으로 해석할 수 없다는 데 동의하지만, 만약 우리가 세계를 더욱 문명화하고 정의와 평화를 정착시키고자 한다면 놀라운 전망과 성취를 이룬 사람에 대해 충분히 이해해야 한다고 본다. 이런 이해를 토대로 재능과 책임감을 어떻게 하면 더 잘 결합시킬 수 있는가에 대한 통찰을 얻게 될 것이다.

2장

마음의 발달 과정

두 사람의 위대한 관찰자

❖ ▧ ❖

가장 유명한 인간 발달 연구자였던 지그문트 프로이트와 장 피아제가 아동에 대해 서로 보완적인 측면에 초점을 두었다는 것은 우연한 일은 아니다. 프로이트는 성격과 정서의 발달을 연구했는데, 그에게 삶의 중심이 되는 이미지는 아동기에 다른 사람들과 맺는 관계였다. 유아가 어머니와 맺는 관계, 형제들과의 관계, 그리고 특히 어린 소년이 위협적인 아버지를 제거하고 어머니를 차지하고 싶어 하는 오이디푸스 갈등기에 아동과 부모가 맺는 극적인 긴장 관계가 삶의 중심적인 이미지가 된다고 생각했다. (프로이트가 엘렉트라 콤플렉스에 대해 언급하긴 했지만 여자아이들이 부모와 맺는 관계에 대해서는 제대로 밝혀내지 못했다.) 정신분석학파의 연구자들은 정신질환자를 치료할 때에도 어린 시절에 겪은 사건에 관심을 갖는다. 프로이트식으로 말하자면 버지니아 울프가 이성 관계에서 매우 어려움을 겪었던 이유는 어린 시절에 어머니가 죽었고 아버지는 엄격했으며 이복형제들에게서 괴롭힘을 당했기 때문인 것 같다는 것이다.

장 피아제는 아동의 인지 발달, 즉 인간의 지력 연구에 자신의 일생을 쏟았다. 프로이트처럼 피아제도 모든 아동을 특징짓는 획기적인 사건과 보편적인 발달 특성에 관심을 가졌다. 피아제에게 아동 발달에서 중요한 것은 대상 세계와 맺는 관계이다. 처음에 그 대상은 손으로 만질 수 있는 것들이다. 유아는 아빠의 모자를 가지고 논다. 그다음 걸음마기에 이르면 숨겨놓은 공을 찾아다니고 학교에 들어갈 때쯤이면 구슬을 던지면서 논다. 점차 대상은 숫자와 같이 손으로 만져서 느낄 수 없는 추상적인 차원의 특성을 갖게 된다. 아이들은 이제 마음속으로 구슬의 궤도를 상상하고 행동들의 관계에 초점을 둔다. 예컨대 구슬들이 서로 떨어지거나 모이는 것, 그리고 새로운 상황에서도 구슬의 배치가 이전과 같아지는가에 관심을 두게 된다.

나중에 설명할 우리 연구의 세 가지 구성 요소의 측면에서 바라보면 위대한 두 아동 관찰자의 임무 사이에는 흥미로운 공통점이 있다. 프로이트는 다른 사람과의 관계에 관심을 가졌다. 프로이트는 사물은 인간적 관심을 상징화하는 대상(담배를 남근으로)으로, 혹은 그 물건을 만들고 사용했던 사람의 흔적(봉제 곰인형)으로 생각했다. "때때로 담배는 단지 담배일 뿐이다"라고 프로이트가 얼버무리긴 했지만, 그에게 '순수한 물체'는 거의 없었다. 피아제는 사물과 아동의 관계, 그리고 사물에 대한 아동의 행위에 관심을 가졌다. 피아제는 인간관계에는 관심이 없었다. 인간관계에 대한 질문을 받은 피아제는 그것이 자신의 연구 영역이 아니라고 대답하거나, 인간관계를 또 다른 '알아야 할 사물'로 간주했다. 피아제와 프로이트의 상호 보완성은 상징의 세계에서도 나타난다. 프로이트는 꿈, 그림, 이야기 같은 상징을 수면 중 경험하게 되는 드라마를 이해하는 중요한 수단으로 여겼다. 피아제는 상징을 행동과 행동 간의 관계를 표현하는 정교한 수단으로 생각했다. 그래서 아동이 물리적 세계에서 실제로 해보아야 알 수 있는 것을 청소년들은 논리적 전제만으로 이해할 수 있다. 피아제는 어떤 상징은 아동들에게, 예컨대 신체적 기능과 관련하여 '정서적 충전'을 시키지만 이런 관심은 퇴행적으로 작용하는 경우가 많으며, 그러한 형태의 상징이 '잠복하게 되면' 사라져버리는 것 같다고 보았다.

이 두 학자는 인간 발달의 일반적 특징을 밝히는 데에 초점을 두었다. 이는 평범한 사람을 설명하기에는 유용하지만, 인지적 영역에서 비범한 인물을 이해하는 데에는 적절하지 못하다. 사실 이것은 두 학자도 알고 있었던 바이다. 피아제는 창조적 영역을 "탐색해야 할 거대한 주제"[1]라고 칭했으며, 프로이트는 "창의성 앞에서는 정신분석학자들도 굴복해야 한다"[2]라고 말했다.

피아제와 프로이트의 주장은 계속 도전받아왔지만, 아동 발달에 관한 현재의 연구들은 아직도 이들이 고안한 접근 방법에 기반하고 있다. 이 장의 후반부에서는 이 두 사람의 선구적 업적에서부터 시작해서 아동의 주요 발달 특징을 간단히 제시하겠다. 각 발달 시기마다 특징적인 인물, 대상, 상징의 측면에 초점을 둘 것이다. 이 장의 말미에 이르러서야 나는 아동들을 확실하게 서로 구분시키는 개인차에 대해 논의할 것이다.

유아기의 마음: 상징의 발견

◇ ■ ◇

아기의 마음은 한 장의 백지도, 윌리엄 제임스William James가 말한 것처럼 "와글와글 피어나는 혼돈 상태"도 아닌, 아주 섬세하고 명료한 하나의 정신 장치다. 서너 달 된 아기도 물리적 사물을 잘 지각할 수 있다. 아기는 사물이 딱딱하고, 제 모양을 갖추고 있으며, 일부는 움직이는 것이라고 생각한다. 그래서 사물이 분해되거나 규칙적인 움직임에서 벗어나면 놀란다. 기초적인 숫자에 대한 감각도 이 시기에 생긴다. 이제 개수는 같지만 배열이 다른 사물을 다룰 수 있다. 공간 배열이 달라지거나 어떤 요소가 추가되거나 제거될 때 그 변화도 알 수 있다.

아기들은 태어날 때부터 사람의 얼굴과 목소리를 선호하는 경향이 있다. 아기들은 태어난 후 몇 달 이내에 어머니의 모습과 소리를 알게 된다. 한 실험자가 일부러 아기에게 중요한 사람의 이미지나 소리를 왜곡시켜 제시하면 아기는 당황스러워한다. 돌이될 무렵 대부분의 아기들은 자신의 삶에서 중요한 사람에게 애착이라는 강한 연대감을 형성하고, 이 사랑하는 사람에게서 떨어지게 되면 당황한다.

아기들은 사물의 세계와 사람의 세계를 구별하도록 자극받는다. 유아기 초기에 아기들은 자신을 돌봐주는 사람과 놀랄 정도로 미묘한 교환 관계를 가지게 된다. 밀접한 의사소통을 유지하기 위해 미소를 짓고, 옹알이를 하고, 앞뒤로 리듬감 있게 몸을 흔든다. 이러한 친밀한 대화는 장난감이나 집 안의 물건에 대한 반응과는 다르다. 확실히 아기들은 귀여운 장난감 동물이나 좋아하는 베개에 강렬한 유대감을 발달시킬 수 있지만 그것은 반응하지 않는 실체를 의인화하는 것에 불과하다. 한 살이 되면 자신에게 중요한 사람의 특징을 범주로 쉽게 만들어낼 수 있고 전형적인 식물, 동물, 사람, 장난감, 가구의 범주를 만들며 그 범주를 혼동하지 않는다.

마침내 아기들은 여러 면에서 성인과 같은 구별을 할 수 있게 된다. 말소리를 끊어지지 않는 소리의 흐름으로 듣지 않고 분명하게 구별해서 인식할 수 있게 된다. 예를 들면 '부'와 '푸'의 차이나 '두'와 '투'의 차이를 이해하게 되는 것이다. 또한 성인처럼 색상을 분석할 수 있게 된다. 그들은 음조의 순서를 기억할 수 있고 높낮이나 속도의 변화를 인식하며 귀에 거슬리는 소리와 조화로운 소리를 구별할 수 있고, 음계를 인식하게 된다. 돌이 지날 무렵 벌써 대부분의 아기들은 '세상에 대한 상징화'가 가능하게 된다. 그들 자신의 언어 속에 몇 단어를 인식하고 그들이 '엄마'나 '전화'라는 말을 들었을 때 그 상황에 맞게 고개를 돌리고 알아들을 수 있게 말을 한다.

아동기의 마음: 상징체계의 사용

◇▓◈

한 살 된 아기는 사물에 대한 행위에 의해 지배되다가 점차 사람과 사물, 일상생활의 경험에 대해 섬세하게 지각적으로 구별할 수 있게 된다. 이때 아기는 인간으로서 단 하나의 요소를 제외하고는 존재를 위해 필요한 모든 구성 요소를 갖게 된다. 아기는 그 후 몇 년에 걸쳐 영장류를 포함한 모든 다른 동물들과는 근본적으로 다른 존재가 된다. 이러한 지적 용솟음의 주요 수단은 최종적인 구성 요소인 상징이다.

이미 말했던 것처럼 상징은 하나의 실체다. 그것은 종이 위에 있는 표식과 같이 물리적일 수도 있고, 말과 같이 지각 가능할 수도 있다. 그리고 인간 발달 이론의 전문용어나 꿈속에서 나온 생각과 같이 개념적일 수도 있다. 상징은 삶의 여러 측면에 대한 표현이자 명칭이다. 종이 위의 표식은 단지 소리(문자 A처럼)를 의미하거나 하나의 말('개'라는 단어처럼)을 의미할 수도 있고, 물체(개의 그림)나 공간 관계(지도)를 의미할 수도 있다. 말과 어구는 익숙한 사물과 느낌, 경험, 심지어는 새로운 아이디어(예를 들면 '과학은 비범한 사람들에 관한 연구에 헌신해왔다')를 의미할 수도 있다. 그리고 꿈과 이론 속의 아이디어나 이미지는 특정한 것 혹은 모든 것을 나타낼 수 있으며, 혹은 아무것도 아닐 수도 있다.

상징에 대한 자발적인 관심과 폭발, 즉 아낌없이 상징들을 사용하고 다른 사람들이 사용하는 상징에 몰입하고 그 상징을 애호하는 것은 인간만의 독특한 현상이다. 성인들의 직업이나 관여하는 전문 분야 등은 상징을 기반으로 구성되어 있다. 그리고 상징을 숙달하고 새로운 상징체계를 만드는 능력을 가지기 위해서는 유아기 이후 발달하는 상징에 대한 능숙한 이해력이 필요조건이 된다.

우리는 어린아이가 얼마나 말을 빨리 배우고 유창하게 자신을 표현하는가를 알고 있다. 한 살 된 아기는 기껏해야 몇 단어를 알고 있을 뿐이지만, 세 살 된 아동은 간단한 문장을 말할 수 있다. 다섯 살이 되면 매우 정교하고 문법적으로 거의 완전한 문장으로 간단한 상황, 농담 혹은 자신의 이야기를 하거나 알아들을 수 있다. 어떤 다섯 살 된 아동은 벌써 읽고 쓸 수도 있으며, 그렇지 않은 아이들도 읽고 쓰는 것을 배우도록 자극받으며 교육을 받는다.

다른 상징체계의 발전도 인상적이다. 한 살 때는 기껏해야 몇 가지 음조만으로 노래할 수 있지만, 세 살이 되면 자기가 들은 노래의 고저를 비슷하게 모방할 수 있다. 대여섯 살 된 미국의 어린아이들은 성인과 비슷한 음성 능력을 갖는다(이것은 미국 성인들의 대부분이 음성에 관한 능력이 쇠퇴하고 있다는 비판적 증거가 된다. 노래하는 능력은 많은 다른 국가에서 여섯 살 이후에도 계속 발달한다). 한 살 된 아기는 종이에 선과 점을 그린다. 세 살이 되면 꽃과 태양을 표현할 수 있다. 그리고 대여섯 살 된 아동들은 제법 그럴듯한 풍경을 그릴 수 있다. 다른 상징체계에서도 유사하게 이러한 놀라운 성장이 일어난다. 단순한 하나의 몸짓이 춤으로 발달하며, 놀이는 숫자로 옮겨간다. 실제로 다양한 환경이 주어지면 다섯 살 된 아동 대부분은 상징체계 내의 여러 장르에 민감해진다. 이때에 아동은 새로운 이야기, 신비한 이야기, 환상적인 이야기의 차이를 알게 된다. 그리

2장 마음의 발달 과정

고 아동은 아직은 단순한 그들의 이야기 속에 이러한 차이의 본질을 첨가해나간다.

대여섯 살 된 아동이 전적으로 상징적인 피조물이라는 것, 쉽게 말해 자신이 속한 문화 내의 주요한 상징체계를 '어설프게나마 익히게 된' 사람이라는 것은 전혀 과장이 아니다. 아동들은 이러한 체계 내에서 읽고 쓸 수 있게 된다. 사람과 사물의 세계에 대한 직접적인 지식은 생후 1, 2년 사이에 꽃피게 되고, 이제는 말과 같은 상징이나 지도 같은 상징체계를 통해서 사람·사물을 이해하는 강력한 일련의 능력을 갖게 된다.

마음에 대한 이론가

◇▣◈

80년대에 발달심리학자들은 예전 피아제식의 주제, 즉 아동은 일반적으로 인간의 마음에 대해 알고 있느냐는 문제를 다루었다. 그 답은 복잡했다. 유아기와 같은 이른 시기에 아동은 이미 인간의 마음에 대해 몇 가지 개념을 갖고 있지만, 성인이 되기 위한 일련의 발달 과정은 인간의 마음에 대한 이해가 성인과 비슷해지기 이전에 이루어져야 한다.

여러 중요한 경우들을 생각해보자. 대략 18개월 된 아기는 가장假裝을 할 수 있다. 그들은 한 물체를 마치 다른 물체인 것처럼 대할 수 있고, 다른 사람이 가장 놀이를 할 때 참여해 웃을 수도 있다. 약 두세 살이 되면 아동들은 자신과 다른 사람들이 서로 다른 신념, 욕구, 공포를 가지고 있다는 것을 알게 된다. 또한 누군가가 하기로 한 (혹은 하지 않기로 한) 결정에서 그가 원하는 것을 추론해 낼 수 있다. 그리고 그들은 숨바꼭질과 같은 놀이를 즐길 수 있다.

약 네 살이 되면 아동들은 결정적인 전환점에 도달한다. 그들은 다른 사람도 구체적인 마음을 가질 수 있으며, 그 마음은 잘못된 것일 수도 있는 세계에 대한 믿음을 받아들이는 마음이라는 것도 인식하게 된다. '잘못된 믿음'이라는 주제에 대해 흥미로운 경험적 증거들을 얻을 수 있다. 어떤 물체의 위치가 달라졌는데 어떤 사람이 그 변화를 감지하지 못하는 장면을 아이들이 보게 되었다. 그 후 물건이 옮겨진 것을 보지 못한 사람은 아이들에게 그 물건이 어디에 있다고 '생각'하는가를 물었다. 네 살 이하의 아동은 그 사람이 물건의 정확한 위치를 알 것이라고 생각했다. 네 살 이상의 아동은 그 사람이 제자리가 아닌 곳에 물건이 있다고 생각하고, 그로 인해 잘못된 믿음을 갖게 된다는 것을 알아차린다. 이제 아동은 마음이 실제를 그대로 비추기보다는 새롭게 표현해내는 것임을 이해하게 된다. 마음은 '저쪽에' 있는 것에 대한 모습을 만들어낼 수 있지만 잘못 만들어낼 수도 있으며, 아동 자신의 지식이 때때로 잘못될 수 있다는 것을 인식하게 된다.

확실히 마음에 관한 아동의 이론적 발달이 네댓 살에 완성되기는 어렵다. 예를 들면 이 연령의 아동은 아직도 아이러니, 즉 어떤 사람이 청중과 특별한 사회적 유대를 형성하기 위해서 의도적으로 사실과는 반대로 말하는 것(예를 들어 '탑승 안내 방송을 아주 즐겁게 기다렸지'와 같은 문장)을 이해하지 못한다. 이 연령대의 아동들은

2장 마음의 발달 과정

더 복잡한 형태의 속임이나 문학적 창조, 즉 (헨리 제임스의 소설과 같이) 다른 사람에 대한 어떤 한 사람의 믿음이 논쟁거리가 되는 것에 대해서도 잘 이해하지 못한다.

그렇지만 다섯 살이 되면 중요한 형태의 이해에 도달한다. 아동은 이제 단순히 드러난 것만이 아니라 그 이면의 의도나 믿음에 비추어 말과 행동을 이해할 수 있다. 사람들은 사실이기 때문이 아니라 사실이라고 믿고 있기 때문에 어떤 것을 말하거나 행동한다. 낱낱으로 분리된 상징은 더 이상 없다. 이제 그 상징의 배후에 마음이 존재한다. 이런 평범한 인간의 능력으로 인해 결국 예술적이고 과학적인 창조가 가능하고, 보통을 넘어서서 확장된 해석이 가능해진다.

아동은 이제 분리되어 있는 사람의 세계와 사물의 세계를 경험하게 된다. 그리고 자신이 접한 물체 중 몇 가지는 단순한 실체가 아니라 그것을 만들어낸 사람의 대리물로 인식한다. 사람에 대한 지식은 다른 사람에 의해, 그리고 다른 사람을 위해 창조되는 인공물 속에서 구체화될 수 있다. 이러한 통찰이 미학적 조우의 중심에 있게 된다. 이와 관련하여 자연 세계의 물체들처럼 다른 이면에 숨어 있는 또 다른 마음, 즉 인간이 만들지 못한 물체를 창조했을 거라고 생각되는 신적인 힘이 존재한다. 이런 종류의 사고는 종교적이고 영적인 개념과 단단히 연결되어 있다. 모든 사람들은 사람과 사물에 대한 이 생성력 있는 결합에 참여하게 된다. 또한 몇몇 비범한 사람은 이 결합에 상당한 기여를 할 수 있다.

비범하면서도 평범한 다섯 살 아동의 마음

◇▦◇

물리학자는 빛의 본질에 대해 생각하기를 좋아하고, 생물학자는 생물의 형태를 연구하는 데 몰두한다. 발달심리학자의 한 사람으로서, 나는 다섯 살 된 아동의 마음을 연구하는 것이 아주 흥미롭다는 점을 발견했다.

여러 가지 면에서 아동의 마음은 아직 채 형성되지 않은 상태다. 그렇지만 아동은 배우기 시작하고 학문적인 훈련을 하게 된다. 아동은 사랑, 질투, 자부심과 같은 격정적인 감정에 대해 거의 알지 못하는데, 만일 불행한 아동이 아니라면 그러한 비극에 직면할 필요도 없다. 목적을 가지고 진행하는 일의 세계는 신비로운 채로 남아 있어서 아동은 먼 거리, 오랜 기간, 멀리 있는 어떤 문화 속의 생활을 아직 상상하기가 어렵다.

동시에 아동은 이미 상당한 지적 토대를 형성했다. 상대적으로 '순수한' 감각운동적 창조물을 통해 아동은 그의 세계를 상징과 상징체계로 채워나가며 발달하게 된다. 상징을 사용하는 이런 능력은 아동으로 하여금 낯선 경험을 통해 배우게 하고, 그에게 의미가 있으며 다른 사람에게도 분명히 전달될 수 있는 의사소통 방법을 만들어내도록 한다. 그리고 이미 정신세계에 대해 인식한다. 즉 진실한 믿음과 잘못된 믿음의 세계, 겉에 드러난 의도와 숨겨져 있는 의도의 세계, 다른 사람의 손 또는 전능한 창조자의 손을 반영하고 있는 물체의 세계를 인식하게 되는 것이다.

다섯 살 된 아동의 마음은 어른의 직접적인 감독 없이도 인간이

2장 마음의 발달 과정

얼마나 인지적으로 진보할 수 있는가를 보여주고 있는데, 이는 매우 놀라운 사실이다. 어린아이는 자신의 입장에서 놀라운 속도로 정확하게 자신의 경험을, 그것이 경이로운 것이더라도 분석하고 해석한다. 어린아이가 생후 1년간 세상에 대한 이해를 형성하도록 대자연이 준비시켰다고 말할 수 있다. 즉 아이는 세상이 물체의 모음과 같은 것이라든가 생물의 모음 혹은 아이디어, 믿음, 일이 혼합되어 있는 것이라고 이해하게 된다.

아동이 나름대로 만들어낸 이론은 타당한 것도 있는 반면, 자기중심적이거나 오만한 것도 있다. 이 다섯 살 된 아동은 물리적 물체의 세계에 대해 많은 것을 알고, 사물에게 어떤 일이 일어나거나 일어날 수 없는지, 또한 선의의 열망과 악의의 열망, 그리고 인간 세계에 대해서도 많은 것을 알게 된다. 그러나 다섯 살 된 아동은 진실이 아닌 많은 것들을 단순히 믿어버릴 수 있다. 예를 들면 세상의 모든 움직임은 어떤 눈에 보이지 않는 주관자에 의해 창조되었다거나 스스로 움직이는 실체만이 살아 있다고 믿는 것, 또한 사람들은 자신이 속한 것과 같은 문화에서 오늘날과 같은 방식으로 살고, 세상은 좋은 사람과 나쁜 사람으로 양분되어 있으며, 자신처럼 보이는 사람은 선한 반면 달라 보이는 사람은 악한 이들이라는 것과 같은 믿음들이 그에 해당한다. 많은 교육은 이러한 잘못된 개념을 해체하려는 노력으로 구성된다. 인지과학자들은 '교육받지 않은 마음unschooled mind'을 '교육하는school 것'이 얼마나 어려운가를 보여준다.

다섯 살 된 아동의 세계는 이미 몇 가지 믿음이 확고해지기는 했지만, 전반적으로 융통성 있고 상상력이 풍부하다. 아동은 그 문화에서 굳어진 관습에 따라야 한다는 부담이 없다. 그래서 아동은 자신들이 원하는 방식으로 요소들을 그려낼 수 있고, 자신들이 좋아하는 방식으로 이야기할 수 있고, 넓은 범위의 가상 놀이에 참여할 수도 있다. 아동은 그 자신의 천재성에 따라 움직인다. 이런 이유로 나이 어린 아동이 몇 살 더 먹은 아동보다 대체로 더 재미있고 암시적이며 창의적인 상징물을 만든다.

다섯 살 된 아동은 가능성의 정상에 위치해 있다. 자신이 속한 사회 구성원들 덕분에 아동은 상당한 성취를 이루었고 이미 독특한 성격과 장점을 가지고 있다. 그러나 그는 이제 더 넓은 문화의 분명한 관습과 믿음에 영원히 몰두하게 된다. 가능성 있는 자신의 천성과 사회적 제재를 어떻게 조합하느냐가 그로 하여금 새로운 경지에 도달할 수 있는가를 결정할 것이다. 만일 그가 새로운 경지에 도달하게 될 때 그 성취는 사회에 의해 찬미받을 수도 있으며, 그와는 달리 그 사회 전체에, 심지어는 인간다움에 대해 경고하고 새로운 가능성을 제시하는 것이 될 수도 있다.

전통적 전문가의 조건

◇ ▨ ◇

다섯 살에서 일곱 살까지의 아동은 교육기관에 얽매이지 않은 자연의 프로그램을 따라 자연이 이미 예정해놓은 기술과 능력을 발달시켜나간다. 그 후 아동기 초기에 가장 큰 영향을 미치는 요

2장 마음의 발달 과정

소는 문화이다. 몇 가지 교육 형태는 이 시기에 체계화되기 시작한다. 그러므로 아동의 운명은 점차 문화 내에 존재하는 선택, 그리고 교육기관에 매이게 된다.

모든 사회는 음식을 조달하고 준비하는 것처럼 생존에 필요한 어떤 역할들을 필요로 한다. 모든 사회는 더 충만한 삶을 만들기 위해 음악가, 마술사, 선원, 사회사업가, 무사, 무당, 약사, 의사 등 수많은 역할들을 필요로 한다. 때때로 아동들은 수년간에 걸쳐 단순히 그들의 부모, 형제자매, 가까운 친척들을 관찰하면서 이러한 역할을 습득하기도 하고, 자신의 속도에 따라 계획된 활동 속으로 점차 이끌려 들어가기도 한다. 그러나 아동이 필요한 기술을 훈련시켜줄 공식적인 책임을 가진 성인과 함께하는 경우는 흔하지 않다.

여기서 도제 교육을 언급하는 것이 아이들이 초심자에서 시작해서 보조원 그리고 일급의 숙련자가 될 때까지 정밀하게 계획되어 있는 과정을 통과하거나 7년 동안의 도제살이를 해야 한다는 의미는 아니다. 그보다는 어떤 종류의 기술이나 특정 업무를 추구해야 하는 어린아이가, 수년 동안 그 영역에서 일을 해왔고 그것의 본질을 다른 사람에게 전수해줄 수 있는 성인과 맺는 핵심적인 관계를 말하는 것이다.

도제 교육은 교육 과정의 배열과 정밀도에 따라 크게 다르다. 때때로 몇 년간의 비공식적인 관찰을 통해 아동은 성인의 역할을 해낼 수 있다. 또 다른 상황에서는 수년의 훈련과 수많은 단계의 교육 과정이 필요하다. 이 교육 과정에는 뚜렷한 입문식이나 비공식적인 학문적 가르침이 있을 수도 있으나, 스스로 할 수도 있다. 버지니아 울프나 모차르트는 혼자서 그 과정을 마쳤다. 어떤 경우든 일정 절차를 거친 후에 초심자는 성공적으로 사회의 완전히 성숙된 구성원이 될 수 있고, 감독자 없이 자신이 익힌 능력을 발휘할 수 있으며, 결국 핵심적인 작업 행위를 자신보다 어린 사람들에게 전수할 수 있게 된다.

그 사회의 성인 구성원이 된다는 것은 어떻게 항해를 하고 바느질하고 글씨를 쓰게 되는가를 아는 문제만이 아니라 특정한 신념을 선택하고 여러 가지 절차와 의례에 의미 있게 참여하느냐의 문제를 포함하는 것이다. 또한 그 획득 과정이 다양할 수 있다. 그러나 다음 세대가 그 영역의 잘 규정된 절차를 따르지 않는다면 그 문화는 지속될 수 없다.

나는 이 모든 기술, 신념, 수행을 일반적 상투어인 '전문성의 획득'이라는 말에 포함시킨다. 기술의 숙달은 늘 심리학자의 관심 대상이었고, 최근에 컴퓨터 혁명의 도움으로 높은 수준의 기술을 성취하는 중요한 절차가 모형화될 수 있다는 것이 증명되었다.

일반적으로 '정보 처리' 모형을 만드는 이들이 기술의 신비를 벗기고 있다. 그들은 능력이 아주 뛰어나거나 고도의 훈련을 해야 할 필요는 없다고 말한다. 전문가가 되기 위해서 적절한 반응을 표현할 수 있는 충분한 훈련과 연습을 하기만 하면 된다는 것이다. 아마도 몇몇 사람은 더 지적이고 특별한 지능을 가지고 있기 때문에 좀 더 빨리 기술을 습득하고, 더 쉽게 동기 부여가 되며, 더 좋은 교수를 만나는 행운이 따를 수도 있을 것이다. 그러나 충분한 시간 동안 부지런히 모델을 따라 연습하면 누구나 전문가가 될 수 있어야 한다.

이러한 전통 속에서 연구하는 과학자들은 전문 기술을 수량화하고자 한다. 일반적으로 완전한 전문가가 되기 위해서는 약 10년 정도의 집중적인 훈련기가 있어야 한다고 말한다. 전문가는 그들대로 5만 번 정도의 '시도'를 해보았거나 그들 나름의 도해圖解를 머릿속에 가지고 있어야 한다. 그러므로 숙달된 체스 전문가는 10여 년 동안 게임을 통해 실습하고 기술을 발전시키며, 수만 번의 다양한 전략적 움직임을 통해 게임을 하는 사람이다. 비슷한 예로 식물학자나 동물학자와 같은 전문가는 수년 동안 식물군이나 동물군을 관찰해왔고, 생물계를 분류할 때 수천 가지의 세부적인 특별 사항과 전체 구도를 생각해낼 수 있다. 그리고 음악이나 운동 전문가는 10여 년의 훈련 끝에 적절한 근육 조직으로 서로 다른 순서의 동작을 능숙하게 해낼 수 있다.

그러한 실행은 그것을 시작하지도 않은 사람에게는 아주 놀라운 것으로 보인다. 우리는 동시에 몇 가지 장기 게임을 할 수 있는 사람, 한눈에 희귀한 동물이나 식물을 알아보는 사람, 또는 익숙하지 않은 악보를 눈으로 읽어내는 사람, 교본에 나와 있지 않은 동작을 사용해 테니스 경기에서 상대를 이기는 사람들을 보고 감탄한다. 훈련을 받지 않은 사람이 평균적으로 기억할 수 있는 숫자의 수는 7개에 불과한데, 만일 어떤 평범한 사람이 80개 혹은 100개 숫자의 순서를 정확하게 기억한다면 놀라지 않을 사람은 없다. 인지과학자들은 우리도 몇 년 동안 연습하면 그 정도의 능력을 갖출 수 있다고 주장한다. 연습만이 평범과 비범을 나눌 뿐이다.

학교가 직면한 정체성의 문제

◇ ❈ ◇

전 세계적으로 학교는 시민이 갖추어야 할 덕목과 도덕의 전수를 포함하여 몇 가지 독특한 목적을 위해 천 년 넘게 발전해왔다. 그러나 처음에 이러한 학교 제도는 사람들, 특히 소년에게 그가 속한 문화의 주요 상징 기호, 즉 문자언어, 숫자체계 등을 사용하도록 가르치기 위해 만들어졌다. 중요한 교재들을 쉽게 읽고, 문자 형태로 정보를 사용하고, 계산이나 상업적 목적을 위해 숫자를 잘 다루는 사람들이 많아야 사회는 성공적으로 움직일 수 있다.

이러한 상징 기호를 익히도록 하는 것이 오늘날까지 학교의 주요한 교육적 책임으로 남아 있는 반면, 더 복잡한 사회에서는 또 다른 교육 과정을 요구한다. 중세 시대에 학생들은 삼학三學(수사학, 논리학, 문법)과 사과四果(수학, 천문학, 음악, 기하학)를 공부했다. 현대사회에서도 주요 과목 외에 역사, 화학, 시각예술을 공부하지만, 이들 내용 중 몇 가지 주요한 테마를 다룰 뿐이다. 가장 좋은 교육 환경에서 사람들은 다양한 학문 분야의 이론가들이 문제를 해결하고 새로운 결과를 창출해내는 것을 배우게 된다.

사회는 학생들을 고무시키기 위해, 거쳐야 할 일련의 과정을 종종 고안해내기 마련이다. 19세기의 대학생들은 두 가지 이상의 고전언어를 알아야만 했다. 20세기의 대학생들은 고급 수학과 외국

어를 공부하고, 표준화된 짧은 답을 제시하거나 논술 시험에서 상당한 정도의 능력을 보여야 한다. 실제로 이러한 행동들은 더 넓은 사회로 나와 성공을 하는 데는 거의 필요하지 않다. 오히려 모든 도제들이 결국 만들어내야 하는 대작처럼 그것은 높은 성취를 위한 하나의 대체물로 기능할 뿐이다. 학생이 그리스어를 배우기 위해 혹은 여러 가지 방정식 문제를 풀기 위해 몇 시간을 보내는 것은 독립적으로 활동하는 전문직 종사자나 공무원으로 성공하리라는 것을 의미한다.

도제뿐만 아니라 학생들도 계속해서 사람, 사물, 상징의 세계를 탐색하지만 서로 다른 방법으로 탐색해나간다. 많은 학교가 의도적으로 탈맥락화되어 있다. 학생들은 구체적인 실제를 나타내는 상징과 상징 기호를 창조하고 해석하느라 시간을 보낸다. 이와는 대조적으로 도제의 세계에도 상징이 포함되어 있지만 현실과의 실질적인 접촉을 대신하는 대리물이 아니라, 실제의 재료를 가지고 일하는 과정에서 자연스럽게 터득한다.

개인의 영역에서도 변화가 발생한다. 도제는 그 분야의 대가에게 완전히 의존하게 되고 스스로 해보기보다는 주로 자신보다 기술이 뛰어난 사람을 관찰한다. 도제 기간 내내 이러한 관찰 비율이 점차 변화되어 도제의 기술이 스승의 기술과 비슷해지고, 경험을 쌓은 도제는 이제 자신보다 기술이 떨어지는 사람들을 관찰한다. 학교에서 진행되는 학습은 학생과 교사 사이에 주요한 교육적 관계를 포함한, 좀 더 사적인 문제라고 할 수 있다. 개인적인 유대는 주로 비슷한 연령 사이에 생겨나고 간혹 기술 수준은 이런 또

래와의 상호관계에서 중요하지 않다.

아이가 청년으로 성장하면서 성격 발달은 정체성이라는 문제로 옮겨간다. 청소년은 자신이 누구며, 무엇이 되고 싶은지, 누구와 살고 싶은지, 어떻게 지역사회에 적응할 것인지, 그리고 그들의 삶의 선택에 만족할 것인지의 문제에 직면한다. 요즘 들어 젊은 사람들은 앞세대가 한 것을 더는 따라 하지 않고 자신의 선택을 통해 변화를 도모하므로 현 시대에 정체성의 문제는 더욱 중요해졌다. 그러한 문제들은 자아에 대한 감각, 다른 사람과의 관계, 그리고 자신의 문화에서 생존하기 위해 필요한 과제를 수행하는 기술을 포함한다. 우리는 비범한 사람들의 고조된 '정체성 위기'에 주목하면서 이러한 주제들을 다시 만나게 될 것이다.

비범성 vs. 전문성

우리 연구의 중요한 초점은 한 학문 분야에 대해 전문성을 성취하는 것과 비범성을 획득하는 것이 서로 다르다는 점이다. 연구에 따르면, 합리적으로 가르치고 동기 부여가 잘 이루어진다면 우리 중 상당수의 사람들이 전문가가 될 수 있다. 우리는 대부분 훌륭한 사냥꾼이나 요리사가 될 수 있다. 물리학의 기본 원리와 역사가의 분석 활동을 이해하고 응용할 수도 있다. 또한 만일 우리가 운 좋게도 어떤 지적인 강점을 가지면서 최고의 교수나 대가의 관심을 얻는다면 높은 수준의 성취를 이룰 수 있다. 그러나 우리는 천재적 바이올리니스트나 체스 선수, 수학자가 되지는 않을 것이다. 대자연의 법칙이 그렇게 하도록 할 의지를 갖고 있지 않다. 이러한 분석에 따르면 천재성은 아주 일찍 성취되는 것으로, 대부분의 사람들은 성인이 되어서야 간신히 도달할 수 있다.

다시 말하자면 전문성은 비범성과 같은 것이 아니다. 대다수의 사람들은 비범해지지 않는다. 대부분의 사람들이 그렇게 되기를 원하지 않기 때문에, 그리고 그 사람이 속한 사회가 혁신적이지 않고 최상의 성취를 이루어낼 수단을 갖고 있지 않기 때문에 그렇다. 또한 대부분의 사람들은 관습과 기준에 도전하지 않는다. 그렇게 하도록 배우지도 않으며, 대부분의 사람들에게는 저항하거나 그 영역을 창조할 수 있는 성향도 부족하다. 실제로 우리 대부분은 적어도 한 분야에서 전문성을 성취하는 것으로 충분하다. 그러한 전문성은 우리가 생계를 꾸려가게 해주고, 하나 이상의 직업을 가지고 지역사회에 적응해서 우리 자신의 (혹은 다른 사람의) 자녀들을 기르고 결국 지속적으로 사회에 참여하도록 한다. 비범성은 특별한 사람의 영역으로 남겨둘 필요가 있다.

개인차

지금까지 나는 원론적인 피아제 이론과 프로이트의 입장을 충실하게 논의하고 사람들 간의 개인차에 관해서는 언급하지 않았다. 이는 한 사람의 과학자로서 공평하려고 노력한 것이다. 인간을 유일무이한 실체로 보고 그렇게 다루면 많은 중요한 것을 알 수 있다. 확실히 개인차를 부인하는 과학자는 없다. 다만 과학자들 사이에서 개인차의 중요성에 대한 의견이 서로 다르거나, 또는 개인차가 중요하긴 하지만 인간의 보편성 확인을 위해 개인차의 문제는 나중에 생각할 문제라고 주장하는 정도였다.

그러나 조만간 연구자들은 이 개인 간의 차이에 직면해야 한다. 결국 아침식사 때나 침대에서조차도 이러한 차이에 부딪히게 된다. 더욱이 이러한 요소들 간의 변화에 초점을 맞추면 많은 것을 배울 수 있다. 때때로 기술, 습관, 믿음, 열망 사이에 큰 차이가 있다. 이 요소들의 몹시 급격한 변화를 조사한 후에 '인간의 조건'에 대해 신빙성 있게 말하는 것이 가능한데, 여기에는 논쟁의 여지가 있다.

심지어 아이들 사이에도 차이를 관찰할 수 있다. 가장 두드러진 것은 기질이다. 몇몇 아이는 조용하고 수동적이고 처음에는 겁이 많은 반면 다른 아이들은 열정적이고 활동적이고 스트레스를 잘 견딘다. 이러한 개인차는 매우 일관되게 나타난다. 예를 들어 성장한 후에도 새로운 과제에 접근하거나 낯선 사람과 만났을 때에 유아기의 소심함이 드러난다. 극단적인 경우, 개인의 기질적 성향이 변화하는 것은 아주 어렵다는 것이 증명되었다.

다른 종류의 현저한 개인차 역시 어린아이에게서 관찰된다. 몇 가지 개인차는 발달 속도에서 발생한다. 일부 어린아이에게는 다른 사람에 비해서 어떤 특정한 사건이 일찍 나타난다. 또 몇몇 아동은 정확한 기억력을 지녔거나 다른 사람보다 더 조숙하게 말하며 몇 가지의 지능 측정 검사 점수가 일관되게 더 높다. 성격에서도 이러한 차이가 드러나는데, 예를 들면 자기 신뢰, 자기 통제, 위험을 견뎌내는 능력, 우정, 독립심, 경쟁심에 가치를 둔 정도에 있어서도 개인차가 나타난다.

이 연구의 관점에서 보자면 흥미롭게도 아동들은 그들의 독특한 지적 능력에 있어서도 서로 다르다. 어떤 아동들은 언어 능력에서 아주 조숙하지만, 공간 능력이나 음악 능력은 그렇지 못하다. 또 어떤 아동들은 초기에 그림이나 신체적 민첩함에서 일관되게 빠른 성장을 보이지만, 수를 이해하고 다른 사람의 동기를 구별하는 능력에서는 그렇지 못하다. 실제로 취학 전 아동들에 관한 우리의 연구를 보면 대부분의 아동들이 약점뿐만 아니라 상대적인 강점도 가지고 있음을 알 수 있다.[3]

중요한 점은 이것이다. 즉 사람들은 어린아이들 사이의 의미 있는 개인차를 찾아내기 위해 아동기 중기까지 기다릴 필요가 없다. 그들은 아동기 초기에도 우리를 놀라게 하는 동시에 생물학적 토대를 다지게 되며, 적어도 아이들 중 일부는 처음에 확인된 그 특징을 10여 년이 지난 후에도 여전히 보여줄 것이다.

결론

인간 발달의 문제를 한 장의 종이로 요약해서 제시하는 것은 학자로서의 만용일 수 있다. 그러나 비범성의 발달을 엄밀하게 검토하려면 아직도 그런 노력이 필요하다. 나는 3장에서 비범한 사람에 관하여 개론적으로 논의하고, 4~7장에서는 구체적인 인물에 초점을 두어 분석하고자 한다. 지금까지의 내용들을 분명하고 명쾌하게 정리하고 이 책이 다루는 요점을 상기시키기 위해 다음과 같은 표를 제시한다.

시기	인간관계	사물과의 관계	상징체계
유아기	보호자에 대한 집착	감각운동기	세계에 대한 의미체계
걸음마기	첫 또래 집단	물리적 규칙	놀이; 최초의 상징체계 이용
5~7세	오이디푸스 콤플렉스	초기 이론	초안적 상징체계
학령기	우정	영역 숙달	상징 규칙의 숙달
청소년기	정체성 탐구 (자아, 지역사회); 성적 관계	직업 선택	이론적인 사고; 가설적인 세계
성인기	가족, 친밀성 타인 가르치기	전문성; 창의성 선택	상징의 창조와 전수

3장

비범한 지능의 탄생

전통적인 관점에서 본 비범한 마음

◇ ▮ ◇

심리학자들이나 평범한 사람들은 모두 인간 지능에 관하여 하나의 합의된 관점을 가지고 있다. 이 관점에 따르면, 지능은 현대 사회에서 독자적인 중요성을 가진 단일한 실체이다. 생물학적 유전 요인은 그 사람의 지적 수준을 결정하는 상당히 중요한 요소이다. 신으로부터 받은 선천적인 지능을 바꿀 수 있는 사람은 거의 없다. 더욱이 지능은 심리학자들에 의해 측정될 수 있는 명백한 개념으로 받아들여져왔다. 과거에 심리학자들은 필기 테스트나 임상 면담으로 지능을 측정했다. 그러나 최근 들어 지능은 두 번 깜박거리는 빛에 반응하는 데 걸리는 시간이나 뇌파의 형태 분석을 통해서 측정된다. 그리고 만약 당신이 경품 뽑기를 하듯이 치르는 지능 검사에서 우연히 좋은 점수를 받게 된다면, 당신은 인생에서 성공할 수 있을 것처럼 여길 것이다.

새로운 관점의 출현

나는 앞서 말한 전통적 관점을 거부하는 동시에 지능에 대한 심리측정학적 관점이 시대에 뒤떨어진 것이라고 생각한다. 우리는 과거 몇 세기에 걸쳐 습득한 생물학·심리학·인류학적 지식을 통해 전통적인 관점의 주요 주장을 반박할 근거를 얻었다. 생물학적 관점에서 보면 인간의 유전 요인과 환경 요인을 분리시키는 것은 불가능하다는 것을 알 수 있다. 그 중요한 실험을 수행하는 것은 간단하지가 않다. 실제로 환경은 수정의 순간부터 유전인자에 영향을 미친다.

심리학적 관점에서 보면, 인간은 다양한 지적 능력을 가지고 있고, 이들은 상당히 상호 독립적이다. 다양한 지능을 단일 지능으로 추상화하려는 시도는 곧 측정에 있어서 어려움에 부딪히게 된다. 특히 지능을 순수하게 측정한다는 것은 연습과 상황의 변화에 따라 오차가 클 수 있다.

인류학적 관점에서 보면, 각 문화마다 인간 학습과 동기에 대하여 아주 현격하게 다른 가정을 가지고 있다. 즉 문화권에 따라 교육적인 성취의 차이를 보이는데, 이것은 지능은 불변한다는 심리측정학자들의 주장을 받아들이면 이해가 안 되는 부분이다. 미국과 아시아의 아동들은 처음 학교에 들어갈 때에는 비슷한 정도의 학업 성취를 보이지만 중학교에 들어갈 때쯤에는 아시아 학생들이 월등히 앞서게 된다.

나는 대안이 될 만한 관점을 찾기 위해서, 약 15년 전부터 다중

지능 이론을 연구했다. 그 이론은 인간에 관한 종합적인 정보에 근거하고 있다. 예를 들면, 뇌 발달에 관한 지식, 자폐아와 천재처럼 특별한 사람들에게서 얻은 사실들, 그리고 학교가 없거나 학교를 무가치하다고 보는 사회 등 우리와는 판이하게 다른 문화에서 가치 있다고 여기는 능력이나 재능을 확인했다.

다양하지만 한 가지 초점으로 모아지는 일련의 증거들을 통해 인간은 적어도 7개의 독립적인 지능을 가지고 있다고 제안할 수 있다. 지능은 적어도 한 가지 문화나 공동체에서 가치 있다고 평가되는 결과물을 만들어내거나 문제를 해결하는 능력으로 정의된다. 초기에 내가 만들었던 지능 목록은 학교에서 중요하게 생각하는, 특히 학교 시험에서 중시되는 언어와 논리 지능, 광범한 혹은 지역적인 공간 구도를 인지할 수 있는 공간 지능, 음악적 패턴을 만들고 지각할 수 있는 음악 지능, 신체의 전체 혹은 부분을 사용하여 결과물을 만들어내거나 문제를 해결할 수 있는 운동감각 지능, 그리고 두 가지 형태의 개인 지능들이다. 개인 지능 중 한 가지는 다른 사람을 이해하는 능력(대인 지능)이고, 다른 하나는 자기 자신을 이해하는 능력(내성 지능)이다. 최근에 나는 여덟 번째의 지능을 포함시키기 위해 노력하고 있다. 그것은 자연 세계에 대한 이해, 즉 사냥꾼이나 식물학자에게서 두드러지게 나타나는 능력이다.

우리 모두는 이 지능들을 어느 정도는 골고루 가지고 있지만, 사람에 따라 조금씩 차이가 나타난다. 이러한 차이는 삶을 더 재미있게 만들기도 하지만, 학교 교육을 더 복잡하게 만들기도 한다. 예를 들면 우리는 모두 다른 종류의 마음을 가지고 있기 때문에, 우리 마음이 단일의 종형 곡선상에서 나타나는 단순한 변수인 것처럼 교육받는 것은 적절하지 않다. 실제로 우리 각자는 우리가 책임져야 할 아동들의 마음뿐만 아니라 우리 자신의 마음에도 세심한 주의를 기울여야 한다.

여러분은 내가 인간 지능에 대한 전통적인 심리측정학적 이론을 비판하고 다중지능의 관점을 지지하고 있음에도 왜 전통적인 이론에 대한 간단한 개괄로 이 장을 시작했는지 궁금할 것이다. 그 이유는 분명하다. 첫째, 비범성에 관한 대부분의 기존 연구들은 IQ를 유일하게 중요한 것으로 보는 전통 안에서 이루어져왔기 때문이다. 둘째, IQ 검사는 학업 지향적인 문화에서 가치 있다고 여겨지는 특정 형태의 지능을 독립적인 개념으로 보아왔기 때문이다. 셋째, 가장 중요한 이유로서 심리측정학적인 관점의 지능에서 높은 능력을 보이는 아동들은 실제로 비범한 능력을 가졌으며, 또한 이러한 아이들에 관한 연구가 이미 상당히 이루어졌기 때문이다.

천재적 아동들의 특징

◇ ▧ ◈

미국에서 '굉장히 똑똑한 아이'로 가장 유명했던 마이클 키어니 Michael Kearney는 1984년 태어나는 순간부터 신동이었다. 그는 태어난 지 2~3개월 만에 말을 이해하기 시작했으며, 생후 6개월이 되었을 때 완벽한 문장으로 말하기 시작했다. 생후 1년이 되기도 전에 그는 진열대 위에 있는 물건들의 상표를 정확하게 읽어서 슈퍼마켓 주인을 놀라게 했다. 두 살 무렵에는 음성 부호를 완벽하게 해독하고, 세 살에는 대수학의 원리를 이해했다. 그는 다른 평범한 아이들이 1학년에 들어갈 나이에 초등학교 교육 과정을 완벽하게 마스터했다. 당시 그는 며칠 사이에 1년 동안 배울 내용의 수학 공부를 하고 있었다. 마이클의 부모는 자신의 아들이 얼마나 빠르게 초·중·고·대학을 졸업할 수 있는지를 알기 위해 그를 사우스 앨라배마 대학에 진학하도록 도와주었다. 마이클은 열 살도 되기 전에 대학을 졸업했다. 대학 성적은 우수했지만 대학원에서는 이 어린 천재를 받아들이는 것을 반기지 않았다.

각 상급 학교로 진학하기 전에 마이클은 세계 여러 나라를 여행하며 학자들을 만났고, 수십 가지의 방송 매체에 출연해 돈을 벌면서 세상의 주목을 받았다. 그가 자주 말하던 꿈은 게임쇼의 우승자가 되는 것이었다. 하지만 안타깝게도 방송 프로듀서는 마이클이 너무나 똑똑하기 때문에 경쟁자들을 위협할 것이라고 생각했다. 마이클은 한때 이렇게 뛰어난 능력을 보이다가 금방 관심 밖으로 사라지게 될지 아니면 세계에 이름을 날리게 될지를 판단하기조차 너무 어린 나이에 세상에 알려졌다. 그러나 사람들은 앞으로도 그에 대한 얘기를 계속 들을 것이라는 생각에 조금의 의문도 갖지 않았다.

마이클 키어니는 IQ 분포 곡선 중 가장 극단에 있는 아동의 전형적인 예다. 그의 IQ는 200 정도이다. 하지만 그의 부모는 마이클의 IQ가 300에 가깝다고 주장한다. 그는 어떤 종류의 학문과 과제라도 쉽게 해결한다. 그는 다른 아동들이 도토리나 눈덩어리를 주워 담듯이 손쉽게 개념과 상징체계들을 받아들인다. 또한 음악과 체스에서도 주목할 만한 수준을 보여주고 있다. 정서적으로 성인 학습자와 같이 의젓해 보이기도 하고 때로는 버릇없는 아이처럼 보이지만 대개는 자신이 취해야 하는 입장에 대해 확신이 없는 또래의 아이와 같은 상태다.

만일 누군가가 IQ 분포 곡선의 오른쪽 끝에 위치한다면, 그 사람의 위치가 분포상에서 얼마나 멀리 떨어져 있는지 가르쳐주는 것이 중요하다. 나는 '일반적으로 똑똑한 것'과 '예외적으로 똑똑한 것'을 구별할 필요가 있다고 생각한다. 루이스 터면^{Lewis M. Terman}은 20세기 초 캘리포니아에서 성장한 아이들 중에서 IQ가 높은 1,500명을 연구 집단으로 설정했는데, 그들은 모두 '일반적으로' 똑똑한 부류에 속하는 아이들이었다. 이들은 쉽게 한 학년 혹은 두 학년을 뛰어넘었으며, 기대했던 대로 쉽게 대학을 졸업했다. '터미티스(터먼의 천재들)^{Termites}'라고 불리는 터먼의 집단은 아마도 세계에서 가장 잘 연구된 집단이다. 왜냐하면 연구 대상자들은 어렸을 때부터 현재까지 계속 조사되고 있으며 그들 중 생존해 있는 이들의 나이는 현재 80대이다. 거의 모든 측정에 있어서 '터미티스', 즉 터먼의 연구 대상인 천재들은 우수한 결과를 보여주었다. 그들은 건강하고 부유하며 자신의 삶에 만족했다. 오늘날과는 달리 그 당시 대부분의 여성들은 직업을 갖지 않았기 때문이다.

창조적인 수행에 있어서 '터미티스'들은 그다지 인상적이지 않다. 그들 대부분이 학문적으로 존경받을 만한 학회에 소속되어 있지만, 고도의 창의적 능력을 발휘한 사람이나 작가나 예술가는 거의 없으며 노벨상을 받은 과학자는 한 명도 없었다. 아마도 그 집단에서 가장 성공한 과학자는 심리학자일 것이다. 내가 궁금한 것은 그들이 직업을 선택할 때 특권 받은 집단에 편입된 것이 어떤 영향을 주었는가이다.

지능 검사에서 높은 점수를 받은 아이들에 대한 연구는 많다. 그중에서 흥미 있는 연구 집단은 취학 전 읽기 능력을 가진 아동들로 구성된 집단인데, 이들은 공식적인 개인 교습을 받지 않았다. 전형적으로 이들은 두 살이 되면 문자 형태와 소리의 차이점과 유사점을 구별할 수 있었다. 그리고 읽어주는 책의 내용을 듣고 외우며 자신들이 배우는 시각적 형태와 그들이 회상할 수 있는 단어를 연결시키려고 노력했다. 서너 살경이 되면 유창하게 읽을 수 있으며, 초등학교에 갈 때쯤에는 중학생 정도의 수준으로 책을 읽었고 세련된 방식으로 자신의 주장을 펼칠 수 있었다. 이러한 아동들은 단지 책을 읽는 것만으로도 초등학교 교육 과정에서 얻는 지식의 대부분을 얻을 수 있는데, 단 이러한 읽기 활동이 고무되어야 하며 아마도 어느 정도는 어른의 지도가 필요할지도 모른다. 하지만 그런 아동들이 자신의 속도에 맞게 학습하는 것을 방해받거나 고학년에 편입되지 못할 때, 자신보다 조숙하지 못한 학급 친구들의 아주 더딘 학습 속도로 인해 학습에 흥미를 잃고 좌절할 수 있다.

조기 독서 능력과 높은 심리측정학적 지능의 관계는 주목할 만

3장 비범한 지능의 탄생

하다. 하지만 필연적인 것은 아니다. 예를 들어 똑똑하지 않지만 일찍 글을 읽는 경우가 있으며, 그들 중 몇몇은 뇌 손상을 입었을 지도 모른다. 반면에 평균 연령이 되어 글을 읽기 시작했거나 혹은 오히려 남들보다 늦게 글을 깨친 아이들이 높은 지능 지수를 보이는 경우가 있다. 그러나 우리의 학문적 지능에 대한 개념은 임의적인 상징체계를 완전하게 습득하고 그것들을 빨리 그리고 융통성 있게 사용하는 능력과 밀접히 관련된다. 글을 숙달하는 것은 이러한 지능을 보여주는 가장 빠른 길이다. 그래서 IQ170 이상의 아동들이 그보다 낮은 지능의 아동들보다 네 살 이전에 글을 읽을 가능성이 두 배나 된다는 것은 놀랄 만한 사실이 아니다.

1942년에 교육심리학자인 레타 홀링워스 Leta Hollingworth는 1,000명 중의 한 명이 아니라 10만 명 중에 한 명 있을까 말까 한 특별히 우수한 학생들을 조사했다.[1] IQ180 이상의 아동들은 행복하지 않은 것처럼 보였다. 그들은 다른 사람과 너무나 달랐다. 결과적으로 그들은 종종 환경에 잘 적응하지 못했고 또래 아동들과 공통점을 발견하지 못했다. 그리고 자주 화를 내는 등 사회적·정서적 면에서 문제점들을 갖기 쉬웠다. 그러나 그러한 아동들은 자신들과 지적인 수준이 비슷한 어린이들과 함께 있을 때 도움을 받을 수 있다. 왜냐하면 일단 그들의 학문적 재능을 숨길 필요가 없으며 자신이 무엇을 하는지, 어떻게 생각하는지, 그리고 얼마나 빨리 새로운 정보를 흡수할 수 있는지 드러낸다고 해도 따돌림을 받을 위험이 없기 때문이다.

《천재 아동 Gifted Children》이라는 책에서 엘런 위너 Ellen Winner는 '예

외적으로 똑똑한' 아동들의 몇 가지 특징들에 주목했다. 이런 아이들은 왕성한 에너지나 호기심을 가지고 있고 흥미를 느끼는 분야에 집중한다. 다시 말해 '학습에 대한 열정'을 가지고 있다. 그들은 지속적으로 학습을 할 뿐만 아니라 열정을 가진 분야에서 그들을 떼어내기란 무척 어렵다. 그들은 스스로 의욕을 갖고 일을 하며 자신의 리듬에 따라 끊임없이 움직인다. 그들의 부모는 아이에게 강요하지 않으며 오히려 아이가 가진 재능의 순수한 힘에 끌려가는 것처럼 보인다.

지능에 관한 몇 가지 질문

◇ ▮ ◇

지능이 높다는 것과 관련하여 가장 빈번하게 제기되는 질문은 두 가지이다. 첫째는 심리측정학적인 지능의 원천에 관한 것이다. 몇 가지 예외는 있지만 전문가들은 지능이 부모에게서 상당한 영향을 받는다는 사실에 동의한다. 만일 부모의 지능을 안다면 아이의 지능을 어느 정도 정확하게 예측할 수 있다. 심지어는 출생 직후에 부모에게서 떨어져 양육된 아이조차도 양부모보다는 친부모에 더 가까운 IQ를 갖게 된다. 물론 양육된 가정의 환경이 아주 다른 경우에는 친부모와 자식 사이에 지능의 차이가 나타날 수도 있다. 그러나 어떤 관점에서 보더라도 환경보다는 유전자가 지능에 더 강력한 영향력을 미치는 것으로 보인다.

하지만 많은 생물학자들은 지능을 생물학적 관점에서만 보려는 것을 경계한다. 그 이유는 다음과 같다. 첫째, 우리는 지능에 영향을 미쳤을 가능성이 있는 환경 중에서 일부만을 수집했으며 둘째, 입양된 아이들은 일반적인 가정과 크게 다르지 않은 가정에서 성장했다. 대부분의 과학자들은 지능이 인종이나 민족에 따라 차이가 있다는 사실을 받아들이지 않는다. 왜냐하면 집단 내에서 발견되는 차이를 매개하는 기제들은 집단 간 차이를 매개하는 기제들과 같지 않기 때문이다. 더욱 직접적으로 말하면, 아프리카계 미국인들이 코카서스계 미국인들과 표준편차에서 1 정도 낮은 점수를 보이는 이유는 유전자와 거의 또는 전혀 관련이 없다. 그것은 잠재되어 있는 혹은 분명하게 드러난 인종차별주의, 혹은 상이한 문화적 태도, 관습, 그리고 기회와 더욱 밀접한 관련이 있다.

지능에 관한 두 번째 질문은 우리의 궁금증과 관련해서 더 중요하다. 즉 심리측정학적으로 똑똑한 아이는 모든 학습에서 다 우수한 성취를 보이는가, 아니면 그들도 자신의 강점과 약점을 나타내는 분야가 있는가? 이 질문에 대한 나의 대답은 분명하다. IQ가 높은 아이는 학교 학습에서 강한 면모를 보인다. 학교 학습이 지능 검사의 과제나 기술과 비슷해질수록 지능 검사의 예언력은 더 강력해진다. 예를 들면 지능 검사가 언어와 수학적 상징체계를 해독하는 것과 관련이 많을수록 아이가 학교의 일반 교과목에서 얼마나 높은 점수를 받을 것인가를 꽤 정확하게 예측할 수 있다. 한편 검사가 미로 풀기와 같은 비상징체계의 기술을 묻거나 학교 분위기가 단답식의 필기시험보다 프로젝트를 중시하는 환경으로 바뀐다면 심리측정학적 지능은 학교에서의 학습 성취를 앞의 경우

만큼 정확하게는 예측하지 못할 것이다.

동일한 논리가 학교 밖의 생활에도 적용될 수 있다. 만일 한 사람이 사무직 업무를 얼마나 잘해낼 수 있을지를 예측하려고 한다면 IQ는 꽤 유용한 정보이다. 반면에 기술적인 기능이나 세일즈에서의 수행 능력을 예측하려 한다면 IQ는 그다지 신뢰할 만하지 못하다. 나는 가끔 IQ는 1세기 전에 프랑스와 영국이 멀리 떨어져 있는 식민지에 파견할 평균 수준의 관료를 선발하기 위한 수단으로 만들어진 것일지도 모른다고 농담 반 진담 반으로 말하곤 한다.

지능이 얼마나 일반화된 능력인가에 대한 학자들의 의견은 분분하다. 아마도 대부분은 진정한 천재성을 "어떤 특정한 방향으로 우연히 결정된, 크고도 보편적인 힘을 가진 마음"[2]이라고 주장한 새뮤얼 존슨 Samuel Johnson 박사의 의견에 동의할 것이다. 이러한 관점에서 보면 한 가지 일에 유능한 사람은 다른 모든 일에서도 유능할 것이라고 유추할 수밖에 없을 것이다. 그러나 어떤 이들은 학교에서 탁월한 능력을 보이는 사람들이 학교 밖에서는 잘 적응하지 못하거나, 반면 학업 성적은 평범했던 사람들이 종종 사업이나 예술 방면에서 성공한다는 사실을 강조한다. 특수한 능력을 가진 정신지체아와 같이 한 가지 일에만 뛰어나거나 또는 선택적 학습 장애아와 같이 한 분야에서만 현저하게 뒤떨어지는 사람이 있다는 사실은 지능이 하나의 기제로 작동하며, 전체적으로 잘하거나 아니면 전체적으로 잘못 기능하는 단일한 실체라는 관점을 받아들이기 어렵게 한다.

그러나 실제로 지능이 일반화된 능력이라는 입장을 지지할 수 있는 증거들이 없는 것은 아니다. 데이비드 펠드먼이 '옴니버스 천재들'이라고 하고 엘렌 위너가 '다재다능한 천재들'이라고 부를 수 있는 사람들은 종종 있다. 그들은 모든 것을 동등하게, 그리고 상당히 쉽게 배우는 것처럼 보인다. 그들은 다양한 교과목에서 우수한 성적을 보이고 학교와 비슷한 특징을 보이는 환경, 예를 들면 사무실이나 법률 사무소 등과 같은 곳에서 일할 때 계속해서 성공한다. 그러나 학과목에서 편차를 나타내는 사람들도 있다. 가령 언어 능력은 뛰어나지만 수학이나 과학을 상당히 어려워하고, 공학적인 사고 능력은 있지만 논리적인 글쓰기는 어려워하는 경우가 있다. 그리고 전설 같은 얘기지만 윈스턴 처칠 Winston Churchill 이나 토머스 에디슨 Thomas Edison 과 같이 학교에서는 평범했던 아이가 인생에서는 'A학점을 받은' 경우도 있다.

학교를 졸업한 후의 삶은 어떤가? 여러 가지 상반되는 증거들이 있다. 어떤 이들은 나이가 들어감에 따라 부모의 IQ와 점점 비슷해지는데 이것은 단일 지능을 뒷받침하는 증거가 될 수 있다. 반면에 어떤 사람들은 자신이 계속해서 갈고 닦아온 분야에서 훨씬 더 훌륭한 능력을 나타내는데, 이는 다중지능을 지지하는 입장이 될 수 있다.

이 모든 사실을 통해 알 수 있는 것은 무엇인가? 나는 학교와 IQ 검사를 존중할 만하다고 생각하지만 이것으로 개인의 가치나 잠재력을 판단하지 않기를 바란다. 결국 가장 중요한 것은 직업과 개인적 삶의 영역에서 한 개인이 실제적으로 성취하는 것이다. 이러한 판단은 검사 점수라는 가공물을 통해서가 아니라 직접적인 관찰을 통해서 이루어져야 한다.

문화와 경험의 영향력

지금까지 나는 아동의 성취가 어떤 학습 상황에도 적용되는 보편적인 지력에 주로 의존한다는 전통적인 심리학자들의 입장에 동조해왔다. 이러한 입장은 오랫동안 서구 사회에서 풍미되었으며, 특히 미국에서 그러했다. 이 입장이 인기를 얻었던 이유는 무엇인가? 전통적인 심리측정학적 이론이 그러한 입장을 견지해왔고, 또한 생후 1년 동안 아기가 어떻게 지적 성장을 이루어나가는지 살펴보기를 게을리했기 때문이다.

그러나 대부분의 다른 사회는 심리측정학적 관점과는 다른 시각을 가지고 있다. 중국이나 일본과 같이 유교 사상을 가진 사회에서는 태어날 때부터 인간의 능력에 차이가 있다는 개념은 거의 극소화된다. 당신의 성취는 주로 당신과 당신의 가족이 얼마나 동기 부여를 받고 있는지에 달려 있다. 즉 얼마나 열심히 노력하는지, 어느 정도까지 실수를 하고 그 실수를 통해 배울 수 있는지, 그리고 선생님이 얼마나 능력이 있는지에 달려 있다. 어린아이들은 어떤 일에 쉽게 몰두할 수 있다. 하지만 그냥 하고 싶은 대로 내버려둔다고 해서 가치 있는 기술이나 태도를 습득할 수 있는 것은 아니다. 부모와 교사는 학령기 전에 규칙적인 습관과 규율, 그리고 특히 연장자에 대한 존경심을 키워주도록 노력해야 한다. 상대적으로 무질서한 서구식의 육아 교육과 지나칠 정도로 통제적인 아시아식의 육아 교육에서 그 차이가 눈에 띄게 나타난다.

아시아 문화권에서는 지적인 연습과 숙련이 생후 1년 동안 이루어져야 한다는 것에 대해서는 동의하지 않는다. 하지만 예술, 음악, 무용과 같은 경우에 있어서는 생후 1년이 상당히 중요하다고 생각한다. 그러므로 아이가 붓을 만지고, 춤을 추고, 적당한 속도와 음조로 이야기하고, 다 함께 노래를 부르도록 훈련하는 것은 일반적이다.

현대 미국에서 아시아적 관점을 대표하는 것으로 가장 잘 알려진 예는 재능 교육, 혹은 스즈키 방법이다. 이는 바이올린 교수법으로 유명한 신이치 스즈키의 이름을 따서 지은 것이다. 수십 명의 일본 아이들이 마치 거장처럼 바이올린을 연주하는 모습을 처음 보았을 때 미국 사람들은 믿을 수 없다는 반응을 보였다. 또한 그들은 스즈키가 일본에서 천재 아이들을 찾아내 해외 연주 여행을 하는 것이라고 생각했다.

그러나 그 생각은 오해였다. 사실 스즈키는 수십 년 동안의 실험을 통해 어떻게 평범한 아이들이 훌륭하게 바이올린 연주를 할 수 있는가를 보여준 매우 재능 있는 교사였다. 이미 많이 소개된 바 있는 이 교육 방법은 다음과 같다. 우선, 아이가 아주 어렸을 때부터 어머니와 악기와의 유대 관계를 확립해준다. 그리고 아이에게 연주 수준이 다른 아이들을 관찰하거나 함께 연주하는 기회를 많이 주고, 듣거나 연주하기에 편안한 곡목을 선택해주고, 뛰어난 음악 연주를 듣도록 하며 음악을 사랑하는 환경을 조성해주는 것이다.

스즈키의 방법은 동아시아의 전통적인 교수 방법 가운데 빙산의 일각에 지나지 않는다. 아시아 전역에서 활용되고 있는 많은 프로그램들은 미술 영역, 음악 영역, 신체 운동 영역, 혹은 기술 활동에서 아동이 높은 수준을 성취할 수 있도록 훈련시킨다. 서구의 교사와 부모들은 이러한 사실에 주목하면서 수영에서부터 초기 독서 교육과 초기 수학 교육 등 모든 범위에 걸쳐 유사한 프로그램을 시도하기도 했다. 어떤 사람들은 훈련이 가족 모두가 즐기는 환경에서 이루어져야 한다고 생각하고, 반면 어떤 사람들은 물개를 훈련시키는 것처럼 엄격한 단계를 밟아야 한다고 생각하기도 한다. 물론 이러한 두 현상이 단지 미국에만 존재하는 것은 아니다. 전 세계 아이들을 대상으로 하는 교육 프로그램은 위의 두 가지 방법 중 어느 한쪽에 더 중점을 두는 경향이 있다.

아이를 지도하는 새로운 방법이, 체계가 없는 서구식의 흥미 위주의 교육과 엄격하게 계획되어 있는 스즈키 훈련 혹은 중국의 서예 교육의 중간 어딘가에 존재할 수 있다. 예를 들어, 공룡에 대해 전문가 수준의 지식을 가진 미국 아이들은 종종 책이나 장난감, 그리고 자연사 박물관 견학을 통해 지식을 쌓아가지만, 이때 아이의 능력은 어른이 주는 보상이나 격려로 이루어진 것은 아니다. 그리고 터미널에 앉아 있는 동년배들과 대화에 참여하면서 반복되는 시행착오를 통해 컴퓨터를 배우는 아동들도 있다. 그리고 레조 에밀리아라는 북이탈리아 지역사회에서는 몇 달 동안 어린 학생들에게 자신이 흥미를 갖는 주제를 선정하고 집중하도록 한 뒤에 마지막에는 교사들이 아름다운 예술 작품이나 흥미로운 작업을 해낼 수 있도록 지도하기도 한다.

'재능'과 '훈련'의 상대적 중요성에 대한 논쟁이 심리학에서 다시 일고 있다. 심리학자인 앤더스 에릭슨Anders Ericsson과 그의 동료들은 음악 연주에서부터 숫자 암기에 이르는 다양한 영역의 대가들이 반복적으로 참여하는 '진지한 연습' 시간의 양이 서로 다르다는 것을 발견했다. 에릭슨은 자신이 기대했던 바와는 사뭇 다르게 재능의 중요성을 인정하지 않을 수 없었다. 그래서 나를 포함한 회의론자들은 재능이 있는 사람만이 수천 시간을 연습할 수 있으며, 짧은 연습으로는 수학과 체스, 작곡 등의 인지적 영역에서 높은 효과를 기대하기 어렵다고 지적하고 있다.

다섯 살의 신동들

◇▩◇

지금까지 우리는 비범한 성취가 두 가지 서로 다른 원천에서 비롯된다는 것을 살펴보았다. 첫째는 IQ가 높은 아이로, 그들은 학문적 환경에서 자신들의 속도에 알맞게 발전할 수 있었다. 둘째는 특별히 뛰어난 것은 아니지만 바이올린 연주 같은 특정한 기술을 개발시켰거나, 레조 에밀리아 학교의 재능 교육처럼 일련의 풍부한 경험을 쌓을 수 있는 교육의 혜택을 받은 아이들이다.

지금부터 나는 특정 분야나 특정 집단에 영향을 미칠 수 있다는 점에서 비범한 성인이 될 가능성이 많은 아이들에 대해 소개할 예정이다. 다섯 살경에 특정한 분야에서 뛰어난 성취를 보이면서 두각을 나타낸 아이들이다.

전통적으로 조숙한 발달을 보여주는 분야에는 체스, 음악 연주, 수학적 이해의 세 가지가 있다. 각 분야에서 유능한 성인이 오를 수 있는 경지를 이미 보이는 신동을 만나게 된다. 전형적으로 이런 아이들은 일찍이 체스 게임이나 악기 연주, 계산하기나 숫자로 하는 게임에 관심을 보인다. 어른들이 도와주기는 하지만 대부분의 어른들은 아동이 단순히 흥미에 '사로잡혀' 있기 때문에 체스를 움직이거나, 곱하기 문제를 풀거나 악기 연습을 하면서 대부분의 시간을 보내고 싶어 하는 것 같다고 말한다.

조숙한 발달이 이러한 특정 분야에서 일어난다는 것은 놀라운 사실이 아니다. 그 분야들은 각각 일련의 상징과 규칙을 가지고 있기 때문에 상대적으로 제한된 성격을 가진다. 우리는 규칙을 배우고 그것들을 열심히 따름으로써 능숙해진다. 미묘한 경험의 여러 모습에는 어떤 지식도 유용하지 못하며, 어떤 발견에 대한 개인적 방식을 가질 필요도 없다(이러한 이유로 문학이나 정치적 지도성, 혹은 도덕성과 같은 영역에서의 조숙성에는 공통점이 없는 것 같다). 체스, 음악 연주, 수학적 이해의 세 영역은 '일반적 지능'을 믿는 사람들이 주장하는 수 혹은 공간 지각과 같은 중요한 재능이 필요하다. 그러나 이러한 가설을 받아들이기 전에, 대부분의 어린아이들은 세 가지 모두는 아니지만 그중 한 가지 영역에는 조숙한 발달을 보인다는 사실과 숫자와 관련된 요소가 세 영역 모두에 포함되어 있지만 공간적 형태가 체스에서 더욱 중요하다면, 음악적 민감성이나 신체적 기민성은 음악적 수행에 있어서 더욱 중요하다는 사실을 기억할 필요가 있다.

연주자인 요요마나 예후디 메뉴인^{Yehudi Menuhin}*, 수학자 노버트 위너^{Norbert Wiener}**와 카를 프리드리히 가우스^{Carl Friedrich Gauss}***, 체스 신동인 새뮤얼 레셉스키^{Samuel Reshevsky}****와 바비 피셔^{Bobby Fischer}*****는 전형적인 천재들이다. 이들은 모두 심리측정학적 지능에서 높은 점수를 얻을 것이다. 그러나 음악가나 체스 선수들이 반드시 비범한 사람의 부류에 속한다고 말할 이유는 없다.

최근 들어 체스 우승자인 폴가 자매******와 현악기 연주자인 미도리 고토^{Midori Goto}, 사라 장 같은 여자 신동이 많이 등장했다. 이외에도 다른 영역에서 나타난 천재들로는 어린 나이에 조숙한 발

* 미국 출생의 바이올린 연주자 겸 지휘자. 1916년 뉴욕 출생. 5세 무렵부터 이미 바이올린 연주에 탁월한 재능을 나타내기 시작했고, 8세에 샌프란시스코 심포니에서 데뷔했다. 10대 후반부터 정상급 연주자로서 활동했으며, 이후 영국 여왕으로부터 기사 작위를 받기도 했다.
** 미국의 수학자이자 사이버네틱스의 창시자. 9세에 고등학교를 졸업하고 14세에 하버드 대학교 대학원에 입학하여 18세에 학위를 받았다.
*** 독일의 수학자. 대수학·해석학·기하학 등 여러 방면에 걸쳐서 뛰어난 업적을 남겨, 19세기 최대의 수학자라고 일컬어진다.
**** 미국 출신 체스의 대가. 4세 즈음부터 체스를 배우기 시작하여 6세 때 이미 시범 경기를 가질 정도로 체스의 신동으로 알려졌으며 9세에 이미 체스의 대가로 인정받았다.
***** 1972년부터 1975년까지 세계 체스 챔피언 타이틀을 유지했던 미국의 체스 영웅.
****** 헝가리의 교육 심리학자 라즐로 폴가의 세 딸 수잔 폴가, 소피아 폴가, 주디트 주디트 폴가. 이 자매들은 어떤 아이든 천재가 될 수 있다고 바라보면 천재가 된다는 아버지의 신념에 따라 체스의 천재로 키워졌다. 첫째 딸 수잔은 17세에 여성으로서는 처음으로 세계 체스 명인전 예선을 통과했고, 2년 후에는 세 자매가 한 팀으로 세계대회에서 우승했다. 1년 후에 수잔은 여성으로는 사상 처음으로 세계 최고의 체스 명인이 되었으며, 소피아와 주디트 역시 최고 명인 자리에 올랐다.

달을 보여 탁월한 경지에 이른 중국 서예가 왕 야니*와 피카소에 비견되는 미국 화가 알렉산드라 네치타 Alexandra Nechita가 있다. 단지 특정 영역만이, 혹은 남자들만이 천재가 될 수 있다고 가정하기 전에 각 사회마다 어떤 활동이 가치 있다고 여기는지를 확인하고, 어떤 사람이든지 그러한 활동을 통해 격려 받을 수 있음을 아는 것이 중요하다. 예를 들면 요요마의 누나들은 음악적으로 뛰어난 재능을 타고났음에도 불구하고 비범한 재능을 보이는 남자 형제와 동일한 경력을 쌓는 데에 어려움이 있었다.

뛰어난 재능을 가졌다고 해도 충분한 지원 없이는 천재가 되기 어렵다는 사실은 확실하다. 탁월한 성취를 보인 천재들에 관한 연구를 통해 그들은 부모나 가족, 선생님 그리고 흔하지는 않지만 지역사회의 사람들에게 상당한 지원을 받았다는 사실을 알 수 있다. 아무리 재능을 타고났다 하더라도 혼자서 잘 해낼 수는 있는 이는 아무도 없다. 그러나 또한 타고난 지능과 '학습에 대한 열정'이 없다면 외부적 지원만으로는 많은 것을 성취할 수 없다.

불행하게도 우리는 앞에서 언급한 네 가지 유형의 비범성에 대해 아는 바가 거의 없다. 조숙한 발달은 사물과 상징을 강조하는 영역에서 주로 나타나는 것 같다. 어린아이들은 사람들과 관련된 영역에서 조숙하지 않거나, 그러한 재능의 신호를 미처 알지 못한다. 아동기에는 영역들이 아직 다 완성되지 않았기 때문에 대부분

---

* 중국의 화가이자 서예가. 2세 때 그림을 그리기 시작하여 4세 때 전시회를 열었으며 그녀의 그림은 8세에 중국 우표에 실리기도 했다.

의 아이들의 경우, 창조자와 대가를 구분한다는 것이 다소 이론적인 이야기일 뿐이다. 그러나 아이가 집중하는 것을 좋아하는 기질을 가지고 있거나, 둘째나 셋째로 태어나서 반항적이거나, 현재까지 이미 탐구된 영역에서 자신이 하고 싶은 일을 선택할 수 있을 때 그 아동은 창조자가 될 가능성이 있다. 아동의 지능과 영역 사이의 관계는 중요하다. 지능과 영역 간의 관계가 꼭 맞아떨어질 때 천재는 특정한 영역을 완전히 마스터할 가능성이 높아진다. 그리고 지능이 일반적인 영역의 수행과 일치하지 않은 경우에 창조하는 쪽으로 나아갈 가능성이 많다.

예외적인 비범성

적어도 한 가지 측면에서 왕 야나나 예후디 메뉴인을 설명하는 것은 그다지 어렵지는 않다. 이 두 사람은 많은 잠재 가능성을 가지고 있기 때문에 아주 똑똑하다고 가정할 만하다. 그리고 눈에 띄는 특정 분야에서 그들이 나타낸 소질은 부분적으로는 초기에 가진 흥미에 의해 결정되었으며 부분적으로는 그러한 흥미를 지원해주는 환경에 의해 형성되었다.

그래서 연구자에게 있어서 훨씬 매력적인 사례는 대부분의 영역에서는 심한 장애를 보이면서도 한 가지 영역에서 정상을 나타내는 아이들의 경우다. 이런 아이들 중에는 종종 자폐증 환자가 있을 수 있는데, 이들의 의사소통 능력은 미미하거나 거의 없는 상태이다. 그런 장애에도 불구하고 루마니아에서 태어난 나디아는 학령기 전부터 연필로 매우 능숙하고 섬세하게 말과 사람을 그릴 수 있었다. 스티븐 월트셔 Stephen Wiltshire 는 관찰과 상상을 통해 전문적인 건축 그림을 그릴 수 있었다. 올리버 색스 Oliver Sacks 가 연구했던 자폐 쌍둥이 존과 마이클은 아주 단위가 큰 숫자들을 잘 계산했고, 지난 세기의 날짜와 요일을 잘 알아맞혔다. 그리고 시각장애와 정신지체가 있었던 레슬리 렘키 Leslie Lemke 는 어려운 곡을 듣기만 하고도 능숙하게 피아노를 연주할 수 있었다.

그러한 경우에는 그들이 선천적인 지적 능력을 갖고 태어났다고 할 수 없다. 또한 그들과 가장 가까웠던 사람의 말을 믿고 그들의 부모나 치료 전문가가 그들의 재능을 키우기 위해 열심히 훈련시켰다는 것을 말하려는 것은 아니다. 실제로 어린 시각예술가 나디아의 경우에, 어머니조차도 잘 알지 못했던 그녀의 재능은 그녀를 검사하던 의사가 발견한 것이다. 즉 우리는 여기에서 아기가 갖고 있었던 지적 능력이 그 아이가 접할 수 있었던 환경에서 발견되고, 그러한 재능을 키울 수 있는 영역으로 연결되었다는 것을 알 수 있다. 일단 이렇게 환경과 재능 간의 연결 고리가 생기면 아이는 가르침이 필요 없게 된다. 그 영역의 규칙들을 탐색만 해도 아이는 놀라운 수준의 성취를 할 수 있다. 실제로 자폐아는 자신을 표현하거나 다른 사람과 의사소통을 할 때 일반적인 방식을 사용하지 않기 때문에 오히려 자신의 탁월성을 있는 그대로 드러낼 수 있다.

우리는 지극히 평범한 학생이었던 찰스 다윈에서부터 나이 마혼에 정신적 문제를 겪었던 해리 트루먼Harry Truman에 이르기까지, 평범해 보이는 배경을 가졌지만 놀라운 업적을 보여주었던 사람들을 잘 알고 있다. 비범성을 연구하는 사람들은 노버트 위너와 동시대인인 윌리엄 제임스William James처럼, 초반에 많은 가능성을 보여 주었던 사람들이 후반에는 사람들의 기대에 부응하지 못했던 사례들을 찾을 수 있다. 그리고 스티븐 월트셔나 템플 그랜딘Temple Grandin과 같은 사람들은 자신의 자폐적인 재능을 삶에 대한 의지로 전환시켰지만, 나디아처럼 세상에 대해 여전히 무관심하고 병실에 수용된 채로 남아 있는 사람도 많다. 그러한 능력을 완성하기 위해 초기의 조숙함을 창조적인 성취로 연결하여 나중에까지 주목을 받은 사람은 그리 많지 않다. 아마도 피카소와 모차르트가 최근에는 가장 두드러진 예가 될 것이다.

매일 하는 다섯 가지의 경험

나는 종종 왜 개인의 생물학적 유전의 힘을 인정하지 않으면서 그 이상의 설명을 해주지 않느냐는 질문을 받는다. 이러한 질문에 대답하기 위해 나는 '매일 하는 다섯 가지의 경험'이라는 실험을 상상해보았다. 우리가 상상할 수 있을 만큼 조건이 비슷한 두 사람을 생각해보자. 그중 한 사람을 좋은 사람을 의미하는 단어 Benign의 첫 글자를 따서 'B'라고 하자. 그는 하루에 다섯 가지 긍정적인 경험을 하는데, 그러한 경험들은 신체적·정서적·인

지적으로 긍정적인 것이다. 다른 한 사람은 나쁜 사람이라는 의미의 단어 Malign의 첫 글자를 따서 'M'이라고 부를 수 있는데, 그는 하루에 다섯 가지 부정적인 경험을 한다. 다시 말해 이러한 경험들은 마음, 정서, 신체에 부정적인 영향을 미친다. 출생 후 9개월이 지났을 때 B는 1,300개의 긍정적인 경험을 하게 될 것이고, M은 1,300개의 부정적인 경험을 하게 되어서 전체적으로 2,600개의 경험의 차이를 갖게 된다.

서구식 나이로 다섯 살이 될 때까지 5년을 더 실험을 지속한다고 생각해보자. B는 9,000개의 추가적인 긍정적인 경험을 하게 되고, M은 9,000개의 추가적인 부정적인 경험을 하게 되는데, 전체적인 차이는 B 방향으로 +10,300이고, 덜 행복한 M 방향으로 -10,300이 된다. 이 20,600개의 경험의 차이를 가진 아이들이 서로 차이가 나지 않는 사람이 되기를 바랄 수 있겠는가? 그들이 일란성 쌍둥이라 하더라도 B는 자신에 대해 긍정적으로 생각할 것이고, 기술을 획득할 수 있는 기회도 많을 것이며, 더 잘하도록 격려받을 것이다. 반면에 M은 풍부한 경험을 제공받지 못하고, 불행하며, 격려받지 못해서 자신이나 주위 사람들이 볼 때에도 그가 실패의 길로 치닫고 있다는 것을 쉽게 알 수 있게 된다.

이러한 경험은 정확하게 동일한 형태로 반복되지는 않겠지만 어떤 사람들은 B와 같이 생을 살아갈 것이고 또 대부분의 사람들은 M과 비슷하게 살아가고 있다는 데에는 논쟁의 여지가 없다. 다섯 살 된 아동의 마음은 어떤 면에서는 아직 미완의 상태지만 다섯 살 된 아동의 인격은 여러 면에서 꽤 형성되어 있다. 만일 우리가 몇몇 사람들이 어떻게 다섯 살 때까지 긍정적인 의미에서 탁월하려고 노력했는가를 알고 싶다면 뇌와 생물학에 대해 좀 더 알아야 할 필요가 있다. 그러나 우리 중 일부는 특출하게 만들어주거나 특별한 종류의 사람이 될 수 있는 기회를 제공하는 경험에 대해서도 동일한 관심을 가져야만 한다.

네 가지 유형의 전형적인 능력

◇▩◇

체스나 음악, 그리고 그림과 같이 이미 확인된 영역에서 심리측정학적으로 뛰어난 지능과 재능을 가진 이들을 찾기는 쉽다. 그러나 다른 사람들을 이해하는 것에서부터 자신을 이해하는 것, 문학적 감수성에서 발명을 잘하는 천재에 이르는 여타의 영역에서 동일하게 조숙한 면모를 보이는 아이가 존재하는 것도 당연하다. 일단 우리가 이러한 능력들이 아동기를 통해 어떻게 발달해가는지를 더 잘 이해하게 되면 다양한 영역의 재능까지도 설명할 수 있게 될 것이다. 최종적인 성취가 항상 아동기에 예측될 수 있는 것이 아니라는 사실을 명심하는 것 또한 중요하다. 어떤 사람들은 대기만성형이기도 하고, 몇 가지 영역의 기술은 청소년기나 그 이후까지 드러나지 않을 수 있다. 그러한 경우가 아니더라도 아이는 때로는 혹독하게, 때로는 고무적인 환경의 개입을 통해 위대한 성취를 이루도록 자극받을 수도 있다. 일련의 비극적인 사건이 아주 유망한 젊은이들을 좌절시키는 것과 마찬가지로 아주 행복한 아동기를 보냈다고 해서 모두 고무적인 것은 아니다. 우리가 관찰한 네 명의 비범한 인물 중에서 모차르트만이 어린 시기부터 특별한 재능을 분명히 나타냈다.

우리는 이 장에서 대부분의 사람들이 경험하는 정상적인 발달과 대조해서 비범한 아동기를 형성시켜줄 수 있는 요소에 초점을 맞춰왔다. 조숙한 발달은 심리학적인 지능 혹은 다른 다양한 지능에서 특별한 재능을 가지고 있으며, 또한 가족이나 주위 환경을 통해 적절한 양육을 받을 때 이루어진다. 한 서구인은 전대에 없을 정도로 분명하게 그러한 요소의 발생에 대해 설명했다. 그래서 우리는 모차르트를 살펴보면서 비범성에 대한 탐구를 시작하려고 한다.

4장

**위대한 대가,
모차르트**

뛰어난 학습자, 모차르트

볼프강 아마데우스 모차르트는 1785년, 29세의 나이에 6개의 현악 4중주(K.387, 421/417b, 428/421b, 458, 464, 465) 곡을 작곡했다. 그러나 이것은 그다지 놀라운 일이 아니다. 왜냐하면 모차르트는 다작을 하는 편이었고, 독주나 중주를 위한 작품을 종종 쓰기도 했기 때문이다. 그러나 3년에 걸친 모차르트의 이런 작업은 선례가 없는 특별한 일이었다. 그는 동시대의 선배 작곡가인 프란츠 요제프 하이든Franz Joseph Haydn의 작곡법을 주의 깊게 연구하고, 그의 대위법과 반음계주의에서 영감을 얻었다. 하이든은 주제절에 쓰이는 각 악기의 개성을 최대한 발휘하여 각 악장을 조화롭게 구성하고 다양한 분위기를 이끌어내려고 했다. 모차르트는 이전과는 달리 여러 번 고쳐가며 이 곡들을 썼고 인쇄 후에도 많은 수정을 가했다. 모차르트는 이 곡들을 "오랫동안 수고한 노력의 열매"라고 부르면서 다음과 같이 헌사를 썼다.

나의 친애하는 벗 하이든에게

자신의 아들들을 넓은 세상에 보내기로 결심한 아버지는 매우 존경받는 사람의 보호와 안내에 그들을 맡기는 것이 현명하다고 생각할 것입니다. 게다가 존경받는 사람이 운 좋게도 자신이 가장 사랑하는 친구라면 더욱 그러하겠지요. 그런데 여기서, 존경받는 사람과 가장 사랑하는 친구, 그리고 나의 여섯 아들들…… 당신의 인정은 다른 어떤 것보다도 나에게 많은 용기를 주었습니다.[1]

몇 번 만나지는 않았지만, 모차르트는 하이든과 자신을 이어주는 특별한 연대감이 있음을 깨달았다. 그는 어른이 된 후 자신의 스승은 오직 하이든뿐이라고 확신하고 있었다. 모차르트보다 스물다섯 살 정도 연상이었던 하이든은 자신의 능력을 자랑으로 여기는 사람이었다. 그럼에도 불구하고 하이든은 자신보다 나이 어린 정신적 벗의 빼어난 업적을 인정했다. 사실 모차르트의 아버지인 레오폴트와 이야기할 기회가 있었을 때, 하이든은 다음과 같은 유명한 말을 했다.

신 앞에서 정직하게 말하건대, 당신의 아들은 명성으로나 사람 그 자체로 보나 내가 아는 가장 위대한 작곡가입니다. 그는 향기가 있을 뿐만 아니라 작곡에 대해 심오한 지식을 가진 사람입니다.[2]

음악을 막 시작했던 어린 시절부터 모차르트는 항상 작곡의 모델을 가지고 있었으며, 자신보다 앞세대의 스타일과 기법을 무리

없이 받아들일 수 있었다. 그러나 그에게 자연스럽게 아이디어가 떠오르지 않았던 현악 4중주의 구조 및 세부 기술과 작곡 기법에서는 세심한 주의가 필요했다. 위대한 스승의 발치에 차려 자세로 선 학생처럼, 모차르트는 그 모델들을 분석하고 중요한 요소들을 밝히고, 자신의 악보가 존경하는 대가의 수준에 이르렀다고 확신하기까지 계속해서 초고를 수정했다.

하이든과 모차르트의 관계에서 또 한 가지 중요한 측면이 있다. 태어날 때부터 모차르트의 삶은 그의 아버지 레오폴트로부터 많은 영향을 받았다. 스스로가 재능 있는 바이올린 연주자이자, 교사이자, 소장파 작곡가였던 레오폴트는 어린 아들의 천재성을 알아채고 모차르트를 음악가로 성공시키기 위해 자신을 바쳤다. 이 부분에서 음악사가들은 레오폴트의 헌신이 사심 없이 순수하게 이루어진 것인지, 아니면 자신의 영광을 추구한 것인지에 대한 논쟁을 벌여왔다. 1780년대 초반에 모차르트는 아버지로부터 벗어나 음악적으로뿐만 아니라 인간적으로도 독립적인 존재가 되고자 애썼다. 가공할 만한 영향력을 가진 아버지의 모습을 하이든으로 대체하는 것보다 더 나은 방법이 있었을까? 음악을 만드는 작곡가로서 모차르트는 음악과 자신의 관계를 아버지와 아들이라는 문학적 장치를 통해 비유했지만, 서른 번째 생일이 가까워졌을 때 아버지의 지배로부터 벗어나는 일이 모차르트에게 가장 중요한 동기가 되었음은 논쟁의 여지가 없다.

특별한 천재와 소박한 천재

◇ ▓ ◇

오늘날 '천재'라는 단어는 비범한 사람들, 즉 계속 이어져온 시대의 역사를 자신의 그림자로 주름잡는 소수의 사람들 중에서도 특별히 두드러지는 사람들에게만 쓰이는 것이 적합하다. 그러나 어느 면으로 보나 모차르트는 천재로서의 자격이 충분하다. 그는 앞세대의 뛰어난 작곡가인 바흐와 다음 세대의 베토벤, 또 독창적 예술가인 작가 셰익스피어나 괴테, 화가 렘브란트나 피카소, 조각가 미켈란젤로나 로댕과 함께 가장 뛰어난 사람으로 분류된다.

이러한 사람들 중 일부가 '특별한' 천재다. 작곡가 중에서 베토벤과 바그너Richard Wagner는 강한 성격과 철학의 소유자였는데, 이러한 점은 그들의 음악에도 충분히 반영되어 있다. 빅토르 위고 Victor Hugo의 문학 작품이나 프란시스코 고야Francisco Goya의 그림도 그러했다.

모차르트는 이러한 특별한 천재라기보다는 '일반적인' 천재의 예라고 볼 수 있다. 자신의 성격이 작품에 독특한 방식으로 드러나지는 않기 때문이다. 우리는 〈교향곡 40번 G단조〉의 비극적 선율에서 나타나는 모차르트와 〈교향곡 41번 주피터〉의 승리의 노래에서 볼 수 있는 그가 동일한 사람임을 알 수 있다. 오히려 모차르트는 그가 작업하는 장르와 주제에서 완벽하게 자신을 자리매김할 수 있었다. 우리는 셰익스피어나 괴테에 대해서도 이렇게 말할 수 있을 것이다. 시인 존 키츠는 예술적인 질료 속에 자신을 푹 빠뜨릴 수 있는 인간의 능력을 다음과 같이 묘사했다.

시적인 특성 그 자체에 관해 말한다면, 그것은 그 자체가 아니다—그것은 자아가 없다—그것은 모든 것이면서 아무것도 아니다—그것은 특성이 없다—그것은 빛과 그림자를 좋아한다—그것은 기쁨 속에 살아 있다. 그것은 부당하기도 하고 정당하기도 하며, 높을 수도 낮을 수도 있고, 부유하기도 하고 가난하기도 하고, 비천하기도 하고 고귀하기도 하고…… 시인은 그 존재라는 면에서 가장 시적이지 않다. 왜냐하면 그는 정체성이 없기 때문이다. 그는 계속해서 형식으로만 있고 다른 사람만을 만족시키고 있다. …… 내가 사람들과 함께 한 방 안에 있을 때 만약 내 두뇌가 작품에 대해 고민하지 않는다면 내 자아만이 죽는 것이 아니다. 그 방 안의 모든 사람의 정체성이 나를 억누르기 시작하여 나는 소멸된 아주 짧은 시간에만 존재하게 된다. 그것은 성인들뿐만 아니라 아이들의 경우에도 마찬가지다.[3]

천재라는 부류에 대한 이와 같은 대략적인 구분은 우리의 목적에 유용하다. 대체로 모차르트와 같은 대가는 자기 시대의 음악 장르를 완전히 마스터했고, 그 장르에서 최고 수준의 작품을 만드는 것을 자신의 목표로 삼았다. 그는 고전주의적인 경향에 속해 있었기 때문에 그 당시 사용 가능했던 언어 수단을 통해 자신을 표현했다. 반면, 베토벤과 같은 창조자는 새로운 표현 형식을 만들기 위해 자기 시대에 지배적인 장르나 관심 분야에 구속되지 않았다. 창조자의 목소리는 훨씬 더 특별한 억양과 특별한 경향을 가지고 있는 것처럼 들린다. 낭만주의자인 창조자는 자신을 진실하게 표현하기 위한 자기 고유의 언어를 만들어낸다.

하이든의 영향 속에서 4중주곡을 작곡하고 그 작품들을 하이든에게 헌사했을 때 모차르트는 이미 고전음악의 계보 속에서 자신의 입지를 확고히 구축하고 있었다. 그는 전통에 참여하고 그것을 마스터하는 동시에 베토벤과 낭만주의 계승자들이 '창조한' 새로운 접근이 나타날 수 있는 초석을 만들었다.

놀라운 재능

모차르트는 몇 가지 점에서 확실히 재능 있는 아이였다. 그는 수를 좋아했고 언어를 쉽게 익혔으며 아이들의 놀이와 농담도 즐겼다. 사실 성인이 된 후에도 그런 천진스러움은 계속 유지되었다. 그러나 확실히 모차르트의 음악적 성취는 그의 다른 분야에서의 성취를 훨씬 능가하는 것이었고, 특히 예술 분야에서는 다른 어떤 사람의 성취도 무색케 할 만한 것이었다.

이를 입증할 만한 사실들이 있다. 모차르트는 세 살 때 피아노를 치기 시작했다. 모차르트가 아직 정식 교육을 받지 않았던 네 살 때, 그는 다른 사람의 바이올린 연주를 듣고 오히려 그에게 기본 원리를 가르쳐주었다. 그는 다섯 살에 작곡을 하기 시작했고 일곱 살에는 규칙적으로 작곡을 하고 있었다. 그가 어렸을 때 만들었던 작품들은 매력적인 것이었고, 청소년기의 작품들은 이미 내용과 작품성에 있어서 야심에 찬 것들이었다.

일곱 살 때 모차르트는 재능이 있던 다른 가족들, 특히 그의 누이였던 난네를^{Nannerl}*과 함께 유럽 전역을 여행했고, 유럽의 유명한 콘서트홀과 살롱에서 연주를 하며 보냈다. 이곳에서 자신과 다른 사람의 작품을 연주하는 것은 물론 전설적인 음악적 일화들을 남겼다. 예를 들면, 난해한 종교적 작품으로, 음악가들이 신성한 교회를 떠날 수 없었음을 그린 그레고리오 알레그리^{Gregorio Allegri}의 〈미제레레^{Miserere}〉를 단 한 번 듣고 나서 기억만으로 한 치의 오차도 없이 악보 전체를 옮겨 적었다.

아동기 모차르트의 모습 중 가장 중요한 것은 무엇보다 그의 작곡 기술의 발전이었다. 아마 아버지의 자극 때문이었겠지만, 대부분의 아이들이 말도 제대로 하지 못하는 어린 나이에 그는 벌써 작곡을 하기 시작했다. 초기 작품은 분명히 아버지 레오폴트의 영향을 받았는데, 레오폴트가 모차르트의 음악을 악보에다 옮겼을 뿐만 아니라 그것을 의미 있게 편집했을 것이다. 그러나 예닐곱 살이 되었을 때 이미 어린 모차르트는 여러 장르에 걸쳐 음악들을 혼자서 꾸준히 작곡하고 있었다. 그의 다작성을 찬찬히 살펴보면 실로 엄청나다. 예를 들면 열 살에 그는 여러 곡의 협주곡을 만들었고 오라토리오, 예수 수난곡, 대학을 위한 라틴 희극 등을 작곡했으며, 열두 살에는 오페라와 새로운 미사곡, 성가 소품들, 그리고 몇 곡의 미뉴에트 춤곡과 세 종류의 오케스트라용 세레나데를 만들었다.⁴ 열네 살에 그는 한 글에서 다음과 같이 썼다.

---

* 모차르트의 누나인 마리아 안나의 애칭_옮긴이

그동안 나는 아리아는 물론이고 4개의 이탈리아식 교향곡을 작곡했다. 그러나 최소한 대여섯 개의 교향곡과 무반주 성가곡을 만들었어야 했다는 생각이 든다.[5]

전기 작가인 터너에 따르면, 모차르트는 6개월 동안 7개의 교향곡을 포함한 26곡을 작곡했다고 한다.[6]

모차르트는 여행을 통해 많은 작곡가들의 음악과 접할 수 있었다. 그 결과 그는 당대 최고의 음악가들로부터 많은 영향을 받았다. 그중에는 요제프 하이든의 형제인 미하엘 Michael Haydn과 요한 제바스티안 바흐의 아들인 요한 크리스티안 Johann Christian Bach 등도 있었다. 그 시대 모차르트의 곡들은 이런 음악가들이 만든 작품을 떠오르게 하는 요소가 많다. 사실 이들 작품과 구별해내기도 어렵다. 그가 집으로 보낸 숱한 편지들은 그의 음악에 대한 지속적인 의식의 성장을 보여주고 있으며, 연주와 연주자, 작곡의 과정 등에 관한 깊은 사색을 담고 있다.

모차르트의 원고는 점차 개인의 차원을 넘어서고 있었다. 그가 일고여덟 살 때 만든 작품들은 단순히 고전적인 분위기를 그럴듯하게 보여주는 반면, 열두 살에서 열다섯 살 사이에 만든 작품들은 이미 '모차르트적'이라는 말을 붙일 만했다. 터너는, 모차르트가 그 나이에 이미 그 시대의 모든 작곡가와 대등할 정도로 당대의 작곡 기법을 완전히 습득한 대가였다고 주장한다.[7] 10년이라는 작곡 경력을 가진 열다섯 살의 모차르트는 영원한 명작으로서의 위치를 차지할 만한 특징을 작품 속에서 이미 보여주고 있었다.

역사상 소수의 사람이 그러했듯이 모차르트도 전혀 별개의 요인들과 사건들이 한데 모여 놀라운 상승 작용을 일으키는 모습을 보여주었다. 데이비드 펠드먼은 천재들의 어린 시절에 나타나는 이러한 현상을 '동시 발생 효과co-incidence'라고 불렀다. 모차르트는 고전음악이 풍미하고 유럽 무대에서 재능 있는 어린 연주가가 돈을 버는 것이 가능했던 시대에 살았다. 또 그는 다소 현학적이긴 했지만 뛰어난 음악 선생님인 아버지가 있었으며, 이 아버지는 자신의 삶과 일 모두를 '신의 선물'인 아들을 보살피는 데 기꺼이 바치고자 했던 사람이었다. 모차르트는 한 번 들었던 모든 곡을 기억할 수 있었고 그것을 건반이나 다른 악기로 연주해낼 수 있는 놀라운 음악적 재능을 가졌다. 즉 그는 기교와 인격과 의지가 있었으며, 단순히 연주만 하는 것을 넘어서 자신의 음악 작품을 창작하려는 열망도 가지고 있었다. 사실 어린 시절부터 그는 온전히 작곡에만 몰두했다. 그는 작곡을 위해 살았고 그 밖의 것은 바라지도 않았다. 작곡이 "나의 유일한 기쁨이며 열망"[8]이라고 말했을 정도였다.

연주와 작곡 사이의 경계선이 오늘날에 비해 모차르트가 살던 시대에는 분명하지 않았다는 사실을 짚고 넘어가야 한다. 그러나 이런 점이 그의 비범한 음악적 능력을 모두 설명해주지는 못한다. 어린 시절 그는 거의 그날 그날의 기본적인 느낌만을 가지고 작품을 만들 수 있었고, 성인이 된 이후, 가장 우울했던 시기조차 무서운 속도로 오페라와 교향곡 전곡을 창조해낼 정도의 비범성을 갖추고 있었다.

천재와 창조자

◇ ▦ ◇

어린 시절 모차르트는 모든 것이 완벽했다. 음악의 화신이었던 한 아이를 제대로 자랄 수 있도록 지원해주는 가족과 문화가 그의 두뇌, 정신, 영혼에 작용했다. 이런 점들이 이 분야에서의 기적을 가능하게 만들었다고 할 수 있다. 무엇보다 그에게는 성가신 방해꾼이 존재하지 않았다. 역설적이게도 어린 시절에 아이의 천재성을 급속하게 발전하게 했던 동시적 요인들이 오히려 성인기의 창조적인 성취를 방해할 수도 있다. 열정을 가진 창조자는 청중이 원하는 것을 가장 쉽게 이해하고 받아들일 수 있는 방식으로 단순히 전달하기보다는 앞서서 대중을 이끌고 나갈 필요가 있다.

아버지와의 갈등은 모차르트의 천재성 때문에 생겨난 대가라 할 수 있다. 레오폴트는 모차르트의 어린 시절을 지배했으며, 어린 모차르트도 보통 아이들처럼 성취욕을 자극하는 아버지의 인정을 열렬히 원했다. 그러나 레오폴트는 근본적으로 보수적인 사람이었다. 그래서 그는 모차르트가 그 시대의 주된 연주 무대였던 궁전에서 인정하는 음악을 작곡하기를 원했다. 그리고 모차르트가 그 시대의 유명한 궁전에서 궁중 지휘자로서 일하기를 바랐고, 다른 음악가로부터 제대로 대우받을 수 있기를 원했다.

그러나 젊은 모차르트에게는 명예나 부, 또는 개인적·가족적 안위가 목적이 아니었다. 그런 성취는 돈이 많을 때에만 얻을 수 있는 것이었기에 권력을 가진 사람들에게 머리를 조아리고 그들이 선호하는 음악을 만들어야 했기 때문이다.

모차르트의 작곡 재능은 엄청난 기로에 처했을 수도 있었다. 만약 열다섯 살, 혹은 더 이른 나이에 그 시대의 작곡 기법들을 통달했다면 그는 당연히 엄청난 선택의 기로에 직면했을 것이다. 즉 능숙한 스타일을 반복할 것인지, 아니면 비교적 개척되지 않은 방향으로 새롭게 모험할 것인지를 선택해야 했을 것이다.

새로운 분야로 가기 위해서는 모질고 힘든 단절을 경험해야 했다. 그의 스승과 모델로부터 탈피하고, 기존의 연주와 단절하고, 아버지로부터 독립하는 가장 가슴 아픈 일들을 겪었다. 아마도 하이든의 영향을 받아 현악 4중주곡을 작곡한 것과 같은 일은 이러한 고통스러운 과정을 완화해주는 수단이 되었을 것이다. 왜냐하면 그는 새로운 장을 여는 동시에 스스로 높이 평가했던 전통의 끈을 확고히 잡고 있었기 때문이다.

모차르트가 직면해야 했던 도전은 모든 천재들이 겪어야 하는 것이었다. 천재는 훨씬 더 쉽고 능숙하게 기존의 관심 분야를 마스터할 수 있는 사람이다. 앞에서 보았듯이 천재는 체스나 음악, 수학 등의 분야에서 위인들이 이미 닦아놓은 길을 유연하게 헤쳐나간다. 게다가 천재는 이러한 능숙함에 대해 보상을 받는데, 그 보상이란 다름 아니라, 평범한 사람들이 그들이 할 수 있는 것보다 조금 더 많은 업적을 쌓은 사람들을 바라보는 시선이다. 가족에 의해서든 운명에 의해서든 천재에게는 그 자신의 관심 분야가 주어져왔다. 그리고 최소한 아동기에는 이러한 사실을 단지 즐길 뿐이다.

그러나 어린아이는 성인으로 자라나고 그 신선함은 약해진다.

사실 성인이 된 천재는, 결코 천재는 아니지만 많은 노력과 훈련을 통해 자신의 관심 분야에서 능력을 인정받고 업적을 쌓으면서 활동하는 사람과 구별이 되지 않는다. 천재들은 연장자나 성공한 사람처럼 귀하게 대우를 받아왔으나 이제 그 특권도 사라진다.

이때 천재들은 세 가지 운명으로 고통받을 수 있다. 어떤 이는 잃어버린 특별함을 극복할 수 없고, 순간이든 영원이든 성취했던 모든 것들을 의심하게 된다. 한때 음악적 천재였던 심리학자 잔 밤베르거 Jeanne Bamberger 는 이러한 상황을 연주가들에게 오는 '중년의 위기'라 부른다. 이러한 현상은 10대에 일어나기도 한다. 이 위기를 맞은 후 천재는 새롭게 충전된 에너지와 더 많은 이해심을 가지고 기교 쪽으로 선회하기도 한다. 완전히 다른 방향을 추구하기도 하는데, 이는 천재가 자신에게 거의 재능이 없는 다른 분야로 눈을 돌리는 경우이다. 그렇게 과거 천재였던 사람들은 다른 사람들이 계속 고무시켜왔던 재능을 한층 더 연마하기보다는 그들 자신의 야망을 실현시키고 싶어 한다.

대부분의 천재들은 그들 자신의 관심 분야에서 높은 수준에 도달하고자 계속 노력한다. 그들은 성인으로 성장하여 훌륭한 전문가가 된다. 과거에 천재라고 불리던 사람들은 교향악단이나 고등학교 및 대학교의 수학과나 체스 클럽 등에서 많이 볼 수 있다. 물론 이런 유형은 단지 통계일 뿐이다. 모든 천재가 스타가 될 수 있는 것은 아니다. 여기에는 성격이 반영되는데, 천재들이 가진 동기는 창조자들이 가진 동기와 다르다.

가장 드물게 나타나는 결과는 천재가 최고 수준의 창조자로 변해가는 경우이다. 그러한 전환에는, 뒤따라가는 위치에 있던 사람에서 당당히 홀로 서는 사람으로 변하고자 하는 의지와 그러한 변화에 영향을 주는 기술과 행운이 꼭 필요하다. 피카소는 그림에서, 오든은 시에서 그러했다. 음악가들 중에서는 모차르트가 이러한 점에서 가장 두드러진 인물이다. 생상스 Camille Saint Saens 또한 천재에서 창조자로서의 전환에 성공한 인물이다. 그러나 그의 창조적인 작품의 한계를 발견한 라이벌 작곡가 베를리오즈 Louis Hector Berlioz는 "생상스는 모든 것을 알고 있지만 천재성이 부족하다"[9]고 빈정거렸다.

모차르트는 모방의 전문가라기보다는 창조적인 '대가'가 되었기 때문에, 당시의 모델들에게서 등을 돌리고 자기 자신의 작품을 향해 힘차게 전진했다. 20세 전후에 그는 이미 자신에게 친숙한 장르에서 독특한 작품을 점차 많이 만들어낼 기회를 가지면서도 시대의 보수적 성향을 만족시키기 위해 신중한 태도를 유지하기도 했다.

모차르트는 지적인 면에서 한치의 주저함도 없었다. 그는 거의 모든 동시대인들을 업신여겼고, 그들의 어떤 점도 흉내내려고 하지 않았다. 그러나 새로운 것에 매료되면서 인격적으로나 성격적으로 갈등을 겪었는데, 그것은 그가 부분적으로는 그의 아버지로부터 영향을 받았으므로, 아버지와 명백한 단절을 하고 싶지 않았기 때문이다. 그래서 10년이 넘는 기간 동안 모차르트는 아버지와 고통스러운 갈등 속에 있었고, 아버지가 주장했던 모든 것들과도 그러했다. 표면적으로는 그가 일해야 했던 곳, 그가 결혼해야 했던 사람 등에 관한 문제를 해결해내는 듯했다. 그러나 그 바탕에 그러한 노력들이 모차르트의 음악 궤도를 억압하는 중심 역할을 하고 있었던 것이다.

창조성의 발달 단계

◇ ▩ ✿

모차르트는 두 가지 점에서 자신을 창조적 대가라고 불렀는데, 첫째는 '한 장르 내에서 영원히 기억될 작품을 만들어 내는 것'이다. 모차르트는 12장르에 걸친 레퍼토리를 만들었는데 협주곡과 교향곡, 무용곡, 오페라와 미사곡, 오라토리오, 진혼곡 등이 여기에 해당한다. 이러한 활동에서 보면, 모차르트의 작업은 피카소의 미술 작품 창작이나 버지니아 울프의 소설 및 수필 창작과 닮았다. 흥미롭게 모차르트의 작품 수 그 자체가 기록을 깰 만한 것은 아니었다. 모차르트가 41개의 교향곡을 작곡한 반면 하이든은 104개를 작곡했고, 안토니오 살리에리Antonio Salieri와 디터스도르프Karl Ditters von Dittersdorf 같은 동시대 작곡가들도 한때는 모차르트와 같은 속도로 작곡할 수 있었다. 즉 모차르트는 양적인 면에서는 두드러진 것은 아니었지만, 작품의 질적인 면에서는 동시대인들과 많은 차이를 보였다.

모차르트가 대가로서 자신의 면모를 보이는 두 번째 방식은 '자신의 일정한 스타일에 따라 연주하는 데'에서 드러난다. 그가 대중 앞에서 연주하거나 지휘할 때 그는 새로운 작품을 만들어내기보다는 자신이나 다른 작곡가가 이미 만들어놓은 작품을 나름대로 해석하는 편이었다. 제한적으로 실험적인 연주와 즉흥 연주에 대한 여지가 있기는 했지만 연주라는 차원은 연주자가 무대에 오르기 전에 이미 갖추어져 있어야 했다. 이런 점에서 모차르트는 마사 그레이엄이 춤을 추는 것과 사라 베르나르_{Sarah Bernhardt}가 연극 작품에서 관객을 대하는 것과 닮은 점이 있다.

이러한 모차르트식 작업 스타일에 덧붙여 창조성에 대한 다른 세 가지 영역도 점검해보아야 한다. 창조성의 첫 번째 형태는 '인식된 문제를 해결'하는 것이다. 한 관심 분야에서 개인의 과업은 기존의 문제에 대해 그것을 창조적으로 해결할 수 있는 것이다. DNA의 구조를 밝혀냈던 제임스 왓슨_{James Dewey Watson}과 프랜시스 크릭_{Francis Crick} 등의 과학자, 페르마의 대정리를 증명해냈던 앤드루 와일즈_{Andrew Wiles}와 같은 수학자, 또 날아다니는 기계 장치를 고안하는 데 성공했던 라이트 형제와 같은 발명가 등이 모두 창의적인 문제 해결자다.

창조성의 두 번째 형식은 '일반적인 이론의 틀을 형성'하는 것이다. 프로이트나 다윈, 아인슈타인, 마르크스와 같은 사람들을 문제 해결자로 평가할 수도 있지만 새로운 사고 방식, 즉 현상에 대한 새로운 개념을 만들어내는 사람들로 특징짓는 것이 더 적절하다. 이러한 새로운 개념화는 오래된 문제의 해결을 가능하게 하거나 새로운 문제를 인식하게 하지만, 창의적인 행동은 문제와 해결책을 연결시켜줄 수 있는 요소나 요인, 그리고 절차 과정 속에 포함되어 있다.

창조성의 마지막 형태는 다시 성취라는 분야와 관련된 것으로, 이는 '큰 모험을 감내하는 성취'를 가리킨다. 이것은 정신적으로 중압감을 받으면서도 창의적으로 성취해내려는 개인의 능력이 자신을 생사의 기로에 서게 하는 상황을 말한다. 그러한 창조적인 활동의 예를 보여주는 것으로 마하트마 간디가 이끌었던 시위와 단식이 있다. 간디나 다른 어느 누구도 저항 행위와 결과를 예상할 수는 없었다. 또 다른 예는 대통령 후보자들 간의 논쟁, 대립적인 군대 간의 전쟁, 그보다 덜 위험한 경우를 보면, 운동이나 예술 분야에서 상을 받기 위해 하는 연주나 운동 등을 들 수 있다.

창조의 이런 다양한 측면을 아는 것은 중요하다. 첫째, 우리는 창의적이게 해주는 여러 가지 방법이 있음을 떠올린다. 그리고 문제 해결이나 예술 작품 등 한 가지 종류를 다른 것과 혼동해서는 안 된다. 둘째, 개인의 한 가지 창의성을 형성하게 하는 삶의 환경이 또 다른 종류의 창의성을 자극하는 환경과는 매우 다르다는 점이다. 문제 해결이나 이론 구성에 필요한 다년간의 연구를 통해 삶을 지탱하는 학자들은, 청중을 마주하는 순간에 가장 생동감을 느끼는 연주자들과 굉장히 다르다. 심지어 이러한 집단 내에서도 차이가 존재한다. 예를 들어 문제 해결은 이론 구성의 한 부분이 아니다. 또한 일정한 형식이 있는 연주는 모험적인 연주에서 요구되는 기술과 심리적 상태와는 상당히 다른 것들을 요구한다.

나의 견해로는 위대한 대가, 창조자, 내관자, 지도자는 각각 다른 창의성의 순위를 차지할 것 같다. 그러나 여기에는 서로 연결점이 있을 수 있다. 예를 들면 창조자는 새로운 이론의 창조에 매력을 느끼게 되고, 지도자들은 위험을 감내하는 활동에 호감을 가질 수 있기 때문이다.

모차르트는 그가 행했던 다양한 형식의 창조성들 간에 뚜렷한 구분을 하고 싶어 하지 않았다. 그는 태어나서 의식을 하게 된 순간부터 음악 속에서 살았고 음악으로 숨 쉬었고 음악을 사랑했다. 그리고 생계를 위해서 그 밖의 어떤 것도 요구하지 않았다. 작곡에 필요한 평온이라는 것이 모차르트에게는 필요치 않았다. 그는 혼돈의 한가운데에서도 작곡을 했으며, 준비하는 시간이 많이 필요하지도 않았다. 즉 급하게 주문받은 곡도 작곡할 수 있었다(현악 4중주는 아마도 가장 두드러진 예외가 될 수 있을 것이다). 모차르트는 머릿속으로 항상 음악을 듣고 있었고 계속해서 그것을 재구성하고 있었다. 작곡을 하기 위해 책상에 앉아 있거나, 자신의 작품을 연주하거나, 혹은 남의 곡을 연주하거나 듣는 것과는 상관없이 머릿속에는 늘 음악이 있었다. 사실 우리는 모차르트가 다른 사람의 음악을 공격적인 태도로 들었다는 것을 일화를 통해 알고 있다. 그리고 만약 조금이라도 기회가 주어지면 그 곡을 어떻게 고칠 수 있는지를 주저없이 보여주었다. 그리고 그는 자신의 장점과 단점을 알고 있었다. "나는 시인이 아니다. 나는 또한 화가가 아니기 때문에 빛과 그림자로 공간을 장식할 수는 없다. 나는 음악가다."[10] 그는 모든 음악적 창작에 참여했고 그것을 기쁘게 생각했다. 그의 관심 분야는 '음악적 창작', 바로 그것이었다.

말년의 모차르트

✧▥✧

말년의 모차르트라고 말하면 괜히 어색하게 느껴진다. 왜냐하면 그는 서른다섯 살이라는 젊은 나이에 류머티즘으로 죽었기 때문이다. 생의 마지막 순간까지 모차르트는 계속해서 작곡을 했다. 그의 최후의 교향곡과 오페라, 종교음악들을 평온함과 죽음이라는 주제로 특징지을 수 있다는 것은 모두 동의하는 바다.

그러니 일반적인 기준에서 보면 모차르트는 말년을 작품 활동을 하면서 행복해하거나 그에 도움이 되는 일을 하면서 보냈다. 우리는 모차르트가 삶의 전반기인 15년을 천재로, 그다음 10년은 세계적인 대가로서 보냈다고 말할 수 있을 것이다. 그러나 모차르트가 서른 살쯤 되었을 때 그의 생애 중 가장 행복했던 기간은 끝났다. 모차르트도 그렇게 느꼈다. 그는 결혼을 했으나 그가 가장 사랑했던 여자와 결혼한 것은 아니었다. 그는 어머니를 잃었고 그 뒤 얼마 되지 않아 또 아버지를 잃었다. 그는 어떤 안정적인 일자리도 가질 수 없었다. 그는 고향 잘츠부르크에서 완전히 소외되었음을 느꼈고, 빈과 다른 도시에 살면서도 불행하다고 생각했다. 그의 가장 빛나는 작품인 〈피가로의 결혼〉조차 대중적으로 충분한 찬사를 받지 못했다. 그는 재정적인 어려움 때문에 친구와 지인으로부터 돈을 자주 빌렸다. 그리고 결국에는 그와 아내의 건강이 나빠졌다.

모차르트가 이러한 일들 때문에 사기가 꺾였다는 사실에 이의를 제기할 사람은 별로 없다. 그는 자신의 재능이 어디까지인가를 알고 있었다. 어린 시절에 쏟아진 사람들의 찬사, 아버지가 심어주었던 거대한 꿈, 그리고 대가로 있는 동안 영향력을 발휘하고 싶어 했던 그 자신의 열망 등도 알고 있었다. 모차르트의 편지들은 그의 우울함, 요동치는 기분, 다른 사람에게 나쁜 것을 전할 때의 고통스러움 등을 기록하고 있다. 그는 "내가 한 일에 비해서는 너무 많이, 내가 할 수 있었던 일에 비해서는 너무 적게 보상을 받았다"[11]고 냉소적으로 적었다. 그는 "엄청난 노력"[12]에 의해서만 내몰아버릴 수 있었던 '어둠침침한 생각들'에 대해서 얘기했다.

그러나 가장 놀랍고 중요한 것은 모차르트의 작품이 그의 쇠약해져가는 운명에 그다지 큰 영향을 받지 않았다는 점이다. 그는 1787년 2개의 현악 5중주곡을 작곡했다. 마지막 3개의 교향곡을 1788년에 작곡했는데, 가난하고 고통스럽고 염세적이었던 시간 동안 그는 교향곡 〈주피터〉를 작곡했으며, 1789년에는 2개의 4중주곡을, 1787년에는 최고의 오페라인 〈돈 조반니〉를, 1790년에는 〈여자는 다 그래〉를, 마지막 해였던 1791년에는 〈마술피리〉와 〈티토 황제의 자비〉를 작곡했다. 그리고 그외 수많은 곡들을 만들었다. 그는 발병하기 전까지 칸타타와 레퀴엠 작곡에 열정을 쏟아부었다.

모차르트는 분명히 작곡을 하기 위해 세상에 대한 긍정적인 경험이 필요했던 것은 아니다. 사람들은 음악이 그에게 보상의 역할을 하는 활동이었다고 생각할 수도 있고 그 반대로 생각할 수도 있다. 그들은 모차르트가 개인적 어려움을 겪던 시기에는 작품 활동도 부진했을 거라고 생각할 것이다. 그러나 사실 모차르트의 전

생애를 통틀어 음악적 창작 활동을 하지 않았던 적은 없었다.

대부분의 비범한 사람들과 마찬가지로 모차르트에게도 자신이 가졌던 경험들이 하나의 틀이 되어서 창조적인 작업을 뒷받침해 주었다. 실제 능력이 없었던 시기를 제외하고는 창조자들의 창조적인 욕망이 계속해서 줄거나 감정적인 변화에 따라 욕망이 약해지거나 하지 않는다. 간혹 그렇지 않은 때도 있었지만 모차르트는 결코 자기 자신의 재능에 대한 신념을 잊은 적이 없었다. 그가 다음과 같이 말한 적이 있다. "내가 작곡을 계속하는 이유는 휴식을 하는 것보다 작곡하는 일이 덜 피곤하기 때문이다."[13] 아내가 옆방에서 분만을 하고 있을 때에도 바쁘게 작곡을 하고 있었다는 말이 사실이든 아니든, 그는 어떤 환경에서도 작곡을 했고 개인적인 기분이 어떻든 상관없이 작곡을 할 수 있었음이 확실하다. 우리는 창조적인 작곡을 하는 근육이 그 자체로 생명을 가지고 있으며, 자체의 리듬으로부터 그 근육을 떼내는 것은 어렵다는 점을 알아야 한다. 이에 대해 전기 작가인 터너는 다음과 같이 쓰고 있다.

우리는 결코 음악을 중단하지 않았던 모차르트의 그 마음이 어떤 것이었는지를 상상해보려고 애써야 한다. 음악은 그의 머릿속에서 계속 흐르고 있었고 아마도 잠을 자고 있을 때도 그러했을 것이다. 그가 가르치기를 좋아하지 않았던 이유는, 가르치는 일이 춤이나 당구나 활쏘기 등과는 다르게 음악적 사고를 방해했기 때문이다.[14]

다른 사람들의 세상

◇ ▓ ◇

모차르트는 확실히 은둔자는 아니었다. 사람을 거의 만나지 않았던 베토벤과는 달리, 모차르트는 애정을 가지고 충분히 많은 사람들을 만났던 것 같다. 그는 친구들이 많았지만, 슬프게도 그들은 최후까지 방탕하기만 한 사람들이었다. 그는 편지에서 다른 사람들에 대한 신랄한 비판을 스스럼 없이 표현하곤 했다. 그럼에도 불구하고 그는 대부분의 사람들과 원만한 관계를 유지할 수 있었다. 그것은 아마 다소 아첨하는 듯한 그의 아버지의 태도를 닮았기 때문일 것이다.

위대한 가극 작곡자 중 한 사람으로서 모차르트는, 인상적인 메시지와 분위기를 표현하면서 다양한 사람들을 위한 음악을 작곡했다. 그는 〈피가로의 결혼〉에서 서로 다른 사회 계층 사이에서 일어나는 복잡한 연대감을 다루었다. 〈돈 조반니〉에서는 장엄하고 냉혹한 성격을, 그리고 〈여자는 다 그래〉와 〈티토 황제의 자비〉에서는 감정 변화를 다루었다. 그가 그러한 작품들을 만들었다고 해서 실제 인간 관계에서도 뛰어났다고 결론을 내릴 수 있을까? 그는 내관자나 지도자로서의 자질이 있었던가?

나는 그렇지 않다고 생각한다. 모차르트는 기술적인 측면에서는 작곡과 연주에 관해 훌륭한 통찰력이 있었지만, 자기 자신을 성찰하는 성향이 거의 없었고, 다른 사람에게 자신의 말을 따르도록 어떤 영향을 미칠 수 있는 능력도 별로 없었다. 사실 그의 아버지도 깨달은 것처럼 모차르트는 그가 다른 사람에게 미치는 영향을 제대로 생각하지 않고 마구 수다를 떨거나 마음대로 모욕을 주는 등 예측할 수 없는 행동을 했다. 아마도 그는 다른 사람에게서 감동을 잘 받았을 것이고, 자신이 만들어냈던 여러 구조와 소리 패턴 안에 사로잡혀 있었을 것이다. 다른 위대한 창조자처럼, 모차르트에게는 자신과 일의 관계가 가장 중요하고 결정적인 것이었다.

모차르트는 특정한 인간, 심지어 자기 자신조차도 제대로 이해하지 못했지만 오페라 작사자와 함께 일하는 과정에서는 예술적인 작업의 일부로서 인간의 특성을 보존하고 파악하는 능력이 있었다. 모차르트는 자신이 맡고 있는 장르를 잘 파악하고 있었고, 묘사되는 주요 인물의 특성과 동기를 문헌이나 개인적 경험을 통해 이해했다. 그는 인물들이 극적인 경험을 할 때 가장 완벽하게 들어맞는 음악적인 언어를 창조해냈다. 그러므로 놀라운 재능을 가진 기술자와 마찬가지로 모차르트는 음악이라는 상징적인 관심 분야에서 자기 성찰을 하게 되고 외부에 영향을 미치게 되지만 이러한 재능이 삶의 일상적인 변화로 이어지지는 않았다.

대가로서의 모차르트

◇▩✿

창작자들은 두 종류의 주요 유형이 있다. 자신과 다른 사람이 했던 것을 계속적으로 거부하고 거의 강박적으로 새로운 방향으로 나아가는 사람이 있고, 자신이 열심히 몰두하고 싶은 토양을 일찍 발견해 보다 훌륭한 기술과 솜씨를 가지고 앞으로 나아가는 사람이 있다. 물론 모차르트는 후자에 속한다. 그는 끊임없는 도전을 하면서 새로운 장르를 창조하기보다는 그 시대의 장르들을 완벽하게 소화해내는 것을 좋아했다.

이런 경향은 부분적으로 그가 살았던 시대상을 반영한다. 17, 18세기의 작곡가들은 잘 알려진 기존의 분야에서 일하는 기술자였고, 자신의 후원자들을 위해서 작품을 만들었다. 확실히 이는 모차르트의 가장 위대한 선배들이었던 바흐나 하이든이 자신의 작업에 대해 생각한 방식이었고, 레오폴트 모차르트가 자신의 아들에게 원했던 것이었다. 그러한 경향은 또한 모차르트의 기질에서 나타난다. 모차르트는 유럽을 휩쓸고 있었던 정치적인 조류에 동조는 하고 있었지만 혁명가는 아니었다. 일례로 모차르트가 프랑스대혁명에 두려움을 느꼈다면 베토벤은 그것에 자극받았다.

그러나 역설적이게도 모차르트는 음악적인 혁명의 단계에 있었다. 그는 셰익스피어나 괴테, 키츠가 자신들이 속한 시대와 장르에서 했던 방식을 택했다. 이들은 기존의 창작 노선을 완전히 고갈시켜버림으로써 이후의 사람들이 그들의 발걸음을 그냥 따라가기만 하는 것을 기본적으로 불가능하게 만들어버렸다. 모차르트는 베토벤과 낭만주의를 위한 기초 토대를 쌓았는데 이것은 1세기 후 브람스와 바그너가 스트라빈스키Igor' Stravinsky와 쇤베르크Arnold Schönberg의 음악적 혁명을 자극했던 것과 마찬가지이다.

대가들 중에서도 모차르트는 특히 뛰어나다. 첫째, 무엇보다도 엄청난 생산성과 훌륭한 작품성은 놀라울 정도다. 그것은 마치 개인의 삶이나 좀 더 넓은 범위의 사회와는 무관하게 모차르트의 두

뇌가 시간 단위로 수많은 곡들을 생산하도록 되어 있는 것 같다. 잘 알려져 있는 것처럼 실제로 그는 수정 없이 작곡을 해낼 수 있었다. 머릿속에 작품이 거의 완벽한 형태로 들어 있었기 때문이다.

둘째, 모차르트는 유치하고 바보스러운 면과 성숙하고 현명한 면이 최고로 잘 융합된 모습을 보여준다. 모든 대가들이나 창조자들은 유치함과 성숙함을 잘 조화시키는데, 사실 많은 사람들은 이러한 조화가 천재성의 한 단면을 이루고 있다고 생각한다. 그러나 모차르트의 경우, 그의 조숙한 음악적 발달은 발달의 징표들이 정상적으로 꽃필 수 있는 기회를 그에게서 빼앗아갔는지도 모른다. 그래서 그는 어쩌면 일반적인 한계를 넘어서서 마치 아이 같은 행동과 태도를 계속 유지하는 것이 허용된다고 느꼈을 것이다.

그러나 아동적 성향과 성인적인 성향을 조화시키는 것은 그 자체의 장점을 가지고 있다. 모차르트의 음악은 아동의 순진함과 관련된 단순함과 우아함을 담고 있다. 스탠포드 경은 모차르트에 대해 다음과 같이 말했다. "아이들 앞에서 모차르트는 아이같이 말한다. 어떤 음악도 더 단순할 수 없고 유치할 수 없다. 그러나 성인 앞에서는 유치한 것 같은 그의 음악이 놀랍게도 완벽하게 원숙하고 어른스러워진다."[15]

셋째, 모차르트는 그의 일상생활 속에서 자신과 사람들 간의 거리를 발견하고 직관적으로 그것을 자신의 음악 속 인물과 절묘하게 연결시켰다. 음악적 지능은 깊이 있는 개인의 지능에 의해서 의미 있고 풍부해진다. 모차르트는 개인 지능의 요소를 가지고 있었다. 그러나 나머지 세계와의 상호관계 속에서는 이를 제대로 사용하려 하지도 않았고 그렇게 할 수도 없었다. 그러나 특정한 사람으로부터 바로 그 거리가 그의 음악적 보편성에 기여했는지도 모른다. 다른 대가들, 예를 들어 바흐의 작품과 비교해도 모차르트의 작품들은 훨씬 더 개인적인 성격을 띠고 있다.

마지막으로, 모차르트를 통해 우리는 천재의 의미를 알 수 있다. 모차르트 이전에도 천재들이 존재했고 그 당시에는 분명히 또 다른 천재들이 있었을 것이다. 그러나 누구도 모차르트가 했던 것처럼 그렇게 완벽하게 성인과 아동의 모습을 극대화했던 사람은 없었을 것이다. 모차르트는 다른 천재들을 판단하는 기준이 되며 이러한 연관성은 다른 관심 분야에까지 확장되어 심리학에도 영향을 미쳤다. 철학자인 스티븐 툴민은 러시아 학자인 레프 비고츠키를 '심리학의 모차르트'라고 불렀다.[16]

모차르트는 천재성을 완벽히 보여주었을 뿐만 아니라, 최소한 천재성의 일부분이 유치한 특성에서부터 관심 분야를 규정할 만큼 대단한 창작으로 변화하는 데 영향을 미칠 수 있다는 것을 보여준다. 그가 죽은 지 200년이 지난 지금에도 모차르트의 곡들은 서양뿐 아니라 그 음악이 소개된 모든 곳에서 끊임없는 인기를 얻고 있다. 그의 작품들은 예술 형식이 보여줄 수 있는 가장 보편적인 것이다. 그러나 이 곡들은 새로운 관심 분야를 개척한 결과물이 아니라 고전주의 장르에 대한 숭배를 보여주는 것들이다. 비범성의 유형에 대한 두 번째 예로서, 우리는 모차르트 이후 정확히 100년 만에 태어난 또 다른 오스트리아인에게로 시선을 돌리고자 한다. 그는 심리학자인 지그문트 프로이트다.

5장

**위대한 창조자,
프로이트**

새로운 학문을 개척하다

◇ ▥ ◌

지그문트 프로이트는 마흔이 되던 1896년경, 신경학자에서 심리학자로 변신한 상태였다. 당시 그는 빈에서 무명의 세월을 보내고 있었다. 한때 촉망받는 과학자였던 그는 이상 심리 증세를 나타내는 환자들을 이해하고 돕기 위해 신경생리학 실험실을 떠났다. 그는 이러한 질환들을 좀 더 본격적으로 연구하면서 여러 이론들을 발전시키게 된다. 그 이론들은 다른 동료들에게는 별난 것으로 여겨졌다. 자신의 의도에서 비롯된 것인지는 확실치 않지만, 그는 과학과 의학의 세계에서 풀지 못하는 부분을 연구하게 되었다. 프로이트의 아이디어를 진지하게 받아들인 사람은 프로이트와 마찬가지로 비정상적인 의사라고 알려졌던 빌헬름 플리스Wilhelm Fliess뿐이었다. 프로이트는 10년 동안 플리스와 함께 일했는데, 플리스는 정신적인 문제의 주요 원천이 후각이라고 믿었던 확신에 찬 수비학자數秘學者, numerologist였다.

5장 위대한 창조자, 프로이트

프로이트는 정신질환자들, 그중에서도 주로 여성 히스테리 환자들을 대상으로 연구했고, 꿈을 비롯하여 자신의 마음에 대해 성찰했다. 그 결과 몇 가지 놀랄 만한 결론에 도달하게 되었다. 그는 정신적인 생활에 필수적인 요소를 구성하는 보이지 않는 마음의 층, 즉 무의식의 세계가 있다고 믿었다. 그는 인생 전반기의 '강렬한' 경험들, 특히 억압의 경험들이 인생 후반기에 심각한 정신적 문제를 야기한다고 믿었다. 그는 그러한 정신적 문제의 근원이 어린아이에 대한 성적 학대와 같은 성적 경험에 있다고 믿었다. 만일 우리가 농담, 무심코 내뱉은 말, 자유 연상, 그리고 무엇보다도 꿈과 같은 정상적인 행동에 조금만 더 주의를 기울인다면, 무의식의 내용을 발견할 수 있을 것이라고 믿었다. 이러한 발견의 독창성과 중요성에 대해 확신을 가진 프로이트는 천 년 이상 문제가 되었던 '나일강의 원류'[1]를 찾듯 그 해결책을 제시했다. 그는 어느 날 자신의 집 대리석에 있는 다음과 같은 글을 플리스에게 빈정거리며 말했다. "여기 1985년 7월 24일, 꿈의 비밀 그 자체를 프로이트가 밝혔노라."[2]

프로이트는 그의 놀라운 연구 결과를 다른 사람들과 나누기 위해 포럼을 열었다. 1985년 그는 '과학적 심리학을 위한 프로젝트'에 소논문을 발표하려고 계획을 세웠지만, 판독할 수 없는 자료들 때문에 사실상 작업을 곧 포기하고 말았다. 다음 해에 그는 빈 정신신경병 학회에서 연구 결과를 발표했으나, 청중들의 반응은 회의적이었고, 심지어 무시하는 듯한 분위기까지 감돌았다. 그러다가 1899년에 마침내 프로이트는 그의 선구적인 책《꿈의 해석》을 출판했다.

　이러한 주요 내용의 출판으로 인해서 프로이트는 결국 학문적으로 일보 전진하게 되었다. 비록 초판은 몇백 권밖에 팔리지 않았지만, 프로이트의 연구 내용은 오스트리아에서 먼저 알려지기 시작하여, 곧 해외 여러 나라에 소개되었다. 프로이트는 유아 성욕, 무의식의 작용, 정신분석의 임상적 실제 등에 관한 출판물들을 통해 보다 많은 사람들에게 인정받기 시작했다. 더욱이 교육자, 강연자, 자신의 이론에 대한 선전가로서 프로이트는 놀랄 만한 개인적·지적 카리스마를 발휘했고, 이는 후에 그의 연구를 발전시키는 데 공헌한 추종자 집단을 결성하는 자극제가 되었다. 10년이채 못 되어 프로이트의 놀라운 통찰력은 미국 전역으로 전파되었다. 제1차 세계대전 말에 프로이트의 사상은 의료계와 관련된 학문 분야에 폭넓게 알려졌고, 프로이트는 오스트리아 빈의 사상가로서 전 세계적인 명성을 얻게 되었다.

학문적 천재성

◇ ▪ ◇

　프로이트는 전형적으로 천재성이 요구되는 분야보다는 학문 분야에서 천재성을 보여주었다. 예를 들어 그는 음악을 별로 좋아하지 않았다. 프로이트는 유대인임을 자랑스러워하는 부모와 스승의 영향을 받았고, 성적도 줄곧 상위권을 유지했다. 그는 독서를 많이 했고, 그중에서도 예술, 문학, 철학, 과학 등에 조예가 깊었다. 그가 친구에게 보낸 편지를 보면 개인적 상황을 분석하는 것과 인간의 복잡하게 얽힌 여러 문제에 대해 극적인 해결책을 만들어내는 것을 얼마나 좋아했는지 알 수 있다. 그는 자신의 직업에 대해 많은 생각을 해보았는데, 의학자·법률가·학자 등의 직업을 고려했다. 만약 프로이트가 자신이 좋아하는 일을 선택했다면, 그는 군지휘관이 되었을 것이다. 그러나 유대인들은 오스트리아·헝가리 연합 제국에서 장교가 될 수 없었다.

프로이트는 자신이 지적 분야에서 남다른 재능을 갖고 있다는 사실을 알았다. 초기 서신들과 그의 기사가 실린 잡지를 보면 이러한 점을 알 수 있다. 그는 자신이 과연 의미 있는 업적을 이룰 수 있을 것인가보다 어떤 전문 분야 또는 학문 분야를 선택해야 할 것인가에 대해 고민하고 있었다. 프로이트는 철학 분야에 깊은 열정을 느끼면서도 한편으로는 의사라는 직업을 택한다면 더 편안하게 살 수 있을 것 같다는 생각을 했다. 그래서 그는 빈에서 의학을 공부했고, 신경학 분야를 연구하기 시작했다. 얼마 지나지 않아 프로이트는 코카인의 치료 효과를 발견함으로써 자신이 예견했던 대로 명성을 얻게 되었다. 그러나 그러한 프로이트의 명성은 잠시뿐이었다. 코카인의 효과가 상당히 유해한 것으로 판명되었기 때문이다. 게다가 눈을 수술할 때 코카인을 마취제로 사용한 결과 긍정적 효과가 나타난다는 사실을 프로이트와 함께 발견한 친한 동료 카를 콜러Carl Koller마저 프로이트의 연구 결과를 반박하게 된다.

프로이트의 초기 경력에서 가장 두드러진 것 중 하나는 대학원

졸업 후 1885년 10월부터 1886년 2월까지 파리에서 특별 연구원으로 있었다는 사실이다. 프로이트는 당시 신경정신병학의 선두 주자였던 장 마르탱 샤르코Jean Martin Charcot의 임상 실험에 참여하게 되었다. 살페트리에르 병원에서 프로이트는 히스테리를 포함한 다양한 종류의 흥미로운 신경증들을 직접 관찰할 수 있었다. 샤르코는 그러한 증후군의 바탕에 깔려 있는 기본 양식을 밝혀내고, 극적인 방식으로 사례를 분석했다. 프로이트는 샤르코가 '성적인 것'이 히스테리성 질병의 근원이 된다고 주장했던 것을 결코 잊지 않았다.

프로이트는 여러 분야에서 전문가로서 다양한 역할을 성공적으로 해내던 시기에 방황하기 시작했다. 정신분석학자인 에릭슨의 용어를 사용하면, 프로이트의 20대는 '사회심리적 유예기'로 볼 수 있다. '사회심리적 유예기'는 자신에게 가장 잘 맞는 최선의 것을 선택하기 위해서 여러 가지 다양한 삶의 역할이나 양식에 대해 적극적인 실험을 계속하는 시기를 말한다. 자신에게 가장 잘 맞는 것이란 스스로 생산적인 정체성을 갖고, 자신이 속한 공동체에서 의미 있는 역할을 하는 것이다. 그는 오랫동안 자신에게 적합하다고 여겼던 직업에 안주하지 않고 의학 분야 내에서 중요한 역할과 직업을 고려했다.

샤르코와의 만남을 통해 새롭게 태어난 프로이트는 빈으로 돌아와서 자신보다 연장자였던 동료 요제프 브로이어Josef Breuer와 함께 일하기 시작했다. 브로이어는 히스테리 질환을 가진 환자에 대한 자신의 인상을 설명하고, '안나의 사례'를 가지고 충분히 논의했다. 프로이트와 브로이어는 삶의 초기에 정서적으로 감당하기 힘든 문제, 예를 들어 어렸을 때 유혹을 받은 사건들로 인해 히스테리를 일으키는 여성에 대한 병인학 이론을 발전시켰다. 안나와 같은 환자들은 이러한 당황스러운 사건을 의식적으로 인식하지 않고, 그 대신 환청·환각·심인성 정신분열증과 같은 신체적 증상을 보이면서 그것을 억누르고 있었다. 이러한 증후군을 완화시키기 위한 좋은 방법은 당황스러운 사건에 직접 부딪히게 하는 것인데, 이것은 안나 스스로가 '대화 치료'라고 불렀던 치료의 결과로 일어난 것이다. 브로이어와 프로이트는 그것을 다음과 같이 설명하고 있다.

처음에는 사라지지 않았던 생각이 치료를 받으면서 어떠한 영향을 미치게 된다. 그것은 대화를 통해서 출구를 발견하기 위해 그 생각을 압박함으로서 가능해지는데, 정상적인 의식 안으로 그것을 끄집어올리거나 가벼운 최면술 상태에서 의사의 제안대로 그것을 제거한다.[3]

이 두 의사는 1895년에 《히스테리 연구》라는 중요한 논문에서 논쟁을 벌였다. 이 시기에 그들의 우정은 금이 가기 시작했다. 브로이어는 히스테리에 대한 역동적인 관점을 포함시키려고 했지만 반면에 무의식 과정, 의사와 환자 사이의 강한 감정의 전이, 성적 동기의 효과 측정 등에 대한 논의를 탐탁치 않게 생각하기 시작했다. 그러나 그는 몇 가지 점에서는 프로이트를 존경하고 있었다. 브로이어는 폴리에스에게 다음과 같이 말했다. "프로이트의 지성은 최고 수준에 있다. 나는 매를 바라보는 암탉처럼 그를 존경한다."[4] 그러나 그는 프로이트와 함께 이러한 상상 여행을 할 수 없다는 것을 느꼈다. 그래서 프로이트는 가장 친한 친구와 멀어지고 빈의 의료 기관으로부터 비난을 받게 되며, 인간 정신에 대한 예리한 통찰이 가능했던 바로 그 시기에 외로운 자신의 존재를 발견하게 된다.

창조자의 특징

새로운 분야를 창조하거나 결정적으로 변화시킨 창의적인 사람들, 즉 창조자들의 삶을 살펴보면 우리는 놀라운 규칙성을 발견할 수 있다. 이러한 측면에 착안하여, 여기에서 전형적인 창조자에 관해 이야기하고자 한다. 프로이트의 모든 면모와 전형적인 창조자의 특성을 분명하게 연결시키기는 힘들지만, 나는 여기에서 그의 자서전에 나타난 몇 가지 주제들을 짚고 넘어가려고 한다.

우선, 전형적인 창조자는 그 지역사회의 지적인 삶의 중심지에서 태어나지는 않았지만 유행하는 생각과 최신의 이론들을 접할 수는 있다. 젊은 시절, 프로이트는 특정 분야에 몰두하는 모차르트 같은 대가와는 달리 여러 분야에서 재능을 보일 가능성이 있었다. 그의 젊은 시절은 규칙적이고 훈육 중심적인 부르주아적 색채를 띤다. 전형적인 창조자의 부모나 보호자는 그의 자녀가 궁극적으로 추구할 분야에 대해 지나치게 염려하지 않고 자녀가 부지런히 노력해 점차 나아갈 것이라고 확신한다. 또한 자녀의 성취에 대한 사랑과 지지를 보낸다. 그리하여 전형적인 창조자의 관심을 공유하는 친척, 가족, 친구와 보다 가까운 정서적인 유대 관계를 맺게 된다.

프로이트는 이러한 점에서 전형적인 창조자 특징에 잘 부합한다. 그는 빈의 북동부 150마일 지점에 위치한 인구 5천 명의 모라비아의 프라이부르크에서 태어났다. 프로이트가 어렸을 때 그의 가족은 빈으로 이사했지만, 지적·사회적·경제적 삶이 그리 윤택하지만은 않았다. 그의 아버지는 유대인 출신의 상인이었는데 무능했고 사회적으로도 인정받지 못했다. 프로이트의 어머니는 맹목적으로 그를 사랑했고 가족을 돌봤다. 프로이트는 자신의 학문적 재능 때문에 직업을 선택할 때 자유로울 수 있었지만, 그의 가족들은 그가 성공한 전문가가 되기를 원했다. 그래서 프로이트가 편안하게 일할 수 있는 환경을 마련해주었는데, 예를 들면 그의 누이동생이 피아노를 칠 때, 그가 시끄럽다고 하면 가족들이 피아노를 치워버리기도 했다.

전형적인 창조자는 20대 후반에 문화적 삶의 중심에서 이탈한다. 19세기 말에 문화적 삶의 중심은 파리, 런던, 빈과 같은 도시였다. 오늘날에는 뉴욕이나 도쿄 같은 도시가 문화적 중심지라고 할 수 있다. 그러한 도시에서는 사람들이 자신의 관심 분야를 잠정적으로 선택한다. 이런 관심 분야의 종류를 완벽하게 예측하는 것은 힘들지만, 선택의 폭은 항상 좁았다. 예를 들어 프로이트가 전문가나 학자가 된다는 사실은 명백했다. 그는 역할 모델에 의해 강요받지 않은 상태에서 그 영역에서 필요한 훈련은 무엇이든지 해낸다. 때때로 그러한 사람들은 영향력 있는 교사나 대가와 함께하기도 한다. 또한 그런 모델은 역사적 전형으로 숭배하는 사람이기도 하다. 무엇보다도 그들은 자신의 관심을 공유하는 다른 젊은 이들을 만나 함께 연대한다. 그들은 자신들의 세상을 만들고, 개혁할 수 있는 젊은 혁명가라고 생각한다.

우리는 여기에서도 프로이트의 모습을 발견할 수 있다. 빈에서 의학을 연구할 시기에 그는 자신의 활동의 중심을 옮겼다. 프로이트는 그를 가장 칭찬해주었던 친구들과 함께 있었다. 처음에 이러한 친구들은 대체로 총명한 지성인들이었고, 나중에는 동료 의학자들이었다. 프로이트는 자신을 이끌어줄 수 있었던 연장자, 선배들에 대해 관심을 가졌다. 샤르코나 브로이어 등의 동료들의 우정은 이러한 맥락에서 이해할 수 있다. 그는 그의 신경해부학 연구를 지도했던 위대한 과학자인 에른스트 폰 브뤼케Ernest Brücke의 연구소에서 중요한 시기를 보냈다. 프로이트는 정신병리학에 관심을 가지면서, 동료를 찾기 시작했다. 그러나 그의 아이디어는 점차 특이한 경향을 띠었고, 따라서 플리스와 같은 과학적 모험자만이 그를 지지하고 도와주었다. 일단 정신분석학에 대한 선구적인 생각들이 형성되자 프로이트는 당시 혁명적인 운동을 시작했던 마음이 맞는 동지들과 성공적으로 결합하기 시작했다.

전형적인 창조자는 다른 사람들은 잘 이해할 수 없는 생각과 개념들을 혼자서 탐색하면서 많은 시간을 보낼 준비가 되어야 한다. 화가인 프랑수아즈 질로Françoise Gilot가 그랬던 것처럼, 만일 어떤 사람이 빈 캔버스 앞에서 하루에 일곱 시간을 보낼 준비가 되어 있지 않다면 그는 화가가 될 생각을 해서는 안 된다. 때때로 다른 사람들과 거의 만날 수가 없고, 또 그들에게 이해받지 못하는 것이 너무 스트레스를 받는 일이어서 일종의 장애를 갖게 될 위험도 있다. 아마도 그러한 이유 때문에, 창조적인 일을 하는 거의 모든 사람들이 그들의 가장 중요한 발전의 시기에 가까운 친구를 필요로 하는 것이라고 생각된다. 이러한 친구들은 "난 네가 하는 일을 이해하고, 그것이 굉장한 일이라고 생각해"와 같은 지적인 지지를 하기도 하고 애정 어린 지시를 보내기도 하는데, 이 두 종류의 지지가 모두 필요하다. 피카소와 조르주 브라크^{Georges Braque}, 마사 그레이엄, 루이스 호르스트^{Louis Horst}, 스트라빈스키, 세르게이 디아길레프^{Sergei Diaghilev} 등과 같은 사람들은 인생에서 그들을 지탱할 수 있도록 자아를 변화시키는 무언가를 필요로 했다.

프로이트의 경우에는, 처음에 브로이어가 그를 정신적으로 지지해주었다. 이후에 브로이어가 더 이상 참지 못하게 되었을 때, 플리스가 이 틈을 메워주었다. 플리스는 프로이트의 폭넓은 생각들에 대해 비판하지 않고, 있는 그대로 들어주고자 했다. 또한 스스로 프로이트의 생각에 유사하게 몰입되기를 기대했으며, 친한 친구이자 지지자의 역할을 했다. 프로이트는 가족들로부터 개인적으로 의미 있는 지지를 받았다. 많은 창조자들이 초년기에 그들의 부모를 잃은 반면에, 프로이트의 아버지는 프로이트가 마흔이 되던 해에 세상을 떠났고, 프로이트를 끔찍히 사랑했던 어머니는 그가 일흔이 넘을 때까지 살아계셨다.

전형적인 창조자는 해당 관심 분야의 최근 연구 결과에 대해 불만족스럽게 생각하면서 계속 발전하게 된다. 왜냐하면 중요한 현상을 밝혀보려고 하거나 좋은 질문거리가 생겼을 때 당시 유행하는 접근법만으로 충분한 연구가 어렵기 때문이다. 얼마 후에 프로이트는 자신이 분명히 이해할 수 있고, 다른 사람에게 영향을 미칠 가능성이 있으며, 궁극적으로는 자신이 몰두하는 분야를 변형시킬 수도 있는 새로운 이론에 도달한다. 전형적인 창조자가 아무리 노력해도, 다른 사람들이 그의 연구물을 사용하는 것을 통제할 수는 없다. 그는 점차 사람들에게 많은 인정을 받게 되면서 공식적으로나 사적으로 만족감을 느꼈지만, 자신의 연구를 사람들이 오용하는 것에 좌절하고 실망한다. 그러나 대부분의 창조자들은 자신의 연구에 몰입하므로 이미 자신들이 얻은 명성에 만족하지는 않는다. 보통 약 10년 동안 그들은 초기의 외로움과 발전의 주기를 반복하고 지지를 얻으려고 노력하면서 더 많은 개혁을 이루어나가게 된다. 이러한 후기의 개혁들은 전형적으로 더 일반적이고 종합적이며 종종 초기 연구의 결과가 촉매가 되기도 한다. 그러나 또한 거기에는 새로운 분야로 관심이 옮겨가는 극적인 변화가 존재한다. 그것은 그때까지 관심을 가졌던 분야가 더 이상 새롭지 않기 때문이거나 새로운 도전에 의해 더 큰 만족과 더 많은 새로운 생각들이 획득될 수 있다고 생각하기 때문이기도 하다.

　전형적인 창조자는 최고의 전성기에 이르러 파우스트적인 거래를 하게 된다. 즉 그에게 있어서 일이 가장 중요하고 그것을 위해 다른 모든 것이 희생되어야 한다. 뭔가를 위해 노력하는 것이

재미있기 때문에 다른 것들은 그 안으로 흡수된다. 그러나 그들은 위험한 상황에서도 그렇게 한다. 동료들은 창조자의 활동을 도와줄 수 있을 때 소중한 존재가 된다. 그러나 동료들이 그들의 역할을 다하고 난 뒤, 그들은 새로운 동료들과 친구들에 동조하여 멀어져버릴 가능성이 있다. 예이츠가 애도했던 것처럼 창조자들이 삶과 일에서 완벽함을 이루어내는 일은 거의 없다. 그보다 그들은 고대 로마인들이 인식했던 여러 대안, 예를 들면 책과 아이 중 하나를 선택해야 한다. 물론 어떤 사람은 두 가지 모두를 가지려고 노력할 수 있겠지만, 그중의 하나에서는 제대로 능력을 발휘할 수 없을 가능성이 있다.

인생 후기의 프로이트

◇▒◇

프로이트는 내가 여기서 제안한 전형적인 천재의 유형과 유사하다. 20세기 초에 이르면, 그러한 사실은 더욱 분명해진다. 그는 더 이상 이미 존재하던 분야에 단순한 기여를 하는 사람이 아니었다. 히스테리와 꿈에 대한 연구를 통해 그는 새로운 장을 열었다. 그의 관심 분야는 이론적인 부분도 포함한다. 즉 무의식 과정, 초기 성적 발달, 인간 성격, 인간 동기 등을 포함하는 이론적 틀을 말한다. 또한 그것은 임상적 현상, 즉 신경증적 질병의 범위, 평범한 인간의 활동 속의 특이한 생각 등을 포함한다. 그리고 그것은 점차로 정신 탐구에 필요한 기술, 예를 들면 꿈의 분석, 자유 연상 등을 포함한다.

프로이트는 모차르트처럼 놀라운 삶을 살았고, 이론과 실제의 두 가지 측면에 모두 기여한 중요한 공헌자였다. 프로이트는 끊임없이 일했다. 하루 종일 환자를 관찰하고, 저녁에는 가족이나 친구들과 함께 휴식을 취했다. 그리고 밤 늦은 시간에 자신의 연구를 수정하고, 새벽까지 글을 썼다. 그의 생산성은 제1차 세계대전 중반 두 달 동안 6권의 메타 심리학적 논문을 썼다는 사실을 통해 짐작할 수 있다. 당시 프로이트는 예순이었다. 프로이트를 포함한 모든 창작자들을 10년 주기로 평가할 생각은 없지만, 나는 다음과 같은 몇 가지 점을 지적하고자 한다. 프로이트는 첫째, 정신분석 운동의 초기 몇 년 동안 자신의 최초의 임상적 자료와 이론적 틀을 제시했다. 이러한 것들을 중기 '메타 심리학적' 국면에서 점차 통합시켰고, 마지막 단계인 인생 후반기에는 사회적·정치적 주제로 관심의 폭을 넓혀 나갔다.

프로이트는 다른 대부분의 학자들보다도 훨씬 더 자신의 생각들이 제대로 사용되도록 노력했다. 프로이트는 군대 용어로 자신의 생각을 표현하기를 좋아했는데, 스스로를 전투 태세를 갖춘 정신분석 연구자 부대의 대장, 즉 지도자로 보았다. 그는 자신이 만든 조직에서 규칙적인 모임을 갖고, 아이디어를 가지고 논쟁하고, 잡지에 글을 쓰고, 특이한 주장을 했다. 그는 구성원들을 부관으로 임명했는데, 그중 우두머리가 스위스의 정신과 의사인 카를 융Carl Gustav Jung이었다. 프로이트는 그 집단에 들어오고자 하는 사람들을 환영했고 그들에게 명예로움의 증표를 주었다. 그러한 증표 중에는 엘리트 구성원들에게 주었던 특별한 금반지가 포함된다. 그 후 만일 그들의 지적·개인적 성실성이 의심스러워지면 즉시 그 집단에서 추방했다.

위대한 창작자들의 인생 행로를 살펴보면 그들의 삶은 흥미진진하기도 하지만 그만큼 건강을 해칠 가능성도 많다. 프로이트는 다른 창작자들처럼 자신에게 다가오는 재능 있는 사람들을 끌어들였다. 그러나 그는 그들보다 자신의 연구에 대해 더 많은 관심을 가졌기 때문에 자신의 삶의 소명에 더 이상 기여를 할 수 없는 사람들과는 일정한 거리를 두었다. 프로이트는 초기 동료 중 거의 모든 사람들과 결별하거나 소원한 관계가 되었다. 결국 그의 가장 충실한 부관은 최초의 아동 정신분석학자였던 딸 안나였다.

창작자로서의 프로이트

◇▩◇

모차르트와 같은 대가는 자신의 관심 분야를 타고난 권리의 한 부분으로 생각했다. 천재였던 그에게는 뛰어난 연주자가 되는 것이 과제였다. 천재에서 전문가로 발전하기 위한 도전의 모습은 동료 전문가의 업적을 능가하려고 할 때와 특이한 숙달의 형식을 획득할 때 나타난다. 모차르트는 자신의 관심 분야에 대해 거의 회의하지 않았다. 왜냐하면 그는 다른 사람들이 모르는 것을 알았기 때문이다.

기존의 관심 분야에서 천재가 아닌 사람은 다른 종류의 기회와 장애에 직면하게 된다. 그는 자신의 관심을 몰입시킬 수 있는 목표를 찾을 때까지 기다려야 한다. 예를 들어, 무용가인 마사 그레이엄의 경우 그녀가 10대에 무용 공연을 시작할 때까지 무용계에서의 경력은 인정되지 않았다. 그녀는 이미 존재하고 있던 분야를 선택했고, 그 분야에 진출한 사람들과 경쟁해야 했다. 또한 스트라빈스키의 경우에도 법학 공부를 마치고 나서야 작곡 공부를 시작하게 되었다.

대가가 자신의 관심 분야를 받아들이는 반면 창조자는 전형적으로 그 관심 분야의 최전선에서 다른 사람들과 함께 해나가는 것에 만족하지 않는다. 그보다 여러 가지 이유 때문에 창조자는 새로운 방향으로, 규칙적·반복적으로 움직인다. 다른 사람들에게는 보이지 않는 문제, 심지어는 그들이 적극적으로 저항하는 문제와의 도전에 직면한다.

여기에서 하나의 도식을 적용하는 일이 유용할 것 같다. 아주 재능 있는 사람들은 두각을 나타내고자 할 것이다. 그중 한 가지 방법은 이미 다른 사람들이 있는 곳에서 경쟁을 통해 우두머리가 되는 것이다. 이는 대상이 잘 알려진 것이라는 장점이 있는 반면, 경쟁에서 패배할 수 있다는 위험성이 있다. 또 하나는 아무도 없는 곳에 가서 새로운 분야를 만들어내는 것이다. 이 방법의 장점은 경쟁이 실제로 존재하지 않는다는 것이다. 반면 다른 사람들이 그 중요성을 잘 인식하지 못해서 그 사람이 발견한 대상과 기여한 것이 일시적으로나 영구적으로 무시될 수 있다. 예를 들어 수학처럼 고도로 조직화된 분야는 중심부에 있는 사람들에게 매력적일 수 있다. 반면에 잘 조직화되지 않은 관심 분야, 예를 들어 현대 미술이나 진화심리학은 오히려 주변부에 있는 사람들에게 흥미로울 수 있다.

프로이트의 재능과 한계를 통해 우리는 그를 잘 이해할 수 있다. 그의 진술에서도 알 수 있듯이 프로이트는 논리수학적 사고나 공간적 추론 분야에 별다른 흥미를 보이지 않았다. 그러한 사실은 다음과 같은 그의 한탄에서 잘 나타난다. "나는 공간지각 능력이 떨어져서 기하학과 다른 과목들을 잘 못하는데, 이는 공간적 관계를 시각화하지 못하기 때문이다."[5] 이러한 능력은 과학자들에게는 꼭 필요한 능력이다.

반면 프로이트는 언어 능력이 뛰어났다. 또한 그는 다른 사람의 삶과 자신의 마음을 들여다보는 일에 계속적인 관심을 보였고, 내가 '대인 지능'이라고 불렀던 부분에서 탁월함을 나타냈다. 또한 그는 신경해부학과 관련된 기술을 가지고 있었고, 다양한 증후군을 보이는 환자들을 연구하는 데 몰두했는데, 이는 그가 '자연 지능'에 특별한 재능이 있었음을 시사한다. 자연 지능이란 삶의 현상 내에 존재하는 유형들을 인식할 수 있는 능력이다. 프로이트는 스스로를 과학자로 생각했으며, 자신 있는 관심 분야를 보강해 독특한 분야를 만들어냈다. 그는 언어 지능, 대인 지능, 자연 지능은 뛰어났지만, 논리수학적 지능이나 공간 지능은 떨어지는 편이었다.

그렇다면 프로이트의 어떤 측면이 그를 창조자로서 활동하게 만든 것일까? 나는 프로이트가 세 가지 동기에 의해 움직였다고 생각한다. 세 가지 동기란 분류를 즐기는 것, 문제 해결을 좋아하는 것, 체계를 구축하고자 하는 열정을 갖는 것이다.

우선 프로이트는 훌륭한 자연주의자의 태도를 보여주는데, 그는 가능한 한 많은 자료를 수집했고, 그것을 체계적으로 분류·조직하려고 노력했다. 샤르코에 따르면, 프로이트는 신경증에 대한 자료를 계속 반복해서 분류했고, 인생 후반기에 이르러서는 인간 성격의 모든 범위에 이와 유사한 방식으로 조직화된 도식을 적용했다.

둘째, 프로이트는 수수께끼를 풀고, 문제를 해결하는 것을 좋아했다. 그는 사생활에서나 전문가로서의 삶 모두에서 몇 가지 모순된 가설을 정해놓고 그것에 대해 깊이 생각하는 것을 즐겼다. 그는 어렸을 때부터 자살의 근거와 근대사회에서 여성의 위치와 같은 문제에 대해 탈무드식의 추론 방식을 적용했다. 최초의 정신분석학자로서 그는 성적 학대가 실제로 일어나는 일인지, 아니면 상상 속에서만 가능한 일인지, 또는 여성도 어린 소년의 오이디푸스 콤플렉스를 반영한 심리적·성적인 문제를 보일지와 같은 문제에 대해 골똘히 생각하기를 즐겼다.

셋째, 프로이트는 현상을 분류하고 문제를 해결한 후에 자신의 연구 결과를 종합하고자 했다. 이러한 사실로 미루어볼 때, 그가 체계를 구축하고자 하는 사람임을 알 수 있다. 즉 그는 새로운 이론을 창조하고 새로운 치료 방법을 개발했다. 프로이트의 유산은 그가 개발한 복합적 설명체계 내에 존재한다.

프로이트는 다른 많은 연구자들에 비해 더 많은 대중들에게 자신의 연구 결과를 알리고 싶어 했다. 그는 말도 잘하고 글도 잘 쓰는 뛰어난 의사소통가였다. 정신분석학의 성공에는 프로이트 사상의 위대함뿐만 아니라 그의 의사소통 능력도 한 요인이 될 수 있다. 프로이트가 고도의 기술적·과학적 형식으로 새로운 아이디어를 표현하려고 노력했던 것은 모범적인 일이다. 우리는 이것을 '프로젝트'와《꿈의 해석》의 과장된 산문체와 해독하기 어려운 도표에 존재하는 '새로운 상징체계'를 도출하려는 작업에서 볼 수 있다. 결국 프로이트는 그의 아이디어를 비전문적인 용어를 사용해 일상생활에서 보다 설득력 있게 잘 전달될 수 있도록 했다. 그의 언어나 즉흥적인 연설, 강의 원고는 모두 명료한 설명의 모델이 될 정도였다.

관심 분야와 삶의 영역

◇ ⬛ ◇

천재와 대가는 분명한 목표와 청중을 가지고 있다. 모차르트는 유럽사회의 고상함을 위해 그 당시에 이미 존재했던 형식의 곡을 작곡했다. 모차르트 음악에 대한 청중의 반응은 음악의 성공과 그것의 단기적인 생존 가치를 결정했다. 만일 그 시대가 자신의 작품을 받아들이지 않았다면, 모차르트의 유일한 소망은 미래의 변화된 상황이 그의 업적을 보다 잘 평가해주는 것이었을 것이다.

프로이트와 같은 창조자의 경우에는 상황이 완전히 달라진다. 프로이트가 자신의 독특한 생각들을 소개했을 때, 그는 자신이 몸담았던 분야로부터 철저하게 무시당했다. 그는 영원히 무명인 채로 살아가기를 원하지 않았기 때문에 자신만의 관심 분야와 영역을 창조하게 되었다.

이러한 것이 직접적으로 나타나지는 않았더라도 프로이트의 임무는 1900년 이후에 분명해졌다. 그는 자신의 연구에 공감하는 사람들을 찾아냈다. 그리고 그들이 스스로 연구하는 것을 지지하고, 자신이 개발한 임상적 방법을 실습해볼 수 있도록 하고, 새롭게 등장하는 연구를 수행할 수 있는 기관과 출판물을 만들어냈다. 그의 아이디어가 갖는 호소력, 그의 성격, 시기적 적절성이 맞물려 정신분석 분야는 사반세기 동안 서구 세계에서 어느 정도의 위치를 확보했다.

이러한 사실을 한 개인을 강조하는 데 초점을 둔다면 지나친 일이다. 창조자는 그가 변화시킬 수 있는 관심 분야가 존재하지 않는다면 성공할 수 없다. 프로이트의 경우에 정신의학과 심리학 사이의 뚜렷한 간격이 그가 새로운 분야를 개척할 수 있도록 도와주었다. 이러한 주장의 증거는 당시 프랑스 심리학자인 피에르 자네 Pierre Janet가 프로이트와 유사한 아이디어를 발전시켰다는 사실에서 알 수 있다.

게다가 프로이트는 자신의 이론을 강요할 만한 힘이 없었기 때문에 그가 제공할 수 있었던 지적인 능력과 지도력을 갈망하는 일군의 사람들이 존재해야만 했다. 사실 초기에 그의 수요일 저녁 모임의 구성원들은 다양한 특징을 가진 독불장군과 평범한 사람들로 구성되었다. 결국 이 집단은 정치학에서부터 문학 비평에 이르는 보다 동떨어진 분야뿐만 아니라 가까운 학문 분야의 신봉자들에게 영향력이 있는 집단이 되었다.

나는 창조자가 새로운 분야를 만들어내거나 이미 존재하는 분야를 근본적으로 재구성하는 사람이라고 생각한다. 프로이트는 이 두 가지 정의를 모두 만족시킨다. 그러나 오늘날 아직도 많은 사람들이 프로이트의 공헌이 지니는 중요성에 대해 의문을 갖고 있다. 그들은 프로이트의 주장 중 많은 부분이 본질상 증명될 수 없는 것이고, 프로이트 이론에서 경험적 검증을 거치지 못한 요소들이 많은 지지를 받지 못했다고 주장한다.

프로이트가 자신의 아이디어를 체계적으로 연구할 프로그램이나 공상으로부터 사실을 분리하는 프로그램을 만들 수 없다는 점에서 과학자가 아니라는 사실에는 기꺼이 동의한다. 그러나 과학에 대한 이러한 교과서적인 관점은 프로이트의 업적을 간과하게 만든다.

전형적 자연주의자인 프로이트는 인간의 삶을 관찰하는 다른 학자나 관찰자들에게는 분명하게 인식되지 않는 인간 형상과 과정에 관심을 가졌다. 그는 이러한 현상에 대한 자신의 다듬어지지 않은 사고방식을 밀고 나갔고, 보다 다양한 지식을 포괄하는 많은 개념적 도구와 임상적 기법을 개발했다. 프로이트가 문제를 풀고 해결 과정을 즐기는 동안 그는 문제 발견자와 체계 구축자로서 중요한 위치를 차지했다. 여기에서 문제 발견자란 새로운 질문을 제기하는 사람이고, 체계 구축자란 인간 행동·동기·성격을 연구하는 데 있어 하나의 전체적인 새로운 이론들을 구성하는 사람이다. 프로이트 이전 시기에는 인간의 마음과 성격에 대해 생각하는 것이 쉽지 않은 일이었기에 그의 업적은 중요한 의미를 갖는다. 그 시기에도 종종 정식역할적 사고의 도구들을 사용하는 사람들이 있었지만 그들은 스스로 그렇게 하고 있다는 사실을 깨닫지 못했다.

심지어 비범성을 다룬 내 책이 프로이트의 발견이 얼마나 중요한지에 대한 증거가 된다. 초기 아동기에 대한 나의 논의는 프로이트의 관점에 대한 출발점이 된다. 초기 자전적 사건들이 중요하다고 강조한 것은 프로이트의 사고방식을 설명하는 데 도움이 된다. 모차르트의 개인적 생애를 그와 아버지의 관계에 의해 해석하거나 버지니아 울프의 정신세계와 성적 측면의 모호함을 부모 및 형제자매와의 관계를 반영하여 파악하는 일은 자연스러운 일이다. 창의적인 삶의 매력과 위험을 프로이트가 생생하게 기술한 것 또한 나 자신을 포함하여 이러한 현상을 분석하는 많은 사람들에게 도움이 된다.

과학에 대한 공헌자로서 프로이트를 인정하지 않는 것은 그가 틀렸다는 것이 '입증되어왔다'라고 주장하는 것만큼 잘못된 일이다. 많은 경험적 증거들을 통해 프로이트가 최초로 관심을 가졌던 현상들이 지지받고 있다. 가장 중요한 것은 형제자매와의 대결 관계에서부터 다양한 형식의 동일시 모형에 이르기까지 초기 경험의 효과를 밝히는 것이었다. 또한 행동에 영향을 미치는 것이 무의식 과정의 역할이며, 억압이 진실로 존재하는 심리학적·신경학적 현상이라는 것이 밝혀지고 있다. 그리고 프로이트의 임상 기법의 특징은 더 이상 받아들여지지 않는 반면, 프로이트가 의문시했던 심리학적 문제들이 의미 있는 것이며 그 문제에 대해 거부하거 나 당황하기보다는 적극적으로 치료를 해야 한다는 사실이 주장 되고 있다. 이런 것은 프로이트의 용기와 통찰에 기인한 덕이다. 공산주의가 지속되지 않는다고 해서 마르크스 이론을 포기하는 것은 어리석다. 마르크스 경제 분석은 보다 새롭게 계속적으로 증 명되어갈 것이다. 이와 마찬가지로 새로운 치료 형식이 대두된다 고 해서 프로이트 이론을 포기하는 것 또한 어리석은 일이다. 정 신세계에 대한 그의 관점은 계속해서 이용될 것이기 때문이다.

세 가지 교훈

◇ ▩ ◇

스스로의 재능을 자신만의 독특한 것으로 남겨둔 모차르트에 비해, 프로이트는 한 비범한 사람의 삶의 경험에서 나온 세 가지 교훈을 평범한 사람들에게 널리 전해주었다.

우선, 그는 아동기부터 항상 자신의 경험과 자신의 삶의 선택에 대해 반추해보는 시간을 많이 가졌다. 더욱이 그는 정신분석학의 태두로서 사람들의 경험과 꿈을 들여다보며 성찰하는 방법을 실 행하고 발전시켰다.

둘째, 프로이트는 자신의 약점과 강점을 잘 알고 있었다. 그는 자신의 약점에 대해 안타까워했지만 그러한 사실에 좌절하지는 않았다. 대신에 자신이 다른 사람들에 비해 확실히 잘할 수 있는 것에 자신의 에너지를 쏟아부었다. 정신적인 면의 역기능에 대한 연구, 즉 정신병리학에 대한 임상적 연구, 설득력 있는 심리 과정에 관한 서술, 지적 운동의 시작 등에 대해 열심히 몰입했다.

우리는 프로이트로부터 살아가면서 후퇴할 때도 있고, 어떤 희생을 치르더라도 하지 말아야 할 일이 있다는 사실을 하나의 모델로 삼으면서 우리 자신의 이야기를 비추어볼 수 있다. 프로이트의 삶은 바로 이런 사실의 교과서 역할을 한다. 그의 초기 경력은 패배로 가득 찼으며, 그 패배의 원인은 자신감이 부족했던 자신에게 있었다. 과학에서 위대한 발견을 하지 못해 개인적으로 실망했으므로, 그런 의미에서 그는 맹목적으로 낙천적인 사람은 아니었다. 하지만 그의 능력과 가능성으로 중요한 공헌을 할 것이라는 믿음을 한 번도 저버린 적이 없었다. 그는 거부를 포기의 신호로 보기보다는 에너지를 다시 충전할 수 있는 기회로 만들었다. 즉 인간 정신에 대한 하나의 강력한 통합적 접근을 통해 자신이 다양하게 이해한 내용을 엮을 수 있는 계기로 삼았다. 그가 위대한 발견을 한 시기에 플리에스에게 보낸 편지를 보면 다음과 같다.

우리가 만일 둘 다 여전히 조용한 연구를 위해 수년을 보낸다면, 우리는 분명히 우리의 경험을 정당화할 수 있는 무언가를 남겨야 할 것이다. …… 꿈이 무의미한 것이 아니라 원하는 것의 실현이라는 것을 의심하는 사람은 아무도 없다. …… 나는 노이로제 환자들을 설명하는 작업을 혼자서 꽤 오랫동안 해왔다. 그들이 나를 지나치게 편집광적이라고 생각할지 모르지만 나는 내가 위대한 자연의 비밀 중 단지 한 가지를 알아냈다고 느낀다.[6]

창작자들은 경험을 임의대로 구성하는 사람들이다. 스트라빈스키는 그의 칸타타 〈별들의 왕〉에 대한 사람들의 전면적인 부정과 〈봄의 제전〉이라는 혁신적인 작품에 대한 분노에 찬 반응들을 무시할 수 있었다. 또 피카소는 그의 인습 타파적인 작품 〈아비뇽의 처녀들〉에 대한 초기의 반응에 깜짝 놀라 수년간 그것을 숨겨두었다. 프로이트도 물론 자신의 연구가 거부된 적이 있었지만, 그 아픔에서 미래의 성공에 대한 단서를 찾아냈다. 그리고 반대 의견이나 보다 회의적인 결론이 필요할 때, 프로이트는 스스로 그것을 할 수 있었다. 카를 융에 대한 놀랄 만한 이야기가 있다. 융이 정신분석학을 칭송하면서 미국과 동부 해안 등을 여행했을 때, 프로이트에게 즐거운 마음으로 다음과 같은 전보를 쳤다. "미국에서 정신분석학의 위대한 성공." 프로이트는 즉시 다음과 같이 회답했다. "당신이 뭐라고 했길래 그럴까요?"

과연 무엇이 어떤 소수의 사람들이 창조적인 일을 할 수 있게 하고, 반면에 다른 사람들은 그렇게 할 수 없도록 만드는가? 이러한 현상을 설명하기 위해서는 '생산적인 비동시성'이라는 개념이 필요하다. 천재를 연구할 때, 학자들은 일치의 과정에 주목해왔다. 즉 많은 요인들이 운 좋게도 동시에 일어나서 적어도 한 가지 관심 분야에서 뛰어난 재능을 보이는 것이다. 창조자를 연구하는 과정에서, 나는 대비되는 요인의 중요성을 직시해왔다. 생산적인 비동시성을 탐구함으로써 나는 창조적인 개인들이 그 시대, 그 분야에 있는 다른 사람들과 일치하지 않는 점을 발견하려고 노력했다.

프로이트는 여러 가지 면에서 '이상한 사람'이었다. 그는 이교도들이 중심을 이루던 반유대주의 사회에서 유대인으로서의 삶을 살았다. 그는 어머니보다 두 배나 나이가 많았던 아버지의 막내아들로 태어났으며 그의 아버지는 프로이트가 선택한 이력과는 특별히 상관없는 기술과 재능을 가진 별 볼 일 없는 과학자였다. 그리고 그가 인간 정신에 대한 아이디어를 발전시키기 시작했을 때, 그는 가장 가까운 동료였던 브로이어의 지지조차 잃어버린 채 소외감을 느끼기 시작했다.

이처럼 프로이트는 확실히 많은 면에서 그를 둘러싼 환경과 제대로 조화를 이루지 못했다. 사회에서 분리된 결과로 나타나는 한계는 영구적이든 일시적이든 간에 하나의 두드러진 계기였다. 사실 1890년대 중반에 프로이트는 많은 좌절을 겪었지만, 자신을 패배하게 했던 비동시성에 굴복하지 않았다. 대신 그것을 이용했다. 그는 유대주의와 그 자신이 유대인이라는 사실을 통해 많은 것을 배웠다. 그는 자신의 가족 관계의 독특성보다 보편적인 개인적 관계의 근원을 구별하는 것을 좋아했다. 또한 그는 자신의 장점이 독특하게 나타날 수 있는 관심 분야를 만들기 위해 자신이 두각을 나타낼 수 없었던 과학 분야를 포기했다. 그리고 마침내 영향력을 갖게 되었을 때, 한때 가장 가까웠지만 자신에게 피해를 주었던 사람들에게도 그가 할 수 있는 모든 작업을 시도했다.

사람들은 자신의 한계, 주로 환경에 의해 주어지는 한계의 정도를 선택할 수 없다. 그러나 비동시성을 채택하는 사람은 자신의 한계를 선택할 수 있다. 게다가 경험을 잘 구조화하는 사람이라면 다른 사람들이 옆길로 나아가는 동안 그들이 처한 시대적 격차를 극복할 수 있다.

우리가 기술했던 여러 가지 다양한 역할 중에 프로이트는 무엇보다 창조자의 범주에 일치한다. 그러나 프로이트가 단지 창조자의 역할만을 했다고 말한다면 그것은 공정하지 못하다. 프로이트의 저서들은 그가 독일어의 대가임을 보여주고 있다. 게다가 그는 1930년에 그 유명한 괴테상을 수상했다. 정신분석학은 지금도 마찬가지지만 당대에도 지대한 영향을 미쳤고, 이러한 사실은 프로이트가 누구보다도 뛰어난 지도자가 될 수 있다는 사실을 의미한다. 프로이트는 직접적으로는 다른 사람들에게 연설을 자주 함으로써 영향을 미쳤고, 간접적으로는 그가 설립한 기관과 저서 등을 통해 많은 사람들에게 영향을 미쳤다.

마지막으로 프로이트는 스스로의 정신은 물론 모든 인간의 정신을 깊게 응시했다. 그는 그 시대의 주목할 만한 내관자 중의 한 명이었다. 프로이트의 연구가 버지니아 울프와 같은 다른 내관자에 의해 영어로 출판되었다는 사실은 이러한 점을 뒷받침해준다. 버지니아 울프는 프로이트가 인생 후반기에 나치로부터 도망다닐 때, 그를 영국에 제대로 소개한 지성인 중 한 명이었다.

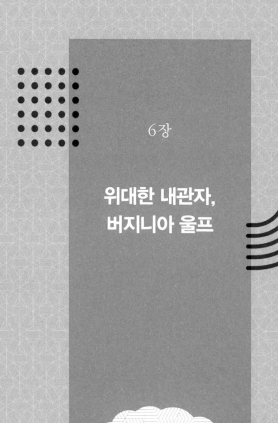

6장

위대한 내관자,
버지니아 울프

내관에 대한 네 가지 접근

◇ ▤ ◇

1920년대 중반, 40대 초반의 영국 작가 버지니아 울프는 자신의 문학 작품에 새로운 국면을 개척했고, 자신의 사생활과 친숙하지 않았던 측면에 대해 주의를 기울이기 시작했다. 그녀가 출판한 《델러웨이 부인》이라는 소설은 런던의 호스티스의 하루를 그리고 있다. 또한 이 소설은 두 개의 내향적인 실험 소설인 《등대로》와 《파도》의 발단이 되었다. 울프에게 사회의 신랄한 비평이 계속되는 가운데, 그녀는 작가로서의 여성의 상황을 대담하게 그린 《자기만의 방》을 준비하고 있었다. 울프는 동성애를 한 적이 있다. 상대 여성은 좀 거칠고 개방적인 레즈비언 작가 빅토리아 색빌웨스트 Victoria Sackville-West 였다. 그리고 울프는 우울과 광기 속에서도 아주 적극적으로 사회생활을 해나갔다. 가령, 자신의 남편 레너드 Leonard 와 함께 영국 등 해외 여행을 가는가 하면, 거의 매일 블룸즈버리 그룹과 영국 지식인 모임 등의 공식석상에 참가했다.

울프는 사회 공공 분야에 대해서도 저술했다. 하지만 그녀의 보다 깊은 관심은 경험의 본질에 있었다. 즉 그것은 버지니아 스티븐 울프로서의 자신의 경험이고, 그녀와 가장 가까이 있는 사람들을 통한 경험이며, 세계 속에서 여성으로서의 (혹은 남성으로서의) 경험이다. 그녀는 버지니아 울프나 저항하는 여성 작가 메리 카마이클Mary Carmichael이 되어보는 기분, 즉 그러한 경험의 내용에 관심이 있었다. 그러나 동시에 그녀는 경험의 형식이나 느낌에도 똑같은 관심을 쏟았다. 즉 그러한 느낌을 의식하게 되는 것과 기쁨의 광기, 더 나아가 자신의 소설에서 경험의 리듬과 흐름을 포착하려고 애썼다. 그녀는 제임스 조이스, 마르셀 프루스트와 함께 그 시대의 문학적 개혁자의 한 사람으로서 두드러진 위치를 차지했다.

지금까지 우리가 다루었던 천재들 가운데, 버지니아 울프는 내관자로서 두드러진다. 그녀는 자신의 내면에 심취해 있으면서 자신을 한 개인, 한 여성 그리고 한 인간으로 이해하려고 애썼다. 물론 수많은 사람들도 자신의 내관적인 성향에 초점을 두고 있지만 극히 소수만이 자신의 내관적인 성격의 중요한 과정과 통찰을 다른 사람들에게 확실하게 전달할 수 있다. 우리가 알다시피 프로이트 역시 내관적인 사람이었다. 실제로 프로이트는 다른 사람들로 하여금 내관적인 성향을 나타내 보일 수 있도록 하는 방법을 창안했다. 그러나 프로이트는 임상적인 저술을 통해서 자신의 내관적인 성향들을 나타냈는데, 그 내관법은 과학적 방법을 통해 인간의 심리를 이해하는 도구로써 사용되었다. 모차르트도 내면에 심취해 있기는 했지만 모차르트의 내관적 성향은 그의 편지나 혹은 별

다른 논쟁의 여지가 없는 그의 글 어디에도 흔적이 거의 남아 있지 않다. 아버지와의 엄청난 다툼을 제외하고, 우리는 기본적으로 모차르트의 음악적 창의성을 통해 그의 내면 생활의 양상을 유추해볼 수 있다.

내가 처음 버지니아 울프를 연구하기 시작했을 때, 그녀의 내관자로서의 모습이 그녀가 쓴 다섯 권의 방대한 일기에 나타나 있을 것이라고 기대했다. 그녀는 1915년부터 1941년 세상을 떠나기 전까지 매일매일 하루를 시작하면서 일기를 썼다. 확실히 그 일기들은 25년이 넘는 시간 동안 울프의 생각과 활동을 보여주는 귀중한 자료다. 예컨대 광기의 발작에 대한 그녀의 개인적인 소감을 살펴보자.

내 생각에, 이 이상은 아무것도 아니다. 나는 행복한 사람들과 불행한 사람들을 조사하고 있다. 나는 밀고, 던지고, 때려부수기 위해 마음을 다잡는다. 나는 눈을 감은 채 전진하기 시작한다. 나는 장애물이 가로놓인 것을 느낀다. 나는 그것은 중요하지 않다고 말한다. 어떤 것도 중요하지 않다. 나는 꼿꼿하게 서 있다가 다시 잠을 잔다. 그리고는 다시 반쯤 깨어나고, 흔들림을 느낀다. 그리고 빛이 밝아옴을 느낀다. 이제 아침식사와 대낮의 햇빛이 그것을 어떻게 이겨나갈지 궁금하다.[1]

다른 세 가지 자료도 똑같이 그 사실을 입증한다. 울프는 편지를 즐겨 쓰는 작가였다. 그녀의 편지들은 그녀의 삶을 반영해주는 가장 깊이 있는 자료 중 하나다. 자신의 작품에 대한 비평에 대해서 그녀는 친구 제럴드 브레넌 Gerald Brenan 에게 다음과 같이 심증을 전했다.

아마도 그것은 부족한 비평일지 모른다. 오히려 내가 다른 사람들에게 매우 다른 영향을 미치고 있다는 것은 사실이다. 결과적으로 그 이유 때문에 나는 좋은 작품을 쓰는 데 어려움을 느끼곤 한다. 소설가 E. M.으로 유명한 모건 포스터를 제외하고는 어느 누구도 내가 당면했던 약점을 극복한 사람은 없다고 생각한다. 그들은 몹시 흥분해서 갈등에 직면하게 된다. 그래서 나는 매순간 혼자 힘으로 모든 것을 새로 창조해야 한다. 아마도 지금 모든 작가들은 같은 상황일 것이다. 그것은 우리가 낡은 관습을 버린 대가다. 그리고 고독은 비록 그로 인해 작품이 덜 읽혀지게 된다 해도 작품을 보다 흥미롭게 만든다. 인간은 아마도 바다의 저 밑바닥까지 가라앉아서 자신과 대화하며 살아야만 하나 보다. 그러니 이것은 진실되지는 않다. 왜냐하면 그것은 토론에 부쳐지고, 칭찬받고, 때론 비난받아야 할 커다란 자극이기 때문이다.[2]

울프는 영문학에서 수필가로서 상당히 많은 독차층을 확보한 최초의 여성이었을 것이다. 그녀는 자신들의 견해를 공식적으로 말하거나 집필하기를 원하는 여성들이 부딪히는 난관을 강조했다. 그녀는《자기만의 방》에서 글을 쓰고 싶어 했던 한 여성이 직면했던 과거의 난관을 다음과 같이 기술하고 있다.

그러나 여성들은 늘 비어 있는 공간, 즉 도피처를 기대하고 있기 때문에, 이러한 어려움에 대해서는 더 확실한 해답이 곤란해진다. 무엇보다 조용한 방이나 방음 장치는커녕, 자신만의 방을 갖는 것이 불가능한 일이다. 키츠나 플로베르, 그리고 다른 천재적인 남성들이 그토록 힘들게 추구한 세상에 대한 무관심은 여성의 경우에는 무관심이라기보다는 오히려 적대감이었다. 여성들에게는 세상이 남성들에게 이야기하는 것처럼 그렇게 들리지는 않았다. 그러니 당신이 선택했다면, 써보라. 나에게는 아무런 차이가 없다. 세상은 깔깔 웃으면서 말한다. 썼는가? 당신의 글이 무슨 소용이 있는가?[3]

그리고 《등대로》와 같은 소설에서, 울프는 인간 경험의 본질과 흐름을 곰곰 생각했다.

인생의 의미는 무엇인가? 아주 간단한 질문이지만 그게 전부다. 사람들은 세월과 함께 자신을 그 속에 가둬버리려는 경향이 있었다. 하지만 어떤 뜻밖의 게시는 일어나지 않았다. 매일매일의 기적이나 깨달음이 거의 없는 대신에 어둠 속에서 예기치 않게 성냥불이 그어졌다. 그리고 여기저기서 그녀 자신과 찰스 텐슬리와 부서지는 파도, 램지 부인은 그것을 함께 모아서 말한다. "삶은 아직 여기에 있다."……혼돈의 한가운데 어렴풋한 모습이 보인다. 이렇듯 영원한 통행과 구름이 움직이고 나뭇잎이 흔들리는 것과 같은 흐름이 안정되어 가고 있다.[4]

울프의 내관적인 성향을 자세히 볼 수 있는 유일하면서도 특별한 창은 없다. 울프는 다른 목적을 위해서도 또 다른 방법을 적용했다. 그리고 그녀는 자신의 다양한 작품을 통해 가장 깊이 있는 생각들을 포착해나갔다. 오로지 사람들은 버지니아 울프의 본질을 그녀의 일기와 편지, 수필과 소설을 통한 통찰과 인상을 혼합함으로써 꿰뚫어 볼 수 있을 뿐이다.

특이한 성장 배경

버지니아 스티븐의 어린 시절은 매우 특이한 가족 관계에서 비롯된 강력하고 영향력 있는 경험들로 가득 차 있다. 그녀의 어머니 줄리아 잭슨Julia Jacson은 아름답고 관대한 여성이었고, 일곱 명의 자녀를 두었으며, 버지니아가 열세 살 때 세상을 떠났다. 그녀의 아버지 레슬리 스티븐Leslie Stephen은 유명한 작가이자 비평가였고, 야심적인《영국인명사전》을 최초로 편집한 사람이었다. 공적으로는 매력적인 인물이었으나, 가정에서는 완고하고 융통성 없는 사람이었다.

버지니아는 매우 지적인 가정에서 자라났다. 그녀는 언니 버네사와 두 오빠 토비, 아드리안과 친하게 지냈다. 빅토리아식의 여성 '보호'라는 이유로, 버지니아와 버네사는 어떠한 공교육도 받지 못했다. 반면에 남자형제들은 케임브리지로 떠났다. 그러나 버지니아의 부모님은 그들의 총명하고 열정적인 딸들이 읽고 쓸 수 있도록 격려해주었다. 젊은 시절 그녀의 주변은 질병과 죽음, 그리고 광기로 충만해 있었다. 스물두 살이 되었을 때 그녀는 부모님과 자신의 이복 자매인 스텔라를 잃은 상태였다. 그리고 청소년기에 두 차례 정신적인 불균형 상태를 경험했다.

버지니아 스티븐은 결혼 전의 이름이다. 그녀는 20세기 초반 《더 타임즈 리터러리 서플리먼트》, 《가디언》, 《네이션》에 서평과 그 밖의 다른 출판물에 대해 논평을 쓰기 시작하면서 작가로서의 활동을 진지하게 시작했다. 울프는 읽고 쓰는 것을 게을리하지 않았다. 그리고 작가와 그들의 작품 속에 깃들어 있는 생각들을 몇 개의 뛰어난 단어들로 비평했다. 원고료 지불 마감일까지 논평을 완벽하게 써내는 습작 생활을 통해 그녀는 자신감을 얻었고, 10년이 못 되어 소설을 쓰기 시작했다. 이 시기에 씌어진 《출항》과 《밤과 낮》은 울프가 소설 분야의 대가로 인정받게 된 작품들이다.

울프의 문학적 발전은 젊은 영국인 지식인들로 구성된, 후에 블룸즈버리 그룹으로 불리는 주목할 만한 단체에 가입함으로써 더욱 자극을 받았다. 초창기에 그 단체에는 이후에 권위자가 된 많은 사람들이 포함되어 있었다. 가령, 화가 덩컨 그랜트^{Duncan Grant}, 예술 평론가 클라이브 벨^{Clive Bell}과 로저 프라이^{Roger Eliot Fry}, 작가 에드워드 모건 포스터^{Edward Morgan Forster}, 경제학자 존 케인스^{John Maynard Keynes}, 그리고 문학 비평가 데즈먼드 매카시^{Desmond McCarthty}와 리턴 스트레이치^{Lytton Strachey}도 그 일원이었다. 그 단체에는 버지니아 스티븐, 클라이브 벨과 결혼한 그녀의 언니 버네사 벨^{Vanessa Bell}, 장티푸스로 생을 마친 그녀의 오빠 토비, 후에 버지니아의 남편이 된 저널리스트 레너드 울프 등의 중요한 인물들이 있었다.

처음에 버지니아는 여성으로써 케임브리지의 지식인층 젊은이들의 이야기를 존경하는 마음으로 경청하리라 다짐했다. 그러나 인습 타파를 주장하는 단체들은 여성들도 자신의 생각을 가져야 하며, 어떤 방해도 받지 않고 생각을 주고받을 수 있는 지식인 모임에 참여해야 한다고 주장했다. 다소 수줍음을 타기는 해도 버지니아는 이런 지식인 모임에서 자신이 남성들과 동등하다는 것을 주장했다. 그리고 그녀가 다른 사람들의 세계 속으로 파고드는 능력은 매우 탁월했다.

버지니아 울프는 후에 블룸즈버리 그룹의 회원들에게서 많은 것을 배웠다. 예술가와 지식인으로 이루어진 단체에서 버지니아와 버네사 스티븐은 30년 넘게 활발한 회원으로 활동하며 남성들이 대학을 다니면서 무엇을 얻었는지, 모차르트가 유럽을 여행하고 다른 작곡가들을 연구하면서 무엇을 얻었는지에 대해 알게 되었다. 버지니아는 블룸즈버리 그룹의 중추적인 역할을 했던 것 같다. 그리고 아마도 대부분의 지식인에게는 그것이 당연한 것이었는지도 모른다.

자신의 경험에 대한 집중

◇▩◈

울프는 해석과 비평을 탁월한 솜씨로 써내면서 20대를 보냈고, 30대는 소설을 쓰는 데 바쳤다. 특별히 공교육을 받지 못한 여성에게서 이러한 재능은 좀처럼 쉽게 발견할 수 없는 것이었기 때문에 그녀가 그 정도의 명예를 얻은 것은 어쩌면 쉬운 일이었을지도 모른다.

그러나 다른 뛰어난 천재들처럼 울프 역시 보다 심오한 경지에 다다를 수 있도록 자극을 받았다. 그녀는 자신의 아버지나 블룸즈버리 그룹에서 만났던 야망에 찬 젊은이들을 보면서 더욱 동기화되었다. 그리고 그녀는 예술가로서 명성을 얻게 되었다. 그녀는 그러한 명성이 독특한 개인의 경험을 포착하고 전달하는 자신의 능력에 의한 것인지 의심했다.

울프는 자신의 한계에 대하여 다른 지침이 필요하지는 않았다. 그녀는 그저 편안한 중산층의 가정 환경을 가졌으나 상류 계급에 맞춰진 생활을 했다. 그녀는 강인하고 야망 있는 남성들이 지배하는 사회에서 살았던 여성이었다. 예술과 문학의 시대에 환호를 받았던 사람들과 비교해보면 그녀는 교육을 받지 못한 쪽에 속했다. 그리고 상당한 반대를 무릅쓰고 종교적으로 유대교의 배경을 가진 남성과 결혼했다.

이에 더하여 버지니아 울프는 두 가지 보다 심각한 이유 때문에 다른 사람들로부터 멀어졌다. 보통 그녀를 묘사하는 단어는 자웅동체, 양성애자, 중성인 등이었다. 아마도 울프는 어린 시절에 자신의 이복형제들에게 성적으로 괴롭힘을 당했기 때문에 신체적으로 남성에게서 매력을 느끼지 못하고, 자연스러운 성적인 행동을 할 수 없었던 것 같다. 울프는 앞에서 언급했다시피 삶에서 최소한 번쯤 한 여성에게 강한 매력을 느낀 적이 있었다. 바로 작가 빅토리아 색빌웨스트였다. 그러나 신체적인 접촉은 아주 드물게 이루어졌을 뿐이었다. 그녀는 자신을 결코 레즈비언으로 생각하지 않았다. 오히려 그녀는 자신을 남성과 여성의 양성성을 똑같이 가진 예술가로 생각했다.

버지니아 울프의 표현에 따르면, 그녀는 미쳐 있었다. 그녀는 청소년기와 성인기에 여러 차례 감시하에 놓였고, 휴식을 강요당했으며, 고립당한 상태에서 우울증을 경험했다. 그녀에게 광기와 우울의 발작적인 상태가 지속되었다. 종종 부모의 죽음, 책의 집필과 같은, 그녀 삶에서의 정신적 충격이 이러한 병의 원인이 되었다. 이런 증세들이 그녀의 가계에서 유전적으로 내려오는 조울증의 특성이라는 것은 의심의 여지가 없다. 결국 버지니아 울프는 환청과 혹독한 심적 고통, 그리고 열패감을 어찌할 수 없었기 때문에 자신의 사유지를 관통해 흐르는 강에 몸을 던져 자살했다.

울프로서는 자신의 성적·정신병적인 경험에 대해 공개적으로 말하는 것은 쉬운 일이 아니었다. 그런 경험들은 매우 사적이고, 당황스러우며, 다른 사람들로부터 오해받기 쉬운 것이었다. 비록 블룸즈버리 그룹이 동시대의 단체들과 비교해서 충격적인 만큼 솔직담백한데다가 그 단체의 회원들이 민감한 주제들을 자연스럽게 다루고, 그런 주제에 대하여 만용을 부리기보다는 영리하고 재치 있게 대처하려는 경향이 있었다 해도 말이다.

이런 분위기 속에서 자신의 내면 생활에 몰두하고 있었던 울프는 자신의 생각을 다른 사람들과 공유하고자 했다. 자아에 관한 지식과 저술에서 그녀만의 기술 방법을 개발하는 등, 그녀는 자신의 강점을 가지고자 노력했다. 또한 다양한 문학 형태와 대화 형태를 시도하는 등 대단히 신중을 기했다. 남자가 여자로 변화하는 그녀의 소설《올란도》는 성의 본질을 탐색하는데, 그녀에게 폭넓은 기회를 제공해주었다. 그녀는 성에 대한 것뿐만 아니라 자신의 일기와 편지, 더 나아가 여성에 관한 설득력 있고 주목할 만한 소설《자기만의 방》을 집필했다. 그녀의 소설들 중에《출항》,《댈러웨이 부인》,《파도》에는 광기가 포함되어 있다. 그리고 그녀는 종종 일기와 편지에서 자신의 감정을 섬세하게 묘사했다.

울프는 남성들에 대해서 말할 때, 남성은 중요한 문제에 대해 강하게 자신을 표현했고, 단호하게 방어하기도 하는 '자기 확신에 찬 자아'라고 간주했다. 한마디로 말하자면, 그녀는 그들의 '틀에 박힌 문장'을 지적했다.[5] 하지만 그러한 연구가 그녀만의 세계와 경험을 반영하지는 못했다. 울프는 개인을 단일한 하나의 두드러진 자아로 보지 않고, 오히려 여러 국면들의 조합이나 수많은 성격의 집합으로 보았다. 여기서의 사람들은 여러 번 지배적 위치에서 서보기도 하고 서로 경쟁하기도 했다. 그녀는 한 개인의 내면에 흐르는 서로 다른 의식뿐만 아니라 개인들 간의 서로 다른 의식을 비교하려고 노력했다.

울프는 문학 작품 속에서 정치적·종교적·문화적 주제와 같은 내용은 피했다. 울프에게는 그 당시에 야기된 뜻밖의 의미들이 쉴 새 없이 포착되었다. 이런 속에서 불꽃이 튀고 통찰력이 작동하기 시작하고, 번쩍이는 섬광 같은 경험들이 중요한 진리를 전달해주었다. 울프의 표현대로 "홍수와 같은 범람의 상황 속에서 봉합되어 있던 문제의 틈새가 벌어지면서 그 해결책을 드러내기 시작"했다.[6] 대부분의 대담한 울프의 저서들, 즉《호스티스의 삶으로서의

6장 위대한 내관자, 버지니아 울프

하루》,《등대로의 여행》,《죽은 친구에 대한 여섯 가지 다른 조망》
에서 다루는 논지는 다분히 세속적이다. 왜냐하면 울프는 일상의
사소한 사건들에서 깊은 통찰력을 발휘해 중요한 의미들을 마음
속에 품을 수 있게 되었기 때문이다. "마음은 어지럽게 변화는 광
경이며 속임수의 집합 장소가 아닌가"라고 그녀 작품 속의 한 주
인공은 선언했다. "어느 한순간에 우리는 우리 자신의 출생과 존
재를 슬퍼하고, 금욕적인 증진을 갈망한다. 그리고 옛날 정원길을
거닐며 그 향기로 슬픔을 극복하기도 하고, 지빠귀의 울음소리를
듣고 함께 눈물짓기도 한다."[7]

결국 아주 의욕적으로, 울프는 매일매일의 경험을 전달하고자
했다. 이러한 시도를 위해 주어진 모델이 거의 없었기 때문에 울
프는 문장과 단락, 그리고 문학 형식을 갖춘 실험을 했다. 그녀는
새로운 문체를 사용했다. "풍경과 감정이 이러한 파동을 만들어내
고, 그것이 정해지기 이미 오래전부터 말을 이루게 된다. 그리고
작품 속에서 작가는 이것을 재포착해야만 하고 이러한 작업을 착
수해야만 한다(그리고 그런 작업은 확실히 단어들과는 아무런 관계가 없
다). 그리고 나서 풍경이나 감정이 파괴되고 마음속이 혼란스러울
때, 그것을 고정시킬 수 있는 말을 만들어내게 된다."[8] 그리고 그
녀는 이러한 새로운 문학 분야에 입문하면서 자신의 느낌을 전달
하려고 노력했다.

나는 소설의 출발점에서 중요한 것은 느낌이라고 생각한다. 즉 당신이
그것을 쓸 수 있는 것이 아니라, 단어들로는 도저히 가로질러 갈 수 없

는 만^큼의 먼 곳에 존재하는 것이다. 그것은 숨막히는 고뇌 속에서 극복되어야만 하는 것이다. 이제 내가 글을 쓰려고 자리에 앉으면, 나는 확실히 한 시간 넘게 생각을 꾸짖을 수 있을 만큼의 언어망을 가지고 있다. 그러나 내가 말했다시피, 소설은 좋은 것처럼 보여야만 한다. 작가가 글을 쓰기 전에는 아직 글로 나타낼 수는 없지만 볼 수는 있다. …… 나는 당신에게 말한다. 나의 모든 소설들은 그것들이 쓰여지기 전에는 아주 최고였다.[9]

울프는 자신의 이러한 노력으로도 완전히 성공할 수 없다는 것을 알고 있었다. 경험은 말이 아니다. 그리고 그녀는 서서히 진행되는 경험과 갑작스레 포착되는 경험에 대해서 어느 것이 좋은지에 대한 의문을 갖기 시작했다. 그러나 자신의 작품에 대한 다른 사람들과 그녀의 판단은 그녀가 의식적인 경험의 본질을 성공적으로 이해하게 된 정도와 밀접한 관련이 있다.

창조적 예술가의 특징

◇◾◈

과거 몇 세기 동안에 플라톤과 같은 과학자, 단테와 같은 시인, 새뮤얼 피프스^{Samuel Pepys}와 같은 일기 작가, 몽테뉴와 같은 수필가들은 자신의 영혼의 깊이와 인간적 경험의 깊이를 보다 폭넓게 살폈다. 20세기를 옮겨가는 동안에, 자신의 경험을 전달하고자 노력하지 않은 문학가나 철학자들은 거의 없다. 넓은 의미에서 울프는 키르케고르 Søren Aabye Kierkegaard, 니체 Friedrich Wilhelm Nietzsche, 사르트르 Jean Paul Sartre, 프란츠 파농 Frantz Fanon 같은 철학자들이 주장한 철학사조에 속했다. 문학사조로는 마르셀 푸르스트, 제임스 조이스, 그리고 윌리엄 포크너와 그 맥을 같이했다. 특별히 내부로 향해 있는 행동과학자인 지그문트 프로이트와 클로드 레비스트로스 Claude Lévi-Strauss와 비슷했고, 수필이나 일기에서는 아나이스 닌, 비톨트 곰브로비치, 그리고 제임스 볼드윈 James Baldwin과 어깨를 나란히 했다.

대체로 서구의 창조적인 예술가들이나 과학자들에게 있어서 자신의 작품을 위해 확보된 재료의 수단은 내관이었다. 프로이트는 모든 마음의 한 예시로서 자신의 마음을 이해하고자 했다. 울프는 그녀의 작품 속에서 자신의 의식과 일반적인 의식을 재창조하고자 노력했다. 동양사회는 이러한 내관에 대하여 서구사회와는 완전히 다른 전통을 가지고 있다. 예컨대 동양은 불교의 영향을 받았다. 사람들은 명상과 또 다른 영적인 주의집중에 참여하여 발전의 절정 상태에서 자신의 내면을 들여다보며, 비교 가능한 정신 상태를 다른 사람이 성취할 수 있도록 도와줄 수도 있다. 그러나 그러한 내관 활동은 새로운 대상을 만들고자 하는 욕망과는 확실하게 분리되어 이행한다. 그 활동은 그 자체로서 의미를 가진다.

이와 반대로, 그들이 어느 특정 분야에서 인정받고자 한다면, 서양 사회의 내관자들은 의사소통의 영역, 즉 공적인 상징체계를 숙달해야 한다. 비로 마사 그레이엄과 같은 내관적인 무용수와 프랜시스 베이컨 Francis Bacon이나 마크 로스코 Mark Rothko와 같은 내관적인 화가가 있기는 하지만, 보통 공적인 상징체계는 문자라고 할 수 있다. 위대한 지도자처럼 내관자는 다른 사람들의 이해가 필요하다. 때때로 버지니아 울프의 경우에서처럼, 내관은 또한 새로운 영역의 창조에 기여한다. 울프는 실험 소설을 창작했다. 그러나 내관의 첫 도전은 자신의 정신 속에 깊이 침잠하는 것이고, 다른 사람들이 그들을 일반적으로 이해하는 방식이 아닌 전혀 다른 방식으로서, 즉 개인으로서, 단체 회원으로서, 또는 인간으로서 자신을 이해하는 것이다.

무엇이 내관을 타당하게 하는가? 신체적 혹은 생물학적 세계의 지식을 이야기할 때, 훈련받은 개인은 누구나 동일한 정보에 접근하는 통로를 얻을 수 있다. 그리고 그 통로가 다른 사람들에게 알려질 때, 이러한 자료들은 면밀한 조사를 위해 개방될 수 있다. 그러나 자기 자신에 관한 지식을 더 확실히 잘 아는 사람이 더욱 무선적이고, 다른 사람들에게는 필요 없는 정보와 자료들을 가질 수 있다. 포부를 가진 내관자가 타당하지는 않지만 흥미를 유발하는 이야기를 하는 게 설득력이 있을 수도 있다. 그와 반대로 정확한 이야기가 다른 사람들에게 설득력 없게 느껴질 수도 있다.

우리가 버지니아 울프에 대해 숙고할 때, 이러한 질문들이 잠재해 있다. 여러 번 그녀는 자신의 일기가 특별한 사적인 기록만이 아니었다는 것을 시인했다. 그리고 그녀는 그것을 '진짜' 일기로 바꿀 수 있으리라 희망했다. 한번은 그녀가 다음과 같이 주장한 바가 있다. "이 일기가 실제 일기가 된다면 얼마나 흥미로운가, 나의 변화를 볼 수 있고, 내 기분이 어떻게 달라지는지 추적할 수 있다. 그리고 나서 나는 내 영혼에 대해서 이야기해야 했는데, 내가 이야기를 시작하면서 혹 내가 영혼을 추방하지는 않았는가? 영혼과 삶의 침입에 대해 막 쓰려고 했을 때 무슨 일이 일어났는가?"[10] 그녀의 남편 레너드는 그 일기에 "진실의 단어가 없다"[11]고 중얼거리며 일기의 몇 페이지를 넘겨버린 적도 있다. 버지니아 울프는 유명한 가십거리가 되었고, 동시대의 많은 사람들은 울프가 진실한 표현보다는 자주 언급되는 환상을 훨씬 좋아한다고 오해했다. 게다가 그녀는 분명한 악평을 듣게 되었는데, 그것은 그녀의 편지와 일기가 언젠가는 출판될 것이 분명하다는 것이었다. 몇 작품에서도 알 수 있듯이, 그것은 곧 미래의 독자층을 위한 것이거나 앞으로도 소설 작품을 위한 예행 연습이라는 것이었다.

만약에 울프의 내관에 대한 정보의 원천을 단지 한 가지로 제한한다면, 아마도 나는 믿을 만한 증거를 수집하느라 허둥댔을 것이다. 왜냐하면 울프는 여러 해 동안 다양한 장르의 작품을 썼기 때문이다. 그러나 우리는 일기와 같은 한 가지 원천에서 발생한 장르가 다른 문학 작품과 즉 그 문제에 대해서 다른 문학 작품이나 동시대의 작품, 혹은 작가들에게 나타나는 요소들과 양립하는지를 살펴볼 수 있다. 그 문제를 약간 전문적으로 기술한 후, 다양한 종류의 증거들을 서로간의 통제하에 쓸모 있고 완벽한 것으로 만들기 위해서 그것들을 세 가지 시작으로 가늠해볼 것이다. 이렇게 해서 내관자의 좀 더 진실한 모습을 기대해볼 수 있다.

내관의 성향이나 내관의 부재를 감지하는 일은 어려운 것이다. 모차르트의 경우도 그렇고 키츠의 경우도 그렇다. 그러나 내관에 대한 정확성은 우리 자신에 대한 이해를 포함해서 인간 본성에 대한 보다 넓은 이해와 관련이 있다. 그리고 이것은 서로 일관된 의미로 이용되느냐에 비중을 둠으로써 평가될 수 있다. 결국 어떤 점에서 볼 때, 우리 모두는 동일한 경험적 흐름을 나누게 된다.

여기에서 흥미를 자아내는 수수께끼가 나타난다. 버지니아 울프의 관점에서 볼 때, 많은 사람들, 특히 남성들은 자신에 관한 일반적이고 종합적인 설명을 추구한다. 그 밖의 사람들, 특히 여성들은 우아하고 단순한 설명에 의심을 품는다. 그들의 경험은 많은 불완전한 요소와 다소 모순된 요소들을 내놓는다. 울프는 자신의 일기에서 다음과 같이 말했다. "그렇게 많은 자아를 갖는다는 것이 얼마나 이상한가. 얼마나 당황스러운가."[12] 울프의 내면 속에 있는 또 다른 자아인 '로다'는 자신이 개성 없다고 주기적으로 불평했다. 그리고 울프는 오톨린 모렐 부인을 방문한 후에 그녀 자신은 내면 생활이 전혀 없었다고 한탄했다. 그녀의 '올란도'는 다소 격하게 주장했다. "만약에 마음속에 모든 것이 제멋대로 일흔여섯 번이나 시시각각 변한다면, 영혼 속에 한 번 또는 그 이상 확고한 거점을 갖지 못한 사람이 얼마나 많을까(하늘이 우리를 돕는다). 어떤 사람들은 2,052가지가 있다고도 말한다."[13] 울프는 내적으로 격렬한 자신의 생활과 산만한 자신의 작품에서 이러한 다양성에 대한 풍부한 증거를 제공했다. 따라서, '일관된 방향을 추구하는' 전기 작가들은 독특함과 불완전성을 드러내는 사람들보다 훨씬 더 좌절할 가능성이 많다.

비록 버지니아 울프가 '여성들'과 자신의 작품 속에서 '여성'의 중요한 측면에 대해서 고찰하고 있지만, 그녀는 창의성에 있어서 '남성적인' 견해로 규정할 수 있는 한 가지 예를 남긴다. 자신만의 방에 있는 고독한 창작자는 그 영역을 확장하거나 다시 만들게 되는 것이다. 분명한 것은 울프의 작품 속에 등장하는 대부분의 여주인공들은 창의적인 예술가나 과학자가 아니었다. 오히려 주로 아내나 어머니, 가정주부, 또는 안주인으로서 자신을 파악하는 길이라고는 좁은 생활 공간밖에 없는 여성들에 대해서 썼다. 울프는 이러한 여성들이 하던 일을 높이 평가했는데, 그것은 그녀가 사랑했던 자신의 어머니의 일이기도 했다. 그녀는 흥미를 자아낼 가능성을 직접적으로 다루지는 않았다. 전통적으로 여성들은 부분적으로 좁은 영역에서 매우 섬세할 정도로 창조적이었다. 그리고 자신의 직접적인 행동 반경 내에서 주로 영향을 미쳤는데, 왜냐하면 그들은 '자기만의 방'을 갖는 것을 선택하지 않고, 자신에게 의존하는 것들을 위해 항상 '즉시 원하는 대로 할' 준비를 하는 데에만 창의성을 남겨놓았기 때문이다. '여성의 생산성'에 관한 역사는 기술되지 않은 채 남겨져 있다.

창조성과 광기

◇◈◇

누군가가 여성이냐 혹은 남성이냐, 인간성이 어떠냐 같은 개인의 특성을 언급하는 것은 비교적 쉬운 일이다. 반면에 정신적으로 혼란한 사람에게 접근하고 그를 평가하는 것은 훨씬 더 어렵다.

때때로 수정주의자들이 진단을 내리는 것처럼, 버지니아 울프가 자신의 평생 심각한 정신병 증세로 고통받았다는 것은 의심의 여지가 없다. 그녀의 친인척 중에도 이 정신병 증세로 고통받은 이들이 있었던 것으로 알려져 있다. 그녀의 아버지는 우울증으로 고통받았다. 청소년기에 이미 울프는 건강이 쇠약해져 무력해졌다. 이러한 일들은 그녀의 삶 전반을 통해서 반복되었다. 의사들은 동일한 진단을 내렸다. 그녀는 건강하고자 하는 자신의 욕망과 그런 건강을 유지하는 수단으로서 자신의 작품에 대해, 그리고 미쳐 본 경험에 대해 기꺼이 말했고 또 글로 썼다. 그녀는 어린 시절에 이미 자살에 대한 생각에 몰두한 적이 있었고, 20대에는 자신의 삶을 찾으려고 모험을 하기도 했다. 삶을 돌이켜보면 그녀는 마치 물에 빠져 자살할 운명인 것처럼 보였다.

정신병에 걸렸다는 것이 창의성을 확실히 보증하지는 않는다. 그러나 이 정신적인 문제가 발생하는 비율은 다른 집단에서보다 작가들 사이에서 더 높게 나타나는 것이 사실이다. 그것은 이러한 병이 다른 유형의 예술가나 창조자들 그리고 가족들 사이에서도 비슷한 비율로 나타날 것이라는 예상에 반하는 것이다.

우리는 이러한 분명한 상호관계에 대한 원인을 결코 이해할 수 없다. 그러나 이러한 현상은 그렇게 신비스럽지는 않다. 조병躁病의 시기 동안에, 작가들은 굉장히 다양한 경험을 한다. 그리고 휴식을 거부하고, 엄청난 작품 활동을 하는 경우에 있어서는 말로 자유 연상을 하며, 그 자유 연상은 광범위한 분야를 가로질러 돌진하다. 퀘스틴 벨의 말을 빌리자면, 그것은 버지니아 울프의 상상력을 가속시키는 것이었지, 결코 중단시키는 제동 장치는 아니었다.[14] 레너드 울프는 다음과 같이 기술했다. "조병기에 그녀는 극도로 흥분해 있었다. 그녀의 마음은 질주하고 있었다. 정신적인 상태가 최악일 때, 그녀는 수다스럽고 산만하게 이야기했다. 그녀는 망상에 빠져 있었고 환청을 들었다. 예를 들어 그녀가 두 번째로 발작했을 때, 창문 밖 정원에서 새들이 그리스어로 이야기하는 것을 들었다고 나에게 말한 적이 있었다. 그녀는 간호사들에게도 난폭하게 행동했다."[15]

이렇듯 창의력이 풍부한 시기가 작가들에게는 아주 중요하다. 비록 특정한 때에 정신이 동요될지라도 정신적인 예민성을 견지할 수 있다.

……그리고 브로드 워커에 돌아온 현재 이러한 모든 사람들 ……돌 웅덩이, 꽃들, 늙은 남자와 여자들, 병약한 사람들, 목욕 의자 속의 그들 대부분이 에든버러에서의 생활 이후 매우 이상하게 보였다. 그리고 메이지 존슨은 조용히 무거운 발걸음을 옮기고 몽롱하게 응시하며 산들바람이 키스한 친구들과 함께 했다. 즉 횃대에 앉아서 부리를 다듬는 제비, 빵 부스러기를 위해 낮게 날고 있는 참새, 서로 짖느라 바쁜 개들, 부드럽고 따뜻한 공기가 그들을 스치고, 종잡을 수 없으면서도 마음을 달래주는 삶을 부여받은 그들을 놀라워하지 않는 시선으로 바라보았다. 메이지 존슨은 감탄이 저절로 나옴을 깨달았다.[16]

정신적인 문제가 있던 작가들은 비교적 냉정을 찾은 시기에 자신의 경험을 고찰하고, 자신의 원고에 대해 비판적인 시각을 가질 수도 있다. 이처럼 고조된 흥분의 대가로 결국 우울의 시기를 맞게 되고, 자신의 일을 하찮게 여겨 자살로 끝을 맺을 수도 있다. 다행스럽게도 이제 이러한 병은 약물 치료를 통해 대체로 예방할 수 있다. 비록 작품에 대한 열정이 줄어드는 대가를 치를 가능성은 있지만 말이다.

심지어 한 사람이 어떤 병에 대한 생물학적인 성향을 가졌다고 해도, 실제 사건들은 여전히 외적인 원인에서 기인한다. 버지니아 울프의 정신병 증세는 생물학적 병인뿐만 아니라 환경적 원인에서 비롯되었다는 증거도 있다. 어린 시절의 고통스러운 경험들, 가령 사랑하는 사람들의 죽음, 이복형제들로부터의 성적 시달림 등이 민감한 어린아이에게 확실히 정신적인 충격을 주었을 것이다. 비참한 부모님에게서 받은 상처로 인한 미묘한 심정과 분열된 가족들을 위한 매개체로서의 역할을 해야 하는 중압감이 또한 병의 발작을 부추겼을 것이다. 버지니아 울프는 책을 내는 데 있어서 두 가지 서로 다른 감정을 가지고 있었다. 그리고 부정적인 평가를 받는 것을 두려워했다. 이때 그녀는 특히 우울증의 위험에 직면해 있었다. 그리고 그녀의 일생 중 말년에는 객관적인 요인들, 즉 많은 친구들의 죽음, 파시즘의 득세, 반유대주의, 영국에 투하된 폭탄, 자신의 약해진 건강 등이 병의 발작을 유도했고 실제로 후에 자살을 통해 궁극적인 도피를 하게 만들었다.

그녀 주변의 이러한 측면들이 그녀의 목소리와 비전의 특별한 점을 두드러지게 했다. 즉 학자들이 잘 쓰는 용어로 말하자면, 그녀는 시대의 초월성을 생산적인 방법으로 활용했다. 그러나 내가 생각하기에 의식적인 경험의 본질에 있어서 비범한 영향력은 그녀 자신이 광기의 세계에 몰두한 데서 기인한 것이었다. 자신의 작품 속에서 울프는 불안정한 광기의 본질과 우울증에 기인한 절망을 표현했을 뿐만 아니라, 불안정한 정신을 통해 의식적인 경험의 기적이나 통찰력을 발휘하는 순간과 계시, 신의 출현 등의 순간에 특히 민감하게 반응했다.

예술가로서의 울프

◇ 蕊 ◇

예술가로서 버지니아 울프는 자신과 자신의 작품에 대해서 굉장히 자신만만했다. 비교적 이른 시기부터 그녀는 자신을 재능 있는 소수 정예의 일원으로 간주했고, 1913년에는 "나는 엄청난 자만심을 장려하지 않는 작가를 결코 본 적이 없다"[17]라고 썼다. 그녀는 자신의 재능에 대해 확신했다. "1, 2년 동안 내가 어떤 병도 앓지 않았다면, 연달아 세 편의 소설을 쓸 수 있었을 텐데"[18]라고 말하기도 했다. 그녀는 자신을 그 시대에 활동했던 주요한 남성 작가들과 비교했다. 가령, 거만한 아널드 베넷Arnold Bennett과 존 골즈워디John Galsworthy, 수줍음을 타는 경쟁의 대상이면서 동시에 형제 같은 토머스 하디Thomas Hardy, E. M. 포스터와 T. S. 엘리엇이 그 대상이었고, 제임스 조이스에게는 화를 냈고, 마르셀 프루스트에게는 압도되었다. 여성 예술가의 관점으로 볼 때, 그녀의 경쟁심은 지칠 줄 몰랐다. 그녀는 당대의 남성 작가들의 권위에 영향을 받지는 않았다. 다만 젊어서 세상을 떠난 단편소설 작가 캐서린 맨스필드 Katherine Mansfield*와 한때 그녀의 연인이었던 빅토리아 색빌웨스트는 예외였다.

울프는 자신의 습작 기간을 통해, 작가는 끊임없이 실험가가 되어야만 한다고 느꼈다. 그녀는 어쩌다 짧은 글이나 쓰며 원칙만을 추구하고 고집하는 작가들을 존경하지는 않았다. 그녀의 견해대로라면 작가는 언제나 책상 앞에 앉아서 끊임없이 새로운 작품을 창조해내고, 특히 형식의 문제들에 있어서 계속해서 껍질을 벗겨나가야만 했다. 그녀는 문학에 대해서 끊임없이 생각했다. "나는 내 자신이 문학에 대하여 생각하고, 또 생각하느라 나의 시간을 얼마나 많이 투자했는지를 말하는 것이 부끄럽기도 하고 자랑스럽기도 하다. 인생에서 이외의 어떤 것이 더 가치가 있을까 생각해본다."[19] 그녀는 다음과 같이 주장하기도 했다. "내 자신을 통제하는 것에 대해 어느 정도까지는 모든 틀을 깨고 내가 느끼고 생각하는 모든 것을 표현할 수 있는 새로운 형식을 찾아야만 한다. 일단 그렇게 되면 나는 충만한 에너지를 얻게 된다. 즉 어떤 것에도 방해받지 않게 된다."[20]

문학의 주변부에 산다는 것은 창조자에게는 악몽이다. 한 가지

---

* '의식의 흐름' 수법을 사용한 단편 소설로 유명한 영국 소설가. 자의식이 강한 모더니즘 작가로서 삶과 창작 활동 모두에서 실험적인 면모를 드러냈고, D. H. 로렌스와 버지니아 울프 등 당대의 작가들과 교류하며 그들에게 적지 않은 영향을 주었다._옮긴이

해결책이 달성되면, 그다음 것을 이끌어야만 한다. 때때로 울프를 포함한 사람들에게 있어서 이러한 '줄타기 곡예와 같은 행동', 즉 높은 막대기로 연출해내는 것과 비슷한 이 행동은 매우 충만한 에너지를 발휘할 수 있다. 그녀는 "나는 바보다. 사냥개 떼의 앞에 놓인 길다란 길처럼, 나에 대한 비평은 그 끝이 보이지 않는 길"[21]이라고 한탄했다. "만약 작가가 스스로 바보가 되지 않으면, 문학 작품이 무슨 소용이 있겠는가?"[22]라고 반문하기도 했다. 그녀는 경험을 틀로 짜는 법을 알고 있었다. "나는 근본적으로 이방인이다. 나는 최선을 다해서 글을 쓴다. 그리고 나는 나의 등으로 벽을 떠받치고 있는 느낌이다."[23] 그리고 이러한 존재 방식은 중압감을 받는 일이고, 버지니아 울프와 같이 한 사람의 실험적인 삶이 그 분야에서 수용되느냐 아니냐가 결정되어야 할 때 특히 고통스러운 일이다. 가령 수많은 비판, 그들의 적극적이고 비판적인 주장, 그리고 책의 판매 등 직접적인 수치로 인해 더욱 압박을 받는다. 혹평을 견디는 예술가들에게 일어났던 것 이상으로, 울프의 개인적인 지진 감지계는 모든 극찬과 혹평에 민감하게 반응했다.

그러나 울프의 책들은 그녀의 야망과 경쟁심을 위한 도구 그 이상의 것이었다. 작가에게는 작품이 진지한 것으로 여겨지는 것처럼, 울프의 작품은 그녀를 대변하는 것이 되었다. 문학 분야에서 그녀는 논쟁과 관심을 불러일으켰다. 그리고 모든 문학적 성취와 더불어, 그녀는 대부분의 비난받기 쉬운 약점들을 포함한 채 자신의 정신 속으로 보다 깊이 파고 들어갔다. 《등대로》에서 그녀는 고인이 된 부모에 대한 강렬한 감정을 직접적으로 다루고 있다.《올란도》에서는 그녀 자신이 양성성을 가지고 있음을 알게 되었고,《댈러웨이 부인》에서는 광기의 경험을 상세하게 탐색했다. 《파도》에서는 젊은 세대들의 최선을 다하려는 마음의 상실이나 나이 든 세대들의 죽음에 몰두하게 되었다.

또한 울프의 작품을 통해서, 그녀가 의식의 작용이나 순간적인 경험, 신비스러운 마음의 감동을 포착하기 위해 끊임없이 노력한 증거를 엿볼 수 있다. 그 이상으로, 울프는 인간의 사고나 감정, 의식 등을 기록하기 위해 자신이 작가로서 세상에 나서게 되었다고 믿었다. 다른 지식인들은 이 점에 있어서 철학이나 심리학 또는 옛날 사람들에 대한 묘사를 통해 접근했을 것이다. 때때로 울프는 이것을 편지나 일기 그리고 수필 등을 통해서 나타내고자 했다. 그러나 그녀는 자신만의 시간, 사회적 분위기, 그리고 인간의 의식 속에 흐르는 변덕에 대한 통찰력을 통해 장면이나 인물을 창조함으로써 가장 심오한 방식으로 소기의 목적을 달성할 수 있었을 것이다. 무엇보다도 그녀는 자신의 일들이 성공하리라는 믿음을 가지고 다른 사람들이 자신을 판단하기를 원했다. 그녀는 자주 우울증 발작 증세를 보였음에도 불구하고, 살아야만 할 새로운 이유를 찾을 수 있었다. "나는 인간은 항상 최악의 상태에서 진정한 통찰력과 가장 가까이 있다는 말을 떠올리곤 한다."[24] 광기로 인한 삶의 무게가 너무나 무거웠을 때에도 그녀는 자기만의 삶을 살았다.

울프는 마음 그 자체에 대한 통찰력을 갖고자 노력했다. 예술가로서 그녀는 예술이 사회를 변화시킬 수도 있을 거라는 가능성에 대해서 잠재된 동기나 환상 따위는 거의 갖고 있지 않다. 여기에서 다시 한번, 그녀는 그러한 문제에 대해 거만한 남성들의 견해를 조롱했다. 이러한 의미에서 내관자는 지도자와는 확연히 다르다. 지도자는 자신과 다른 사람들에 대한 지식을 기지고 출발한다. 그러나 이 지식들은 목표를 향한 수단일 뿐이다. 지도자는 사람들이 살고 있거나 작거나 광범위한 사회를 변화시키고자 한다. 아마도 버지니아 울프가 자라고 있던 시기에 런던에서 살았던 모한다스 간디*는 청년기 초기에는 자신의 마음속에 몰입했을 것이다. 그러나 그가 마하트마가 되었을 때에는 전 세계에 영향을 미칠 만한 명성을 가지게 된다.

---

* 간디의 본명. '마하트마'는 '위대한 영혼'이라는 의미로, 인도 시인 타고르가 붙여준 이름이다._옮긴이

7장

위대한 지도자, 간디

생산적 저항과 파괴적 저항

◇ ▪ ◈

1918년, 쉰이 조금 안 된 마하트마 간디는 인도의 중서부의 아마다바드라는 산업 도시에서 생긴 미묘한 노동 분쟁을 중재하게 되었다. 분쟁을 하고 있는 한쪽은 암바랄 사라비아로, 인도에서 매우 유명한 일가※의 대표였다. 그 집안은 공장을 경영하여 성공했으며, 간디가 그 지방에 창설한 아쉬람에서 기거하는 동안에 그를 극진히 대접했다. 분쟁의 다른 한쪽은 사라바이가※의 방직 공장에서 일하는 노동자들이었다. 높은 이윤, 높은 세금, 그리고 큰 폭의 물가 상승을 고려한 노동자들은 부당한 임금에 시달린다고 생각했다. 그래서 그들은 임금의 35퍼센트 인상을 요구했다.

간디는 상황을 면밀하게 분석했다. 몇 번의 중재 시도가 실패로 끝나자 그는 노동자들에게 파업 동안에 다음과 같은 모범적인 방식으로 행동할 것을 요청했다. 첫째, 결코 폭력을 행사하지 말 것. 둘째, 결코 외부 사람의 기부금에 의존하지 말 것. 셋째, 파업에 참가하지 않는 사람을 절대로 괴롭히지 말 것. 넷째, 동맹 파업이 계속되더라도 시종일관 확고한 태도를 잃지 말 것. 그리고 동맹 파업 동안은 다른 정당한 노동으로 생계를 유지할 것 등이었다. 그렇게 한 뒤에야 비로소 간디는 적절한 임금 인상을 요구하고자 했다. 파업 노동자들이 난폭해질 기미를 보였을 때 간디는 다시 한 번 중재를 시도했다. 이번에는 그는 양쪽이 동의할 만한 해결책을 찾기까지 생명을 담보로 한 단식을 하기로 결정했다. 간디는 다음과 같이 진술하고 있다.

> 내 생각에, 만약 그때에 다른 방식으로 행동했더라면 그것은 조물주와 내가 믿고 있던 대의명분에 진실하지 못한 것이었을 것이다. ……그 순간들이 아주 신성하며 나의 믿음이 시험받는 상황이라고 생각했다. 그래서 더 이상 주저하지 않고 노동자들 앞에 일어서서 천명했다. 그들이 그렇게 엄숙하게 선언했던 맹세들을 어긴다는 것은 나에게 참을 수 없는 일이며, 그리고 나는 그들이 35퍼센트 임금 인상을 확보할 수 있을 때까지 어떤 음식도 먹지 않겠다고 말이다.[1]

처음에 공장 소유주들은 파업에 격노했다. 그리고 20퍼센트의 임금 인상만이 '최선의 제안'이라고 고집했다. 간디는 양쪽 모두에게 서로의 의견이 존중되었다고 느낄 수 있는 해결책을 찾고자 했다. 마침내 간디는 노동자들이 요구하는 35퍼센트 임금 인상을 수락하는 내용의 협약서를 만들어서 노동자들의 계획을 만족시켰고, 그다음 날은 공장 소유주들을 진정시키기 위해서 임금 인상

20퍼센트의 협약서를 만들었으며, 그리고 나서는 절충안인 27.5 퍼센트 인상으로 최종적인 협약서를 만들었다. 이러한 절충안은 마침내 양자의 동의를 얻었고 파업은 끝났다. 아마도 더욱 중요한 사실은 이 일련의 중재 방법이 적절했다는 것이다. 전기 작가 주 디스 브라운은 다음과 같이 말한다.

> 간디의 아마다바드에서의 운동은 더욱 발전된 갈등 유형으로서의 '사 탸그라하satyagraha', 즉 비폭력 저항의 실행 가능성을 보여주었을 뿐 만 아니라 그가 실제적인 통제권을 가지게 될 곳에서 반복되어 나타나 는 운동의 많은 특징들, 즉 분쟁의 초기부터 평화적인 해결책 찾기, 갈 등의 핵심이 되는 부분에서는 꼭 지켜야 할 맹세를 하기, 관련자들 사 이에는 엄격한 규율과 자기 개선이 있을 것, 사실을 있는 그대로 공표 하기, 도덕적인 권위와 압력적인 분위기 창출하기, 그리고 마지막에는 관련된 모든 이들의 명예와 체면을 지킬 수 있는 타협적인 해결책 찾 기와 같은 특징을 보여주었다.[2]

이 파업 사건 이후 1922년에 간디는 중재가 필요한 또 다른 문 제의 현장을 발견했다. 그곳은 봄베이(현재의 뭄바이) 근처의 바르 돌리라는 조그만 군에 있는 시골 동네였다. 간디는 영국 정부에게 그 마을이 협박으로 통치될 수 없으며, 인도에 더 많은 자율권을 허용해야만 한다는 것을 보여주고자 했다. 그래서 그는 군민들에 게 비폭력적으로 저항할 것을 요구했다.

그러나 간디가 바르돌리에서 저항 운동을 이끌고 있는 동안, 그

곳에서 800마일 떨어진 차우리 차우라라는 조그만 마을에서 폭력 사태가 발생했다. 합법적으로 저항하는 과정에서 난폭한 군중들과 치안관들 사이에서 언쟁이 붙었다. 탄약을 다 써버린 치안관들은 시청으로 몸을 숨겼고, 군중들은 그 시청에 불을 질렀다. 불타는 건물 밖으로 치안관들이 도망나오자, 격노한 군중들은 21명의 경찰과 한 명의 경함을 난도질해 죽였다. 이 소식을 들은 간디는 크게 혼란스러웠다. 그는 "아무리 흥분했더라도 무방비 상태였고, 실제적으로 치안관들의 처지가 군중의 처분에 내맡겨진 상태에서 그들을 잔인하게 살인한 행위는 그 어떤 것으로도 정당화될 수 없다"고 말했다. 그는 마지못해 다음과 같은 결론을 내렸다. "아직 인도에는 대중의 불복종을 용서해줄 만큼 신뢰롭고 비폭력적인 분위기는 없다."[3]

간디는 그 사건으로 큰 충격을 받았기 때문에, 바르돌리에서의 비폭력 저항 운동을 중지했으며, 인도 전역에 걸친 이 운동 계획을 모두 철회했다. 이제까지 이루어놓은 모든 것을 잃지 않기를 바라면서 그는 선언했다. "이 운동은 우리도 모르는 사이에 정도正道에서 벗어나버렸다. 우리는 잠깐 모든 것을 중단했다가 다시 정진할 것이다. 만약 우리가 이러한 비극적인 사건을 통해 충분히 교훈을 얻는다면, 저주를 축복으로 바꿀 수 있다."[4] 그럼에도 불구하고, 간디는 그 일이 있은 후 얼마 되지 않아 치안 방해 혐의로 체포되었다. 기념비적인 재판에서 간디와 부장 판사는 아주 강력한 힘에 의해 짜여진 희곡 배우들 같다는 느낌을 받았다. 결국 로버트 블룸필드 판사는 간디에게 6년의 실형을 선도했다.

창조자와 지도자

◇▪ ⬚

나는 일곱 명의 창조자에 관한 초기 연구에서 그중의 한 사람이 다른 사람들의 유형에 잘 들어맞지 않는다는 것을 알아챘다. 그 사람이 바로 마하트마 간디이다. 창조자들은 일반적으로 그와 관련된 영역에서 이미 세련된 지식과 능력을 가진 사람들을 위해 창작한다. 프로이트는 다른 치료자나 심리학자들을 존중했으며, 스트라빈스키는 음악에 대단한 관심을 보이는 대중들을 위해서 교양곡과 발레곡을 창작했다. 그러나 간디는 정치와 종교의 개혁가지만 이미 특정한 믿음과 신념을 가지고 있는 사람들을 대상으로 그들의 신념과 믿음을 바꾸도록 설득하지 않았다. 그는 다양한 배경을 가진 평범한 사람들을 설득해서 인간 본성에 관한 그 자신의 생각과 분쟁을 해결하기 위한 최선의 방안에 관한 자신의 제안이 그들이 이전에 고집했던 것보다 낫다는 것을 알게 했다. 내가 이전에 사용하던 용어를 동원한다면, 간디는 '개발되지 않은 마음 unschooled mind'을 다룰 수 있는 방법을 발견해야만 했던 것이다.

창조자와 지도자라는 용어는 서로 다른 영역의 이야기에서도 도출될지 모르지만 비범한 마음을 가진 이 두 부류는 분명한 유사성을 갖는다. 이 두 그룹에 속한 사람들은 결국 다른 사람들의 생각이나 감정, 그리고 행동에 중요한 영향을 끼치는 것으로 판단된다.

영향력의 정도와 의도로 보아서는 지도자와 창조자를 쉽게 구별할 수 없다. 양자를 구별하는 좀 더 확실한 방법은 그들이 사람들에게 접근하는 방식의 직접성을 비교해보는 것이다. 지도자들은 그들이 전하는 교훈이나 실행하는 정책들을 통해 추종자들이나 일반 대중에게 직접적으로 영향을 준다. 창조자들은 그들이 창작하는 특정한 상징물, 즉 문학 작품이나 이론, 과학 지식, 그리고 미술 작품을 통해 그 영역의 구성원들이나 일반 대중에게 간접적으로 영향을 미친다. 즉 지도자들은 개인 대 개인으로 영향을 끼치는 반면, 창조자와 대가는 상징적 작품을 만들어내고, 그 작품이 사람들에게 영향을 미친다. 윈스턴 처칠과 알베르트 아인슈타인은 모두 제2차 세계대전의 결과에 영향을 끼쳤다. 처칠의 경우에는 영국 국민을 고무시키고 그들이 나아갈 길을 제시함으로써 직접적으로 영향을 미쳤고, 아인슈타인은 원자 폭탄의 가능성을 예측하고 그 제작을 용이하게 할 수 있는 이론을 만듦으로써 간접적으로 영향을 준 셈이다.

영향력에 대해 공부하는 학생들이나 지도력에 관심이 있는 대부분의 이론가들은 지도자의 권력, 지도자가 추구했던 정책들, 그리고 지도자와 대중과의 관계에 관심을 가져왔다. 심리학자들은 지도자의 성격에 관심을 가지며, 프로이트의 설명에 따라서 동기, 불안 그리고 개인적인 삶에서 겪었던 갈등을 조사한다. 나는 우리가 영향력을 인지적 관점에서 이해할 때 한결 더 잘 이해할 수 있다고 주장한다. 이런 입장에서 볼 때 영향력은 지도자들의 마음과 추종자들의 마음 간의 일련의 소통 속에서 의미 있게 발생한다. 영향력을 주는 주요한 수단은 이야기다. 지도자는 자신과 관련된 이야기를 삶 속에서 구체적으로 보여줌으로써 그 효과를 달성한다.

오늘날의 학문적 논제 속에서 이야기와 설화들은 매우 인기 있다. 내가 왜 이런 용어를 선택했는가를 밝힐 필요가 있다. 이미 살펴본 것처럼 지도자들은 지지자들이 생각하고 행동하는 방식을 변화시키기 위해서 노력한다. 이러한 변화가 효과적으로 이루어지도록 하기 위해 그들은 추종자들의 사고 과정을 변화시킬 필요가 있다. 이러한 목적을 달성하기 위한 강력한 수단은 추종자들과 공통적으로 유대를 가질 수 있는 이야기다. 그들이 공통적으로 추구하는 목표, 그들이 나아가는 길에 놓여 있는 방해물들, 이러한 방해물들을 처리할 수 있는 수단과 방법들, 목표를 성공적으로 수행할 수 있도록 안내하는 이정표들, 그리고 희망찬 유토피아가 궁극적으로 달성될 수 있으리라는 약속을 기술함으로써 그들의 추종자와 결속을 맺을 수 있는 이야기를 창조하는 것이다. 그들의 극적인 '이야기'는 단순하게 영향을 미치는 것에 집중되지 않고, 몇 가지 의미에서 그들의 삶이 이야기의 정수를 이루며 그것을 다른 사람들에게 설득력 있게 전달할 때 가장 효과적이다.

이야기는 단순한 '메시지'나 '의견'이 아니다. 그것은 완벽한 하나의 드라마로서 지도자의 삶의 경험에서 자연스럽게 우러나온 것이며, 또는 동일한 목표를 추구하는 청중들을 하나로 묶어줄 수 있는 것이다. 어떤 사람들은 그런 이야기가 각 개인들이 가장 깊이 관심을 갖는 것에 관한 의미나 존재에 관한 문제를 해결할 수 있는 능력인 '실존 지능'을 확장시킨다고 말할지도 모른다. 사람들은 영감을 주는 인물이나 메시지를 자신과 동일시할 때 변화하려는 자극을 받는다. 그래서 인간에게 그러한 동일시를 가장 자극할

7장 위대한 지도사, 간디

수 있는 것은 흥미진진하게 잘 꾸며진 이야기다.

마하트마 간디는 그의 일생을 통해 이러한 과정들은 보여준다. 간디는 인도 내륙이 영국의 완전한 속국이 되었을 때 성년이 되었다. 영국을 강력하고 영향력 있는 나라로 생각하는 반면 식민지 인도를 유약하고 나아갈 방향을 잃고 휘청거리는 나라로 생각하는 것은 아주 자연스러운 일이었다. 인도인들은 점점 그들의 상황이 부당하다는 것을 자각하면서 영국의 지배를 참을 수 없게 되었는데, 이러한 현상은 미국 식민지 개척자들이 겪었던 경우와 같았다. 대부분의 사람들은 인도와 영국 국민 사이에 증폭되는 긴장감으로 유혈 사태를 동반한 무장 충돌이 불가피할 것이라고 생각했다.

마하트마 간디는 오랜 동안의 자기 반성, 역사 공부 그리고 남아프리카에서 자기 스스로 수행했던 체험들을 통해 이러한 진퇴양난의 상황을 해결할 수 있는 다른 방법이 있음을 확신했다. 간디는 방직 공장 노동자들과 공장 소유주들 사이의 갈등이 옳고 그름의 관계로 보였다고 해서 더 이상 현재의 갈등을 '강력한 영국' 대 '무기력한 인도'나 '정의의 인도' 대 '사악한 영국'의 관점으로 확대해 인식할 필요는 없다고 생각했다. 간디는 사람들에게 좀 더 희망찬 시나리오를 상상해보라고 요구했다. 그 시나리오는 다음과 같은 내용을 담고 있다. 양 진영이 합법적인 지위를 얻어 국사國事를 돌보기 위한 공동의 노력을 기울인다. 갈등은 폭력을 수반하지 않고, 각 진영은 합법적인 논리에 의해서 문제를 해결해나간다. 이것은 새롭고 좀 더 포괄적인 이야기로, 그 이야기 속에서 경쟁자들은 공동의 이익 추구를 위해 그들의 차이점을 줄여간다.

간디는 이러한 가상적인 시나리오를 말하는 데 그치지 않았다. 그는 이야기를 자신의 삶과 태도, 그리고 생활 습관 속에서 구체화시켰다. 그는 영국을 악마로 만들지도, 인도를 추켜세우지도 않았다. 오히려 용감하게 양쪽 입장의 힘과 두려움 그리고 합법적인 요구 사항들을 그대로 드러내고자 했다. 실제 갈등이 생겼을 때, 간디는 단호하게 자신뿐 아니라 그의 추종자들이 무장하는 것을 반대했다. 사티아그라하, 즉 비폭력 저항의 원리에 따른 그들의 갈등 해결법은 확실히 평화적이고 비폭력적이었다. 우수한 군사력을 동원해 승리하기보다는 평화적으로 저항하는 과정에서 죽는 것이 차라리 낫다고 생각했다.

물론 간디는 상황이 항상 그렇게 평화적으로 해결되지는 않는다는 것을 알았다. '교육받지 않은 마음'이 모이면 적군은 악마가 되기 쉽다. 그리고 무기의 보급이 늘어나고 열정이 뜨거워진다면 평화적 저항이 무장 충동에 굴복하기 더욱 쉬워진다. 간디는 자신의 목숨을 바쳐서라도 비폭력 저항의 대의명분을 이끌어나갈 준비가 되어 있음을 보여주었다.

리더(지도자)들의 특징

◇ ▨ ◇

나는 창조자들이나 대가들에 관한 일련의 사례 연구를 하면서 지도자 영역을 탐색할 수 있었다. 에마 라스킨Emma Laskin과 나는 11명의 지도자를 자세히 연구했고, 제2차 세계대전 당시의 10명의 지도자에 대해 추가 연구를 했다. 이러한 연구는 지도자의 이상적 유형을 기술할 수 있도록 도와주었고, 나는 그들을 뛰어난 지도자로 칭했다.

뛰어난 지도자는 어떠한 환경 속에서도 존재한다. 프랭클린 루스벨트 Franklin Roosevelt 와 장제스는 물질적 풍요함 속에서 어린 시절을 보냈으나, 조지 마셜 George Marshall 이나 무솔리니 Benito Mussolini 는 궁핍한 가정에서 성장했다. 문화 인류학자 마거릿 미드 Margaret Mead *나 물리학자 로버트 오펜하이머 Robert Oppenheimer **와 같이 학자로 출발한 사람들을 제외하면 대부분의 지도자들은 특별히 학문적 연구에 재능이 없었으며 학교를 싫어했다. 그들은 비록 재능과 에너지를 가진 젊은이들이었지만 그 재능과 에너지를 어느 곳에서 펼쳐야 할지에 대한 감각이 부족해 보였다.

지도자들은 특별한 지능을 갖는다. 그들에게는 언어, 특히 말하는 재능이 필요하다. 이야기를 잘하는 것이 중요하기 때문이다. 이러한 재능은 대학 총장이 된 로버트 메이너드 허친스 Robert Maynard Hutchins 처럼 자연스럽게 발휘되거나, 처칠의 경우에서처럼 불가피하게 발휘된다. 글을 쓰는 재능은 그보다 덜 필수적이긴 하지만 어쨌든 중요하다. 간접적인 방법으로 영향력을 미치기를 열망하

---

* 미국의 문화인류학자. 뉴기니·발리섬 등의 원주민들과 함께 생활하며 그들의 삶을 관찰하여, 청소년기에 있어서 문제와 성性행동에 대한 이론을 발표했다. 또한 미국 문화인류학에 심리학적 방법을 도입, 발전시켰다.
** 미국의 이론 물리학자. 제2차 세계대전 중에 미국의 원자 폭탄 완성에 지도적 역할을 했으나 전쟁이 끝나고 난 뒤인 1950년의 수소 폭탄 제조에는 반대했다가 모든 공직에서 쫓겨났다.

는 사람들을 제외하면 인생에 관한 근원적인 문제에 직면할 수 있는 능력으로서의 '실존 지능' 또한 가치롭다.

강점이 될 수 있는 또 다른 영역은 '개인 지능'이다. 지도자들에게 무엇으로 사람들을 동기화하고, 가능하면 어떻게 협력하여 일을 할 수 있으며, 필요할 때 사람들을 어떻게 움직일 수 있는지에 대해 이해하는 것은 지극히 중요하다. 높은 IQ를 갖고 있다는 것은 이러한 문제를 해결하는 데 아무런 도움을 주지 못한다. 정치적 지도자들에 대해 연구한 결과, 이 점을 뒷받침할 수 있는 증거로 대부분의 카리스마적인 자질을 가진 지도자들이 경제 문제를 잘 이해하지 못한다는 사실이 발견되었다. 마지막으로 때때로 자신의 목표, 약점, 강점, 요구 등을 파악하는 것과 같은 통찰력 있는 감각은 훌륭한 지도자가 되는 데 있어서 중요한 요소다.

아마도 지도자들의 전기에서 가장 주목할 만한 특징은 아주 어린 나이부터 권위에 도전하고, 목표를 달성하기 위해서는 기꺼이 모험도 불사하는 의지력이다. 이러한 부분을 대표할 만한 사람은 미국 육군 장관이 된 조지 마셜이다. 그는 겸손한 사람이었지만 자기 주장에 있어서는 두려움이 없었다. 스무 살도 채 되지 않았을 때 그는 당시 대통령이었던 윌리엄 매킨리William McKinley의 집무실로 찾아가서 소위에 임관되기 위한 시험을 볼 수 있도록 허락해 줄 것을 요구했다. 그는 제1차 세계대전에서 연합정군의 우두머리였던 페리싱 장군을 처음 만났을 때 그를 공개적으로 비난했다. 그러한 일이 있고 얼마 되지 않아 마셜은 페리싱의 부관으로 임명되었다. 그리고 마셜은 한 작은 모임에서 프랭클린 루스벨트 대통령이 참석한 것을 보고 대통령에 대한 불만을 큰소리로 토로하기도 했다. 당시 재무부 장관이었던 헨리 모겐소 Henry Morgenthau 는 그 모임이 끝날 무렵 마셜을 보고, "음, 알게 된 것은 아주 기쁜 일이오"라고 빈정거렸다. 그러나 언제나 그랬듯이 몇 달이 지난 뒤 마셜은 국방부 장관으로 추대되었다.

내가 확인할 수 있는 대부분의 경우에 있어서 이러한 지도자들이 다른 사람들과 대면하는 상황을 만드는 것은 자신의 예리한 판단을 자랑하기 위해서가 아니다. 또한 지도자들이 남과 마찰을 잘 일으키는 성격을 갖고 있기 때문도 아니다. 오히려 모범적인 지도자들은 자신이 그 문제에 관해 정통하며 그것을 해결하는 데 기여할 수 있다고 생각한다. 무엇인가가 그를 긴박한 상황으로 내몰 때, 그들은 자신의 위치에 개의치 않고 발언을 하는 용감성을 갖는다. 공개적으로 도전을 하여 추방되거나 죽음을 맞이한 사람들에 관해서는 자세히 알 수 없다. 그러나 인간은 평등하며, 자신의 깊은 신념을 표현할 수 있는 권리를 부여받았다는 의식이 마침내 권위 있는 지위에 오르는 사람들에게서 나타나는 중요한 초기 특징이다.

권력 있는 지위에 오르는 것과 지속적인 변화를 야기하는 것은 별개의 문제다. 강력한 신화를 창조할 수 있으며, 추종자들의 마음과 영혼을 붙들 수 있기를 희망하는 지도자만이 권력을 영향력으로 전환할 수 있다.

우리는 창조자들이나 대가들이 젊은 시절에 대중과 대결하는 유사한 사례를 발견하지 못했다. 그러나 그들이 자신들의 일을 성취하는 과정에서 전통에 도전하는 모습은 찾아볼 수 있다. 프로이트가 히스테리, 아동 그리고 꿈에 관한 전통적인 견해를 부정한 것이나 버지니아 울프가 의식의 탐색을 선호하여 기존의 전통적인 구성과 성격 묘사를 거부한 것과 같이, 창의적인 사람들은 특정 영역에서 일반인들의 생각과 관행에 결국 대립하게 된다. 그리고 그러한 개혁이 인습에 의해 수용되고 나면, 그들은 또한 인습을 타파하려는 다음 세대 창조자들에 의해 무너지게 될 것이기 때문에 다시 '위험한 상태'에 놓이게 된다.

다른 몇몇 창조자들의 초기 특징에 대해 알아보자. 지도자들은 그들의 가족, 친구, 학급 동료로 구성된 지역사회에서 활동을 시작한다. 이러한 행동 반경은 빠르게 확장되며, 수천 명까지는 아니더라도 수백 명의 사람들에게 영향을 미치게 된다. 지도자들은 그의 영향을 받는 사람들의 마음을 파악하는 것이 중요하다. 왜냐하면 그들의 반응이 지도자가 전달하고자 하는 메시지의 효과를 결정해주기 때문이다. 지도자들은 다양한 광경과 먼 나라의 문화를 보기 위해 세계 여행과 같은 색다른 경험을 종종 하고 싶어 한다. 그러나 이상하게도 야심 있는 독재자들은 여행을 그다지 좋아하지 않는다. 그것은 아마도 세상에 대한 자신의 신념이 복잡해지는 것을 원하지 않기 때문일 것이다. 또한 그가 없는 동안에 쿠데타가 일어날 수도 있기 때문일 것이다. 예술이나 과학 분야에서 영향력을 발휘하려는 것이 아니라면, 이러한 고전적인 분야에 정통할 필요는 없다. 그러나 창조자들과 마찬가지로 뛰어난 지도자들은 정치 분야를 공부하는 데 10년 정도 시간을 투자해야만 한다. 또는 신문이나 잡지, 군사, 경제 등과 같이 영향력을 발휘하기에 주요하고도 쉬운 방법에 대해서 공부해야 한다.

지도자들 중에는 특히 정치, 종교 분야에 종사하는 사람들은 어린 시절에 부모를, 특히 아버지를 여윈 경우가 많다. 클린턴, 레이건, 그리고 닉슨 등 최근의 미국 대통령을 포함한 많은 사람들의 경우 그들의 아버지는 무기력했다. 강력한 남자로서의 아버지의 모습을 보지 못했기 때문에 이러한 지도자들은 자신만의 일련의 규칙들과 종합적인 이데올로기를 만들도록 동기 부여가 된 셈이다. 이러한 결단은 어떤 경우에도 자비로움을 가진 철학으로 바뀌지 않는다. 성인聖人과도 같았던 자애로운 군주들도 많은 경우 상처받기 쉬운 어린 시절에 부모를 잃었다. 그러나 부모 중 한 명 또는 두 명 모두를 일찍 여읜다는 사실은 지도자들이 최종적으로 만들어내는 이야기가 다른 사람의 것을 빌리거나 이어받은 무용담이 아닌, 그 자신의 환경과 정체감을 반영해주는 그만의 이야기인 것처럼 보이게 한다.

거의 모든 특별한 예에서 마하트마 간디는 지도자나 직접적으로 영향력을 끼치는 사람들의 원형을 보여준다. 그는 1869년 아라비아해에 있는 포르반다르라는 작은 항구 도시에서 태어났다. 그의 가족은 부유하지는 않았지만 몇 세대에 걸쳐 공직에서 일했다. 간디는 특별히 훌륭한 학생은 아니었으며 또한 학교를 좋아하지도 않았다. 한때 그는 다음과 같이 말한 적이 있다. "나는 평균적인 능력에도 못 미치는 지극히 평범한 사람이다. 나는 내가 지적으로 예리하지 못하다는 사실을 인정한다. 그러나 그것은 내게 중요하지는 않다. 지적 능력의 개발에는 한계가 있으나 마음의 개발에는 한계가 없기 때문이다."[5] 그의 가문은 도덕적인 문제에 깊은 관심을 가졌다. 그래서 간디는 어린 시절 옳고 그름의 문제를 생각하며 많은 시간을 보낼 수 있었다. 심지어 사소한 위반 행위를 하고 나서도 자신을 자책하느라 많은 시간을 보냈다. 간디는 10대 때 어린 신부와 달콤한 시간을 보내기 위해 병든 아버지를 간호하지 않았던 사실에 심한 죄책감을 느꼈다. 간디가 아버지의 방으로 다시 돌아왔을 때에는 아버지는 벌써 돌아가신 뒤였다. 이때부터 간디는 다른 지도자들처럼 윤리적으로 독립적인 사고를 하기 시작했다. 그는 자신만의 행동 규칙을 확립해야만 했다.

간디는 법률 공부를 위해 영국에 유학하여 관습에 공개적으로 도전했다. 이러한 결심은 사실상 고향에서 추방을 의미했다. 런던에서 간디는 상대적으로 세련된 문화에 적응하지 못하는 외롭고 촌스러운 사람이었다. 프로이트처럼 심리사회학적인 유예 상태를 경험한 후 간디는 영국에 머무르는 3년 동안 다양한 문화와 이데올로기들을 체험했다. 권위에 도전하는 것을 두려워하지 않는다는 징후 또한 영국에 있을 때부터 나타나기 시작했다. 한번은 엘린슨 박사가 간디가 몹시 싫어하는 일련의 절차를 제안했음에도 불구하고 간디는 불운한 엘린슨이 속해 있는 집단에서 추방당하려고 할 때 그를 변호했다. 그런 일이 있고 난 뒤 간디는 다음과 같이 말했다. "질 것이 뻔한 편을 들고 있음을 알았다. 그러나 나는 그러한 명분이 옳다는 생각에 마음은 편안했다."[6]

간디는 1891년에 인도로 돌아왔다. 그러나 뒤늦게 어머니가 돌아가셨다는 사실을 알게 되었다. 당시 그는 전통적인 법조인의 경력을 쌓으려고 노력했다. 생각하지도 않았던 남아프리카에 갈 기회를 얻은 것은 간디에게 있어서 인생의 중요한 전환점이 되었다. 아직 어린 자녀들이 있음에도 불구하고 간디는 또 다른 먼 나라로 여행을 하고 궁극적으로 그가 태어난 곳보다 훨씬 더 큰 무대에서 활동할 기회를 잡은 것이다.

간디는 남아프리카에서 인도인들이 2등급 시민으로 취급받는다는 사실을 알았다. 심지어 부유한 인도인들조차도 기차의 1등석에 앉지 못하며 좋은 호텔에서도 묵지 못했다. 간디는 정의에 대한 예민한 감각을 가지고 있었기 때문에 그러한 상황에 번민하게 되었다. 그는 다음과 같이 회상한다. "그래서 나는 인도인들에게 가해지는 혹독한 상황들을 자세하게 조사했다. 소문에 귀를 기울였고 책을 읽었을 뿐만 아니라 개인적으로 경험을 하기도 했다. 나는 남아프리카는 자존심이 있는 인도인들이 살 만한 나라가 아니라는 사실을 알았고 이러한 상황을 어떻게 개선해나갈 것인가에 점점 더 관심을 가지게 되었다."[7]

간디는 남아프리카에서 수년 후 인도에서 펼치게 될 저항의 원리들을 점차적으로 만들어나갔다. 때론 다른 사람들의 격려를 받았고, 때론 외롭게 연구하고 체험하면서 언어 능력과 사람을 다루는 기술들을 완벽하게 습득했다. 10년 이상의 과정을 통해 간디는 영어로 말하기와 글쓰기에 능숙할 수 있었다. 그리고 그는 인도인이건 영국인이건 아프리카인이건 간에 그가 믿을 만한 사람들과 그렇지 못한 사람들을 판단할 수 있는 능력을 가졌다.

종종 간디는 위험한 상황에 빠졌다. 1877년, 더반의 한 거리에서 백인 폭동자들이 의식을 잃을 정도로 간디를 심하게 폭행했다. 그러나 간디는 과연 그답게도 자신을 공격했던 무지한 사람들을 오히려 불쌍하게 여겼으며 경찰에 고소하지 않았다. 1908년 그는 처음으로 투옥되었다. 그는 공동의 입장 찾기, 폭력을 금지하기, 그리고 평화적으로 체포되기 등 비폭력 저항의 움직임을 시험적으로 시행했다. 남아프리카에서 보낸 마지막 해에 간디는 남아프리카의 인종차별법에 심한 충격을 받고 남아프리카 정부에 좀 더 대항적인 자세를 취했다. 즉 그는 공개적으로 자신의 법률 사무소 등록증을 태웠으며 수천 명의 사람들을 평화군처럼 이끌고 저항 행진을 했고 결국 동료들과 함께 투옥되었다.

　간디는 이러한 경험들을 통해 강해졌다. 어려운 현실에 직면하면서 결심은 더욱 굳어져갔다. 세력을 넓혀감에 따라 간디는 존경받게 되었고 적대감을 불러일으키지 않으면서 많은 일을 달성해내는 그런 사람이 되었다.

　간디는 강한 성격으로 변모했다. 그는 재산, 영향력, 그리고 대가족을 가진 가장이 되는 것만으로 충분하지 않았다. 그는 자신을 정신적으로 재충전해야 할 필요를 느꼈다. 그래서 요하네스버그에서의 가정 생활과 바쁜 직업 생활을 포기하고 더반 근교의 피닉스 하우스라고 불리는 농장으로 아내와 네 아들들을 데리고 이사했다. 간디는 의식적으로 간소한 생활을 하려고 했다. 그는 건강과 의료 문제에 깊은 관심을 가졌다. 매일 운동을 했고 음식을 손수 준비했다. 그러고 나서 1910년 톨스토이 농장을 건립했다. 그

곳에는 각기 다른 종교와 지역 출신의 인도인들이 모여들었다. 거주자들은 공동 가족의 구성원으로서 금욕적이고 협동적이며 도덕적으로 모범이 되는 방식으로 살았다. 간디는 만약 자신이 도덕적 권위를 획득만 하고 실천으로 보여주지 못한다면 그 사람들에게 좀 더 나은 삶을 촉구하게 하는 윤리적 권위자가 될 수 없다고 느꼈다. 그는 다른 사람들에게 요구하기에 앞서 스스로 변화하고자 했다.

간디는 1915년 초에 인도로 돌아왔다. 그 당시 그는 26년을 외국에서 보냈기 때문에 사실상 이방인이었다. 간디는 그의 훌륭한 조언자인 고팔 크리슈나 고칼레의 뜻에 따라 인도로 돌아온 직후 1년 동안은 공식적인 연설을 하지 않기로 했다. 그 대신에 간디는 3등급 객차의 티켓을 들고 인도 전역을 여행했다. 그러면서 앞으로 자신과 자신의 지지자들이 가야 할 행동 노선을 구상했으며 인도의 상황과 조건에 자신을 맞춰나갔다. 남아프리카에서 실천했던 경험들과 인도 본토에서의 조사와 연구로 간디는 30년을 아마다바드, 바르롤리 그리고 인도 전역에서 벌이게 될 사회 저항 운동을 계획할 수 있었다.

이야기와 '개발되지 않은' 마음들

◇⬛◈

모범적인 지도자들은 이야기를 만들어내고, 그 이야기를 실현할 수 있게 도와줄 청중들과 긴밀하게 연결되어야만 한다. 이런 언어적 측면들은 지도자와 창조자를 분명하게 구분해주는 기준이 된다. 창조자들은 주로 그들이 획기적인 진보를 이루게 될 때까지 기성세대들이 이루어 놓은 특정 분야의 상징체계와 작품들을 공부하면서 씨름해야 한다. 왜냐하면 그들의 작품과 상징체계를 공부하면서 중요한 요소들을 발견하고 그러한 요소들을 생산적인 방법으로 형성해나갈 수 있기 때문이다. 이와는 대조적으로 탁월한 이야기를 만들어내는 지도자들은 그 이야기를 전하고, 수정하고, 반응을 지켜보는 과정을 계속 반복하면서 다른 사람들과 접촉해야 한다. 그 이야기는 흥미를 유발시킬 수 있을 정도로 참신한 것이어야 한다. 그러나 너무 흥미에 충실해서 신뢰성을 잃을 정도여서는 안 된다. 만약 그 이야기가 지속적인 영향력을 갖길 원한다면 지도자들은 그 새로운 이야기를 지지자들의 정신에 생생하게 남길 수 있도록 구성해야 한다.

간디는 두 가지 도전에 직면했다. 그는 인도인들과 영국인들의 마음을 순수하다고 생각하지 않았다. 반대로 두 민족은 서로에게 아주 심할 정도로, 그리고 대체적으로 부정적인 편견을 가지고 있다는 것을 알았다. 즉 인도인들은 영국인들을 약한 자를 못살게 구는 거만한 사람들로, 이제 막 생겨나려 하는 인도인들의 민족주의 기운을 억압하려 한다고 생각했다. 그리고 영국인들은 인도인들이 약하고 무능해서 스스로 나라를 지켜나갈 능력이 없는 민족이라고 보았다. 또한 간디는 이미 조직한 남아프리카와 인도의 모임 둘 중 어느 하나에도 의지할 수 없었다. 대신에 그는 그 두 지역의 많은 조직들을 실제적으로 하나로 엮어 통합하고 관리해나갈 수 있는 방법을 모색해야 했다. 이미 우리가 살펴보았듯이 이 러한 방법이 항상 효과적이지는 않았다. 예를 들어 아마다바드에 서 조직된 단체에는 효과가 있었으나 차우리 차우라에서는 그렇 지 못했다.

새로운 이야기를 널리 알리기 위해서는 그 이야기가 기존의 것을 능가해야만 한다. 나는 여기서 기존의 이야기를 '대항 이야기 counterstories'라고 명명하겠다. 능력 있는 지도자들은 이미 청중의 마음속에 자리잡고 있는 대항 이야기와 성공적으로 경쟁할 수 있는 새 이야기를 만들어야 한다. 만약 그 청중이 세련되고 공통적인 경험을 공유하고 있다면 지도자들은 새로우면서도 더 복잡한 이야기를 할 수도 있다. 이런 것은 비교적 한정된 영역에서 일하는 창조자들의 특권이다. 그러나 대부분의 지도자들의 경우 만약 그들이 서로 매우 다른 성격의 집단과 함께 일을 해야 한다면 그 때 그들의 이야기는 '개발되지 않은 타고난 마음'을 가진 사람들에게도 이해될 수 있어야 한다.

개발되지 않은 마음을 가진 사람들에게 강력한 흥미를 유발하는 전형적인 이야기 중 하나는 선과 악의 투쟁을 담은 마니교도에 관한 이야기다. 대부분의 지도자들은 우리를 양편으로 가르고, 양 집단 사이의 갈등을 조장한다. 그리고 상대편을 이기기 위하여 우리 편을 모으는 데 꽤 성공한다. 가장 간결한 형태의 이야기는 영국 수상 마거릿 대처가 경쟁당이었던 노동당의 집단주의적이고 패배적인 입장에 대항하기 위해 만든 〈개인적인 사업가들의 모임인 토리당 이야기〉다. 또 다른 매우 간결한 이야기는 히틀러주의자들의 이야기로, 〈무⁺는 옳다〉와 〈국가는 우월하다〉라는 전체주의적인 이야기다.

좀 더 복잡한 이야기를 살펴볼 수는 있겠지만 그러한 과정은 많은 시간을 필요로 한다. 이러한 경우에 지도자는 청중들에게 좀더 창의적인 방식으로 거듭 생각하도록 가르치는 교육자다. 마하트마 간디는 수년간 수천, 수백만 명의 사람들에게 가장 중요한 인간 문제들에 관해서 색다르게 생각하도록 설득하는 데 성공했기 때문에 영웅적인 지위를 차지할 수 있었다.

간디가 보기에 평이하게 쓰인 대항 이야기들은 강력하고 거만스러운 영국인들과 약하고 고상한 인도인들이라는 전형적인 방식으로 그려지고 있다는 점에서 모두 비슷했다. 물론 이러한 생각은 사람들의 관점에 따라 다르게 보일 수도 있다. 그렇게 단순한 분석 방법에 근거했을 때 인도인들의 수적인 우세와 민족주의적인 열망은 영국의 군사나 세력과의 갈등을 겪게 되고 그러한 갈등은 종국에 폭력으로 발전할 것임은 당연했다. 간디는 먼저 사람은 피부 색깔이나 선조의 역사에 의해 판단되어서는 안 되며, 같은 인간으로 존중받아야 한다는 것과 비폭력적인 방법으로는 대항이 가능하다는 것, 그리고 갈등 상태의 양 진영이 비폭력적인 방법으로 대결하면서도 기품을 가지고 행동할 수 있다는 것을 재고하도록 설득한 것이다. 현재에는 넬슨 만델라가 이와 비슷한 길을 걸어오고 있다.

배타적인 내용보다는 포괄적인 내용의 이야기가 선호되는 것 같다. 좀 더 넓은 범위에서 '우리'라는 개념이 지도자들이 청중의 지지를 받고 결국에는 자신의 목적을 성취하도록 도와주는 것처럼 보인다. 이것은 어느 정도는 사실이다. 우리가 지도자와 '하나 됨'을 느끼지 못한다면 지도자는 더 이상 영향력을 발휘될 수 없다. 그러나 지나치게 포괄적인 '우리'가 되어도 예상치 못한 희생이 생긴다. 규모가 너무 커지면 지도자와 특별한 연결 고리를 갖지 못한다고 느끼는 사람들이 불평하게 되고, 그래서 새로운 지도자의 호소에 넘어갈 수 있는 주요 표적이 된다. 마하트마 간디가 경쟁 상대였던 이슬람교도가 아니라 힌두교도에게 암살을 당한 것은 바로 이러한 점 때문이라고 할 수 있다. 이것은 1995년에 일어났던 이스라엘의 라빈 총리 저격 사건과도 비슷하다. 나는 지금까지 '이야기 만들기'를 의식하는 과정으로 기술했다. 그리고 이야기를 만들어내는 대부분의 과정은 정말로 의도적인 일이며, '이미지 창조자'나 '정치 공보관'에게는 더욱 그러하다. 그러나 이야기가 지도자 자신의 경험에 의해 자연스럽게 생겨난 것이 아니거나 청중에게 감동을 주는 진솔한 이야기가 아니라면 성공하지 못한다. 이러한 의사소통 관계에서 적어도 몇 가지는 무의식적인 상태에서 발생한다. 그러면 그 이야기는 간디나 용감하고 끈기 있는 처칠과 같은 생생한 증언자와 분리될 수 없는 진실이 된다.

위대한 운동

◇▧◈

아마다바드에서 차우리 차우라 사건들은 앞으로 겪을 더 큰 운동에 비하면 전초전에 지나지 않았다. 간디는 인도가 점차적인, 그러나 확실하고도 안전한 독립을 인정받아야 한다고 전 세계인들을 설득하고자 했다. 이러한 주장이 전 세계 사람들에게 충분히 인식될 수 있는 계기를 만드는 것은 불가능할지도 모르지만, 1930년의 소금 행진은 실현 가능성을 보여주었다. 그 행진은 인도에서 생산되는 소금에 세금을 부과하는 일 때문에 시작되었다. 조미료가 글자 그대로 삶과 죽음의 문제가 되는 사회에서는 그러한 조치가 불공정하고 시대착오적인 것으로 인식된다.

1930년 3월 12일 간디와 소수의 추종자들은 아마다바드에서 해변을 향해 200마일의 여행을 시작했다. 하루가 다르게 사람들이 모여들면서, 마침내 그 행렬이 거의 2마일에 다다르게 되었고, 그 길에 인접해 있는 모든 사람들은 상징적인 저항 행동, 즉 바다로부터 소금을 만들어내는 행동에 참여하도록 설득당했다. 이러한 행동은 법을 교묘하게 위반하는 행위였다. 왜냐하면 그 참여자들은 합법적으로 제조된 소금에 부과하는 세금을 지불하지 않고 바다에서 직접 소금을 만들었기 때문이다. 이 소금 행진은 간디가 미국의 그 유명한 보스턴 차 사건을 의도적으로 따라함으로써 사실상 다음과 같은 메시지를 전달하는 것이다. "우리의 이 합법적인 행동을 벌하시오. 그리고 당신들이 정말로 어떠한지를 전 세계에 보여주시오. 그렇지 않으면 이 불공정한 법률을 폐지함으로써 당신들이 어떻게 할 수 있는가를 보여주시오. 그러면 우리도 당신들과 같이 하겠소."

처음에 정부가 간디의 이러한 시민불복종에 대해 아무런 반응을 보이지 않자 행진자들 사이에서는 실망의 기운이 감돌기 시작했다. 그러나 저항 세력은 곧 인도 전 지역에 퍼졌다. 간디의 오랜 정치적 동맹자인 자와할랄 네루Jawaharlal Nehru는 "그것은 마치 샘물이 갑자기 뿜어져나오는 것과 같았다"[8]라고 말했다. 간디는 그 운동에 참여했던 많은 사람들과 함께 체포되었다. 그 당시의 극적인 대치 상황에서 다라사나 제염소 근처에 있던 경찰들은 정돈된 비폭력 저항자들의 무리를 공격했다. 비폭력 저항자들은 그들과 동일한 방법으로 대항하지 않았다. 그 대신에 그들은 머리와 몸을 구타당했으며 결국에는 쓰러지고 말았다.《연합통신》의 유명한 소식통이었던 웹 밀러 기자는 다음과 같이 보도했다. "어떤 싸움도 어떤 투쟁도 없었다. 다만 행진자들은 맞아쓰러질 때까지 앞을 향해 걸었을 뿐이다. 경찰들은 앉아 있는 사람들의 복부를 무자비하게 걷어찼으며 팔을 잡아당겨 도랑으로 던졌다."[9] 마침내 영국은 저항군을 쓰러뜨렸지만 값비싼 대가를 치러야 했다. 즉 영국은 인도에 대해 더 이상 도덕적 영향력을 발휘할 수 없게 된 것이다.

유혈 사태 후, 인도에 대한 영국의 통치권이 무너지고 인도가 자유 국가가 되는 것은 단지 시간 문제에 지나지 않았다. 이런 과정은 제2차 세계대전으로 가속화되었다. 영국은 자신들의 생존을 위해 싸워야 했기 때문에 인도를 속국으로 주장할 만한 힘이 거의 남아 있지 않았다. 결국 인도에서의 주요 갈등은 대영 제국과 인도 사이에서 발생한 것이 아니라, 인도의 힌두교도와 이슬람교도 사이에서 일어났다. 왜냐하면, 힌두교도는 단일 국가를 요구했으나 이슬람교도는 분할 국가를 원했기 때문이다. 실제로 이러한 치명적인 갈등은 간디가 평생을 통해 근절하고자 했던 바로 그 유혈 사태를 불러일으켰다. 가장 잔인한 역설은 인도가 독립한 지 몇 달 만에 간디가 사원으로 가는 도중 극우파 힌두교도에 의해 암살당했다는 것이다.

실패 극복하기

◇ ▪ ◈

사람들은 실패를 경험한다. 그리고 중요한 의무와 비교적 큰 자아를 가진 지도자들은 실패할 수 있는 특별한 위험 속에 서 있다. 지금까지 내가 연구했던 모든 지도자들은 많은 실패와 좌절을 경험했다. 일부는 사소했거나 일부는 그들의 기세를 꺾을 만큼 대단한 것이기도 했다. 서른이 될 때까지 스탈린과 히틀러는 주목을 받지 못했기 때문에 그들이 곧 세계의 지도자가 될 것이라는 생각은 우스갯소리로 들렸을 것이다. 마오쩌둥은 30대가 되자 자신의 모든 지지 기반을 잃었다. 만약 제2차 세계대전이 발발하지 않았더라면 국민들은 처칠이나 드골Charles De Gaulle에게 관심을 보이지 않았을 것이다. 그래서 그들의 뛰어난 재능이 세상에 위대한 흔적을 남지지 못하는 슬픈 일이 생겼을 것이다. 간디는 그가 이끄는 운동이 성공할 때마다 또 다른 측면에서 희생당한 사람들, 즉 일을 진행하는 과정에서 생겨난 사상자들을 모두 기록했다.

지도자들은 많은 이유로 실패한다. 희망만큼이나 그렇게 확신할 수 없는 때가 있을 수 있고, 상황이 시기적으로 적절하지 않을 수도 있으며, 경쟁자나 그의 동료가 득세할 수도 있다. 가끔은 지나치게 무리해서 실패하기도 하며, 반작용의 요소로 인해 저지당하기도 한다. 마거릿 대처Margaret Thatcher와 같은 몇몇 사람들은 미래를 담보로 하면서까지 끊임없이 운명을 시험했으나 결국 그들이 만든 조직은 무너져내렸다. 지지자들은 항상 감사하는 마음을 나타내지는 않는다. 특히 그들에게 지나친 희생을 요구하는 사람들에게 더욱 그러하다. 처칠이나 드골은 제2차 세계대전이 끝난 바로 직후에 그들 자신이 정권 밖으로 밀려났다는 사실을 알았다. 사실보다 과장된 인물들은 결국 평범한 모습으로 돌아간다. 그들은 앞서 이루어놓았던 승리에 안주하거나 또는 가공할 만한 지도자들의 창조의 위대함을 점차로 와해시키는 사람이 될 것이다. 자유주의 국가가 매우 유능한 네루에 의해 통치되었다는 사실은 간디에게 있어 다행스러운 일이다. 그러나 그 후 인도는 계속해서 인도인들을 낙담케 하는 사람들에 의해 통치되고 있었는데, 그들은 간디나 네루의 유산을 무너뜨렸다. 간디는 시민권리 운동을 통해 자신의 나라에서보다는 남아프리카나 미국과 같은 다른 사회에 더 큰 영향을 미쳤다.

나는 지도자들이 실패를 처리하는 방법에 감명을 받았다. 지도자들은 패배를 포기로 생각하지 않는다. 그들은 실패했다고 해서 포기하지 않는다. 그들은 승리하지 못한 것을 실패로 여기지도 않는다. 오히려 그들은 상황을 정비하고 힘을 회복하여 다시 새로운 세력과의 싸움으로 뛰어든다. 실패가 낯설지 않았던 닉슨은 삶을 그가 응수해야만 하는 일련의 위기로 생각했다. 그는 "실패하는 것이 지는 것이 아니라 투쟁을 중지하는 것이 지는 것"이라고 강조했다.

장 모네 Jean Monnet 보다 이 점을 더 확실하게 한 사람은 없다. 그는 60년 이상을 계속해서 유럽 연합의 중요성을 주장하면서 감당해낼 수 있는 이상의 좌절을 경험했다. 모네는 "나는 모든 좌절을 또 다른 기회라고 생각한다"라고 말했다. 헨리 포드는 "실패는 더욱 지혜롭게 일을 시작할 수 있는 기회다"라고 말했다. 내가 조사한 거의 모든 지도자들의 글과 말에서 이와 비슷한 내용을 발견할 수 있었다.

이러한 점에서 간디는 모범적이다. 그는 자신의 실패를 인식했으며 자신의 실수 중 하나를 '히말라야의 대실수'[11]라고 부르기도 했다. 1919년 간디가 제안한 전인도 완전 휴업을 따르던 암리차르의 군중에게 영국 군대가 총격을 가해 대규모의 참사가 발생했던 것이다. 간디는 이 사건 때문에 무척 괴로워했다. 그러나 실수 때문에 그가 진심으로 옳다고 믿는 행동 방침을 중단하지 않았다. 대신에 그는 "믿음을 가지고 하는 실험들, 그러한 실험은 삶에 꼭 필요한 것이며, 그것들은 내 정신의 평화와 자아실현에 필수적이다"[12]라고 생각했다. 그는 각각의 사례들을 반성했고 이것들을 통해 교훈을 얻었으며 듣기를 원하는 모든 이들과 함께 실수의 교훈을 나눴다. 그리고 다시 새로워진 힘을 가지고 중대한 문제에 착수했다. 그는 독자들에게 다음과 같이 말한다.

"나는 많은 경험을 통해 사람은 신이 원치 않은 일을 계획할 수 있다는 것을 알았다. 그러나 동시에 궁극적인 목표가 진실을 추구하는 것에 있다면 인간의 계획이 좌절된다 하더라도 그 문제는 결코 해가 되지 않으며 걱정하는 것보다 훨씬 좋은 것일 수도 있다."[13] 간디는 비폭력 저항의 고통을 담담하게 받아들였다. "만약 어떤 사람이 통제에 복종한다면 그는 벌이 두려워서가 아니라 그런 복종이 인간의 복지에 필요하다고 생각하기 때문에 자원해서 통제를 따르는 것이라는 점에서 비폭력 저항은 일반적 원칙과는 다르다."[14] 간디는 6년의 실형을 선고받은 후에 어떻게 건설적인 태도로 좌절을 극복할 수 있는가를 보여주었다. 간디는 블룸필드 재판장에게 진심으로 다음과 같이 말했다. "그 판결의 경우 나는 어떤 판사가 부과할 수 있는 실형보다 적은 형을 받은 것이라 생각합니다. 그리고 그 모든 절차에 있어서도 더 이상의 정중한 대우를 기대할 수 없었을 것입니다."[15]

지도자들은 실패의 횟수가 아니라 실패를 극복하는 방법에서 대부분의 사람들과 다르다. 사건을 자신이 통제할 수 없었을 때 그들은 그 상황이 자신에게 부적합했다거나 대의명분이 정의롭지 못했다고 결론짓지 않는다. 오히려 그들은 상황을 다시 계획해서 교훈을 이끌어 낼 수 있는 기회로 재구성하는 데 성공한다. 그들은 인지적 불일치 현상에 의해 도움을 받을지도 모른다. 즉 실패의 결과로 헌신적인 지지자들은 지도자에게 더욱더 충실해야 한다고 느끼기 때문이다. 그들은 전진을 위해 반성하고 새롭게 계획을 세우며, 다시 활기를 띠게끔 자극받는다. 실제로 간디는 실패한 결과들을 돌아보고 교훈을 얻는 것에 특별한 기쁨을 느꼈던 것 같다. 그는 종종 "내가 희망을 가질 수 있는 것은 슬픔 때문이다"[16]라고 말했다. 어려운 시대를 살아가는 사회의 영웅들은 세속적인 안목으로 볼 때 성공할 가능성이 분명히 희박함에도 불구하고 그들이 추구하는 대의명분이 실현될 때까지 참고 기다릴 줄 아는 사람들이다. 왜냐하면 그들은 이러한 노력들이 이후의 삶에 영광이 될 것이라고 믿기 때문이다.

지도자들이 실패로 인해 방해받지 않으며 오히려 자극받는 것과 마찬가지로, 그들은 성공을 이루더라도 그다지 만족하지 않는다. 그들의 목표는 높으며 성공과 결과보다는 투쟁에 의해 에너지를 얻는다. 그들은 자신을 맹목적이고 무비판적인 간교한 사람이 아니라, 전투 태세를 갖추고 있는, 심지어는 고독한 존재로까지 여긴다. 제퍼슨과 마오쩌둥은 세대마다 혁명이 필요하다고 주장했다. 아마도 그들은 지위에 관해 만족하는 것은 열정이 식었음을 의미하거나 평범한 사람으로 후퇴하는 것을 가속화할지도 모른다고 생각하며 두려워했던 것 같다. 간디는 자신의 체험에 관해 진술했다. "나는 과학자들이 자신의 결론이 최종적인 진실이라고 말하지 않고 열린 마음을 갖기를 원한다."[17] 모든 지도자들이 궁극적인 자신의 임무를 달성하지 못했다고 말하는 것은 과장이 아니다. 그러나 그들을 활기차게 만드는 것은 노력의 숭고함이며, 또한 미래의 삶에 지속적인 흔적을 남길 것이라는 희망, 좀 더 강력하게 말하면 신념이 있었기 때문이다.

8장

비범한 마음의 종류

비범한 인물들의 삶과 업적

◇◼◇

지금까지 이 책이 순수하게 인문학적인 관심에서만 쓰였다면 여기서부터는 그러한 관심에서 벗어날 것이다. 인문주의자들은 한 인물을 그 자체로 충실하게 이해하는 데 관심이 있다. 심지어는 네 가지 유형으로 비범한 인물을 나눠보는 것 자체가 벌써 인문주의자들의 통상적인 믿음에서 벗어난 것일지도 모른다.

나는 인문주의자들과 마찬가지로 모차르트, 프로이트, 울프, 간디의 독특한 삶의 측면에 대해 연구하고 몰두해왔다. 그러나 이제 심리학자나 사회과학자로서의 각 인물들을 그 차제로 이해할 뿐아니라, 다방면에서 뛰어난 사람들의 대표자로 이해하고자 한다. 그와 더불어 비범성의 또 다른 유형이 있을 수 있는지에 대해서도 살펴보고자 한다. 이런 과정을 통해서 궁극적으로 비범한 사람들은 주로 어떤 경로를 통해서 그렇게 되는지 알아보고자 한다.

이 책의 도입부에서 나는 비범성에 대한 내 접근의 토대가 되는 범주의 틀을 소개했다. 네 명의 인물들을 살펴보는 동안 이 범주의 틀을 깊이 있게 논의하지는 않았기 때문에 아마 독자들은 이 책을 읽는 데 별 어려움을 느끼지 않았을 것이다. 그러나 이제 좀 더 이론적으로 비범성에 접근하기 위해서 이 범주의 틀을 본격적으로 이용하려 한다.

앞서 말한 비범성을 나누는 구별 요소 중에서 세 가지 특질이 가장 중요한 것으로 드러났다.

첫째, 비범성을 구분 짓는 요소는 관심의 대상에 있다. 사회적 성취와 업적이라는 분야에 관심이 있는가, 아니면 그 사회를 구성하는 사람들에게 관심이 있는가에 차이가 있다. 지식의 분야에 뛰어드는 것은 사람들에게 관심을 갖는 것과는 다르며, 이러한 성향은 삶의 초기에 나타나 인생 전반을 통해 지속되는 경향이 있다. 네 가지 비범성의 유형 중 앞의 두 유형에 속하는 모차르트와 프로이트는 각각 음악과 심리학이라는 분야와 관련되어 있다. 나머지 두 유형, 즉 자신의 내면 세계를 깊이 성찰했던 울프와 다른 사람에게 영향을 미쳤던 간디는 사람들에 대해 관심이 있었다.

둘째, 비범성을 구분 짓는 요소는 한 분야 내에서 이루어지는 혁신의 내용에 있다. 이 차이는 모차르트와 프로이트를 비교해보면 더욱 분명해지는데, 대가였던 모차르트는 기존의 음악 장르 내에서 가장 뛰어난 작품을 만드는 데 전력을 다했다. 그는 키츠, 톨스토이, 엘리엇과 함께 예술 분야를 최고의 형태로 끌어올렸다는 평을 받고 있다. 그러나 창조자였던 프로이트는 사회의 다양한 분야를 살펴보았으나 여전히 그 분야들로는 부족하다는 것을 발견했다. 그래서 그는 자신과 자신의 동료들이 함께 연구할 수 있고 평가받게 될 전혀 새로운 분야를 창조해냈는데 그는 그제야 비로소 만족했다. 사람들과 관련된 분야에서는 이런 '수용'과 '거부'의 구분이 명확하지 못한 것 같다. 그러나 여기에 제시된 울프와 간디는 사람들에게 관심이 있으면서도 개혁을 이룬 대표적인 인물이다. 울프는 엘리엇과 달리 소설의 시대적 조류를 거부했으며, 간디는 대처와는 달리 새로운 정치 형태를 도입했다. 이런 점에서 볼 때, 비범한 사람들은 다소 의식적으로 두 가지 선택을 한다는 것을 알 수 있다. 즉 그들은 사람에게 중점을 둘 것인가 사회적 성취에 중점을 둘 것인가를, 그리고 자신의 에너지를 관련 분야를 마스터하는 데 투자할 것인가 아니면 기존의 분야를 거부하고 혁신하는 데 투자할 것인가를 선택한다.

셋째, 비범성을 구분 짓는 요소는 이 연구에서 생각하는 창의성과 비범성을 정의하는 방식에 관한 것이다. 심리학적 또는 상식적 견해에서 볼 때, 창의성은 오로지 창의적인 사람의 머릿속에 존재하는 것이었다. 그러나 칙센트미하이에 의한 창의성의 재개념화 이론 덕분에 이제 창의성은 잠재된 창의적 특성을 가진 개인, 창의성을 발휘할 수 있는 분야, 창의적 업적에 대한 평가를 내리는 사회나 제도 등의 활동 영역 같은 세 요소 간의 역동적인 상호작용에서 찾을 수 있다.

창의성의 이 세 가지 요소는 다음과 같이 확대됨으로써 창의성의 측면이 더욱 심화된다. 우선 개인은 가족과 지역사회 쪽으로 창의성을 확대시키는 출발점이 되고, 분야는 다방면의 문화 쪽으로 창의성을 확대시킬 수 있는 출발점이 되며, 활동 영역은 더 넓은 사회로 창의성을 확대시키는 출발점이 된다. 그리고 이 세 개의 출발점은 모두 일차적으로 자신이 하는 직업과 관련된 개인에게 초점을 맞출 때 서로 잘 연계된다. 이것은 다음과 같은 I.D.F 그림으로 나타낼 수 있다.

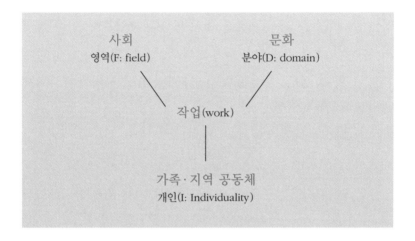

이상에서 이야기한 것처럼 내가 지적한 비범성의 세 가지 변별 요소들(I, D, F)은 사회과학자들로 하여금 비범성을 연구할 때 개인만이 아니라 그와 함께 무엇을 연구해야 할지 알려준다. 그리고 이러한 비범성의 변별 요소들은 이제까지 인정되지 않았지만 비범성의 유형을 찾아내거나 여기에 소개된 비범성의 유형들 사이의 관계를 파악할 수 있도록 도와주기 때문에 일반적인 논문을 써나가는 데도 활용할 수 있다.

몇 가지 예를 들어보자. 모차르트와 같은 천재는 기존의 분야에

들어맞는 재능을 가진 사람이었다. 실제로 모차르트에게는 그 당시 고전 음악 분야에 대해 선천적으로 주어진 적성이 있었던 것 같다. 그에 비해 프로이트와 같은 창조자의 재능은 아직 체계화되지 못한 환경과 발견되지 못한 채 남아 있는 분야에 더 적합한 것으로 보인다. 울프는 그녀의 가족과 블룸즈버리 그룹에 있는 동료들을 포함하여 사람들의 세계에 특별한 관심이 있었다. 그와 동시에 그녀는 초기에는 문학 분야의 대가로 출발했으나 점차 새로운 장르의 창조자가 되어갔다. 이러한 노력은 여성 작가들의 작품을 감상할 수 있는 장을 여는 데 기여했다. 간디의 관심 또한 사람의 세계에 있었다. 그러나 그의 관심은 가족과 지역 공동체를 넘어서 더 넓은 사회로 확대되어갔다. 그는 울프처럼 영향력 있는 글을 통해 간접적으로 그의 목표를 달성하기도 했다. 그러나 문학이라는 형태를 초월해 다른 사람들과의 직접적인 관계를 통해 자신의 신념을 실천했으며 결국 중요도가 높은 공적인 일에 자신의 의지를 펼쳐나갔다.

나는 이러한 변별 요소가 비범성을 구분하는 데 절대적인 것이 아니라는 것을 다시 강조한다. 왜냐하면 거의 모든 비범한 사람들은 하나 이상의 유형에서 비범성을 보인다. 특히 프로이트는 네 가지 유형 모두에서 비범성을 보였다. 물론 이러한 사실은 그 자신과 그를 맹목적으로 사랑하는 부모님에게 큰 기쁨이 될 것이다.

대부분의 비범한 사람들은 약점도 가지고 있다. 예를 들어 모차르트는 특히 내관적이지 못했고, 프로이트는 물리학과 수학 과목의 성적이 좋은 편이 아니었다. 그리고 몇몇 인물들은 우리의 이런 구별 방식으로 분류되지 않는다. 프로이트는 심리학이라는 학문 분야에 관심이 있었다. 그렇지만 이 심리학이라는 분야는 인간에 관한 관심이 포함되어 있었다. 따라서 이러한 변별 요소들은 비범성을 이해하기 위한 하나의 안내도일 뿐 언제나 옳은 체제는 아니다.

앞에서 제시한 변별 요소를 기준으로 비범성의 다양한 유형을 예상해볼 수 있다. 여기서 나는 독특하고 주목할 만한 사람들의 주된 특징을 좀 더 잘 그려내기 위해 몇 가지 부가적인 비범성의 유형을 생각해보고자 한다. 그리고 나서 내 연구의 과정에서 제기될 수 있는 몇 가지 쟁점들을 살펴볼 것이다. 마지막 장에서는 이 연구를 통해 우리가 얻을 수 있는 교훈들을 담을 것이다.

명성과 성공

◇▩◇

사회에서 가장 유명한 사람들의 목록을 훑어본다면, 특히 미국과 같이 대중매체의 영향이 강력한 사회에서는 유명인의 목록이 10년 주기로 변한다는 것을 발견하게 된다. 1990년대 중반 내가 이 글을 쓰기 시작했을 때 가수 마돈나 Madonna, 피겨 스케이팅 선수 낸시 케리건 Nancy Ann Kerrigan 그리고 방송인 하워드 스턴 Howard Stern 등이 이 목록에서 상위를 차지했다. 그러나 이러한 사람들이 영원히 유명인으로 남아 있을 것 같지는 않다.

나는 여기에서 소위 명사名士에 대해 이야기하고 있다. 시각예술가인 앤디 워홀Andy Warhol은 우리 시대의 모든 사람이 약 15분 동안은 유명해질 수 있을 것이라고 말했다. 약간의 과장이 있긴 하지만 이 표현은 널리 알려진 사실이다. 대중매체는 항상 특이한 것을 주시하고, 개개인의 특이성은 자발적이든 우연이든 누군가를 잠시 동안 유명하게 만들 수 있다. 더욱이 오늘날 자신의 명성이 지속되기를 원하거나 짧은 순간이나마 영예를 누리고자 하는 사람이 있다면, 가장 일반적인 방법으로 텔레비전 쇼나 상품 광고에 출현하거나 참여 운동을 시작하면 된다. 그러면 그들은 잠시 동안은 조명을 받을 수 있을 것이다.

명성과 성공은 아주 밀접하게 연결되어 있으나 서로 일치하는 것은 아니다. 일반적으로 명성은 한 개인이 특별한 분야나 보다 큰 사회에서 관심의 대상으로 등장하는 것을 의미한다. 여기에는 개인의 재능이나 특정 분야에서의 공헌은 필요하지 않다. 그에 비해 성공은 일반적으로 행운이나 비합법적인 행동보다는 계획적이고 합법적인 노력을 통해 물질적인 자원들을 획득하는 것을 말한다. 특정 분야에 공헌함으로써 보상을 받게 될 때 그 사람은 성공한 것이다.

명성과 성공 간에는 다양한 관계가 존재한다. 많은 사업가들 중에는 크게 성공했으면서도 별로 알려지지 않은 채 조용히 지내는 사람도 있다. 또한 잠시 동안 명성을 얻은 사람도 있다. 예를 들면 물에 빠진 사람을 구해 한때 유명세를 탔으나 몇 년 후에 그가 사람들로부터 잊힌 채로 가난하게 살아가는 모습을 발견할 수도 있다. 우리 대중문화는 유명과 성공을 결합시키는 경향이 있다. 만일 당신이 유명해진다면 물질적 보상을 얻을 기회가 생길 것이다. 그리고 만일 당신이 세계에서 가장 부유한 사람 중의 하나가 된다면 당신의 주장 하나만으로도 당신은 세상의 주목을 받게 될 것이다.

명성이 높아진다고 해서 타고난 창의성이나 지도력이 없어지는 것은 아니다. 그렇다고 해서 명성이 바로 창의성이나 지도력을 의미하는 것도 아니다. 창의적인 사람일수록 어떤 분야를 변화시키는 능력을 가지고 있다. 마돈나가 끼친 영향으로 인해 공연 예술계의 변화가 있었다면 그녀는 창의적인 사람의 후보라 불릴 수 있을 것이다. 인간이 무언가를 성취하는 데에도 잠깐 동안이기는 하지만 차원이 있다는 것을 알아둘 필요가 있다. 현대 화가인 해럴드 샤핀스키Harold Shapinsky는 애써 노력했지만 생애 대부분을 무명으로 보내야 했다. 그러나 추상적인 표현주의자들의 작품에 대한 수요가 늘자 갑자기 샤핀스키의 작품 가치가 높아지기 시작했다. 여기서 변화된 것은 그의 작품이 아니라 사회의 요구인 것이다.

영성적 비범성

◇▓◇

지금까지 나는 그들이 이룬 업적의 독창성과 뛰어남으로 인해 다른 사람에게 영향을 주어왔던 사람들에게 주로 초점을 맞춰왔다. 그와 달리 그 사람의 존재 자체가 그와 접촉하는 다른 사람들에게 영향을 미치는 또 다른 유형의 강력한 영향력이 있는데, 나는 이것을 '영성적 비범성'이라고 부른다.

나는 마하트마 간디와 로마 교황 요하네스 23세를 연구하는 과정에서 이 능력에 관심을 가지게 되었다. 이러한 인물들이 가진 물리적인 어떤 특징이 다른 사람에게 영향을 주고 있는 것 같았다. 간디의 경우, 많은 사람들은 그에게 접근하는 것 자체만으로 잊을 수 없는 개인적인 영향력을 경험하는 것 같다. 요하네스 23세, 마틴 루서 킹Martin Luther King, 테레사 수녀Mother Teresa와 같은 지도자와 요요마, 파블로 카살스Pablo Casals, 재니스 조플린Janis Joplin, 지미 헨드릭스Jimi Hendrix 같은 예술가들도 이러한 점에서 매우 유사하다. 이들과 같이 카리스마적인 사람들은 다른 사람들을 자극하여 그들의 의식을 바꾸도록 하며, 삶의 방식을 변화시키도록 자극한다.

더욱이 불행하게도 이와 같은 카리스마적인 힘은 선한 동기를 가진 사람들에게서만 나타나는 것은 아니다. 데이비드 코레시David Koresh*와 지미 존스 신부와 같은 사교邪敎 지도자, 그리고 히틀러, 마오쩌둥, 무아마르 카다피Muammar Gaddafi 같이 악명 높은 지도자들도 그들의 많은 추종자들에게 정신적인 위력을 떨쳐왔다.

그들이 가진 어떤 특성이 다른 사람들에게 지배력을 행사하는가? 종종 최면술과 같은 힘을 가진 지도자의 두드러진 물리적 특성이 청중들에게 직접적이고 강력하게, 그리고 유별나게 확신을

---

* 미국의 종교인이자 범죄자. 종말론에 심취하여 재림 예수를 자칭하며 아마겟돈에 대비한다며 텍사스주 웨이코의 다윗파 본부에 수많은 총기와 탄약을 비축했다. 집단생활을 하다가 1993년 마약단속반과 FBI의 수색이 진행되자 51일 동안 경찰과 대치했다. 그 결과 성인 55명과 28명의 아이가 사망하는 참사가 발생했다.

8장 비범한 마음의 종류

심어주는 경우가 있다. 카리스마적인 지도자들이 발산하는 힘과 매력으로 인해, 추종자들은 자신이 정신적 지도자 주변에 있기 때문에 이러한 능력의 정수를 받아들일 수 있다고 믿는다. 여기에 분명히 힘이 작용하는데, 즉 추종자들은 영적인 인물을 사랑할 뿐만 아니라 사랑해야 한다고 믿게 된다. 우리 모두는 한때 이러한 인물의 세력하에 있을 수 있다. 그리고 우리 중에는 분명히 이런 강한 정서적 유대를 형성하기 쉬운 경향을 지닌 사람도 있을 것이다.

데이비드 코레시와 같은 사교 지도자나 게오르기 구르지예프 Georgei Ivanovich Gurdjieff* 같은 이색적인 힌두교 교도사는 그의 사기성에도 불구하고 분명히 영향력 있는 사람이었다. 이와 같은 사람들은 사회의 변화와 같은 외적인 목적보다 '개인 숭배'를 지향한다. 즉 자신이 전지全知적인 영적 인물이라는 의식을 가지고 그것에 몰입하게 함으로써 추종자들의 개성을 억압하려 한다. 정신과 의사인 앤서니 스토Anthony Storr의 지적에 따르면 사교 지도자와 같이 영적인 힘을 가진 인물은 완전히 자신의 정신세계에만 몰입되어 있기 때문에 그 추종자들의 의식과 진정한 상호작용을 할 수 없다. 따라서 그 추종자들이 얻게 되는 감화는 살아가는 동안 개인적인 관심, 개인적 세계관을 다른 개인의 그것과 대체하려는 노력에서 발생한다.

이처럼 다른 사람을 감동시키는 능력을 비범성의 또 다른 형태

---

* 아르메니아 출생의 신비주의 종교인. 유물론적인 오카르트 교의를 창시하고, 20세기 초의 신비사상과 1960년대의 히피문화에 막대한 영향을 미쳤다.

로 분리시킬 필요는 없다. 마거릿 미드나 로버트 오펜하이머 등도 지적인 측면에서 다른 사람을 감동시키며 영향을 주었다. 사실 어떤 메시지나 개념 없이 다른 사람들로부터 영적 주도권을 얻기는 어려울 것이다. 그러나 일반 사교 집단의 정신적 지도자들에게 있어 이념은 중요한 것이 아니며, 단지 다른 사람들을 유혹하기 위한 수단으로 쓰일 뿐이다.

도덕적 비범성

비범성을 연구하는 학자로서 나는 내 연구 대상들의 도덕성에 대한 질문을 받는 경우가 종종 있다. 어떤 때는 내가 존경하는 사람만을 연구한다는 호된 비판을 받을 때도 있고, 어떤 때는 존경받을 만하지 않은 사람을 연구한다는 비판을 듣기도 한다.

이런 두 가지 비판들은 내가 연구하고 탐색하는 비범성의 기본적인 본질을 파악하지 못한 데서 비롯된 것이다. 나는 대상자의 도덕적인 장단점과 상관없이 대가, 창조자, 내관자, 지도자로 적용되는 비범성의 모델을 찾는 것이다. 동시에 이 모델은 비범하다는 인정을 받지 못하는 사람이 왜 그런지를 이해하는 데 도움을 준다. 예를 들어 유명하거나 성공했지만 궁극적으로 남에게 영향을 끼치지 못한 사람들이 이에 해당한다.

어떤 생각이나 행동이 발생하는 맥락을 알게 된다면, 누구나 그 행동이 도덕적 혹은 비도덕적인지, 아니면 그러한 의식 자체가 없는지를 판단할 수 있을 것이다. 우리는 자녀에 대한 사랑, 개인적 관계에서의 정직 또는 인간 생명에 대한 경외감 같은 보편적인 가치들을 받아들인다. 그러나 이러한 가치들은 국가에 대한 사랑, 위험한 지식으로부터 누군가를 보호해야 할 필요, 폭군을 제거해야 하는 위기 상황과 같이 동일한 압력을 가진 상반되는 가치들과 충돌할 수 있다.

어떤 문화적 맥락 속에서 도덕적 영역을 의식하지 않고, 그 영역에서의 비범함이라는 측면에서만 개인들을 살펴보는 것이 가능하다. 발달심리학자인 앤 콜비Ann Colby와 윌리엄 데이먼William Damon은 유별나게 남을 배려하는 행동을 보이는 미국인들을 조사해왔다. 예를 들면 많은 아이들을 입양한 사람이나 기아의 구제 또는 환경 보호와 같은 일에 자신의 삶을 바친 사람들이 이에 해당된다.

이렇게 도덕적으로 모범이 되는 사람들은 많은 측면에서 부각된다. 그들은 자신이 하는 일에 확고한 신념을 갖고 있으며, 자신이 적절한 행동을 한다는 것을 의심하지 않는다. 그들은 매우 긍정적인 태도를 갖고 있으며 실패를 단지 일시적이거나 더 큰 계획의 일부로 생각한다. 그들의 이러한 믿음은 종교적 신념에 기반하고 있는 경우가 많으며, 놀랍게도 그들은 자신이 하고 있는 일을 특별한 것이라고 여기지 않는다. 즉 다른 사람도 자신과 똑같은 상황에 있다면 동일한 거룩함을 갖고 똑같이 행동했을 것이라고 생각한다. 도덕적 추론 능력을 측정하는 표준화된 검사에서 그들의 점수는 높지 않았다. 이런 점에서 볼 때, 남을 배려하는 행동은 도덕적 딜레마 상황에서 정확히 추론되는 능력과는 아주 다른 것 같다.

이렇게 놀라운 자기희생적인 행동과 태도들은 장기적인 발달적 관점에서 볼 때 가장 잘 설명할 수 있다. 즉 이러한 사람들은 오랫동안 그들의 삶 속에서 동료를 위해 자신을 헌신하는 습관을 길러왔다. 더 놀라운 것은 그들은 다른 사람을 위해 봉사하는 것을 개인적 성숙의 일부라고 여긴다는 것이다.

이와 같이 도덕적으로 모범이 되는 사람들을 여기에서 살펴본 비범한 사람들과 비교해보는 것도 의미 있다. 나는 그들 대부분이 창의적이라고는 생각하지 않았다. 왜냐하면 간디와 프로이트를 제외하고는 좀처럼 다른 사람을 돕는 혁신적인 방식을 고안해내지는 않았기 때문이다. 즉 그들은 단지 아득한 옛날부터 예수 그리스도와 같은 영향력 있는 사람의 권고를 열심히 실천했을 뿐이었다. 비록 그들도 주변 사람들에게 영향을 주긴 했지만 이러한 영향의 대부분은 아주 지엽적인 것이다. 따라서 그들은 작은 범위에서 영향을 미치는 지도자라 칭할 수 있다. 다른 사람들도 그들과 동일하게 선한 일을 하도록 자극한다는 점에서 그들을 '정신적'이라고 부를 수 있다.

이 연구에서 소개된 비범성의 변별 요소들은 도덕성을 설명하는 데 도움을 줄 수 있다. 사람들은 자신이 숙달해야 하는 활동 분야에서 도덕적, 비도덕적 또는 도덕과 상관없이 행동할 수 있으며, 새롭게 만들어낸 분야에서도 이와 유사하게 행동할 수 있다. 다른 사람들에 대한 그들의 행동도 이와 유사하게 다양할 수 있다. '도덕적으로 모범적인 사람들'은 그의 가족, 더 넓게는 지역 공동체, 또는 인류를 위하여 개인적 목표를 희생한다는 점에서 무척이나 남다르다. 자기 자신 또는 다른 사람에 대한 지식, 지식이나 기술 분야에 대한 흥미 등은 자신보다는 다른 사람의 삶의 조건을 개선한다는 한층 넓은 관심에서 나온 것이다. 물론 이러한 목적은 때로 기만적인 경우도 있는데, 그러한 이유 때문에 바로 창의성의 경우에서처럼, 누가 또는 무엇이 도덕적으로 '중요한가'에 대한 믿을 만한 판단을 하기 전에 '환경'이라는 측면에 대한 몇 가지 설명이 필요하다.

우리 문화, 나아가 세계 문명의 생존은 그 문명이 만드는 것, 그 문명이 미치는 영향, 그 문명이 지닌 정신력보다 그 문명에 속한 시민의 도덕성에 더 영향을 받는다. 랠프 월도 에머슨 Ralph Waldo Emerson은 "인격이 지성보다 더 고귀하다"라는 유명한 말을 했다. 문명들 간의 투쟁은 정치적·경제적 패권의 쟁탈 때문에 발생하기도 하지만 자주 도덕적인 고려의 차이 때문에 발생하기도 한다. 그러나 이러한 도덕적 고려는 특정 사회의 윤리와 가치로부터 분리될 수 없으므로 여기서 내가 초점을 두고 있는 비범성의 유형들과 동일한 방식으로 도덕성에 접근할 수는 없다.

비범한 일탈자들

✧ ❀ ✧

사람들은 비범성에 대해서 이야기할 때, 인간 능력의 정상 분포 곡선에서 끝부분에 해당하는, 가장 방대한 업적을 이루어온 사람들이나 단체에 집중하는 경향이 있다. 그러나 차별이나 결함으로 인해 두드러진 인물들을 살펴본다면, 우리는 비범성을 보다 더 잘 이해할 수 있을 것이다. 더욱이 '생산적인 비동시성'의 개념에서 알 수 있듯이 강점과 약점이 결합될 때 더 생산적일 수 있다는 것도 알 수 있다.

〈궁수 필록테테스〉라는 고대 조각품을 생각해볼 때, 서양사회는 상처와 활 사이의 관계를 깊이 생각해왔다는 것을 알 수 있다. 서양사회에서는 창의성이라는 재능을 소유한 사람들은 선천적이든 후천적이든 일종의 상처로 고통받아야 한다고 주장해왔다. 실제로 걷는 데 문제를 가진 바이런과 청각 장애를 가진 베토벤의 경우처럼 신체적 결함을 가졌거나, 방치되었던 브론테 자매나 정신분열증에 시달린 로베르트 슈만 Robert Schumann 처럼 정신적 외상이 있는 예술가들을 찾아내기는 그리 어렵지 않다. 그러나 대다수의 창조자들은 그와 같은 명백한 결함을 가지지 않으며, 그와 같은 결함이 있는 모든 사람이 다 비범한 것은 아니기 때문에, 여기서는 고작해야 결함과 비범성의 유형 사이에 대략적인 상관관계만을 살펴볼 수 있을 것이다.

어떤 결함은 비범한 사람의 삶 속에서 되풀이되는 경향이 있다. 비범한 사람들은 어린 시절에 부모 중의 한 사람 혹은 양친을 잃은 경우가 지배적이다. 작가 장 폴 사르트르 Jean Paul Sartre 는 아버지가 자신에게 줄 수 있었던 최고의 선물은 일찍 죽은 것이었다고 말했다. 이 말에는 어느 정도의 과장법과 반어법이 포함돼 있긴 하지만 초기의 이런 상실의 경험이 그들로 하여금 상상 속에서 보

　　　　　　　　　　　　8장 비범한 마음의 종류

다 완전한 세계를 창조하게끔 동기를 부여한다. 젊은 시절 한 가지 이상의 치명적인 외상을 경험했던 사람은 성장하면서 점점 더 위험한 상태에 처하는 경향을 보인다. 버지니아 울프는 어린 시기에 정신적 상처가 있었고 이후로도 계속되는 정신적 외상으로 인해 결국에는 좌절을 경험했다. 분명히 어떤 외상들 중에는 개인이 가진 성취의 잠재력마저 손상시킬 정도로 파괴적인 것이 있다. 그 대표적인 예로 우리는 유대인 대학살이나 중국 문화혁명에서 살아남은 생존자들을 생각할 수 있는데, 그들 중 많은 사람들이 이 경험으로 인해 더 이상 생산적인 일을 할 수 없게 되었다.

측두엽 간질병이라 불리는 신경학상의 증후군은 매우 독특한 유형의 창의성과 관련된 것으로 보인다. 언어와 정서에 관여하는 뇌의 특정 부위의 발작 때문에 발생하는 이 증후군은 과다하게 기록을 한다거나, 종교적인 주제에 심취하는 경향을 보인다. '측두엽 간질병적 성격'을 가진 사람 대부분은 대인 관계에서도 특이한 행동을 보인다. 이러한 사람들의 작품들은 이러한 증후군을 연구하는 사람들이 흥미있어 하는 극적이고 영적인 주제들로 가득 차 있다. 그러나 표도르 도스토옙스키 Fyodor Dostoevskii 나 빈센트 반 고흐 Vincent van Gogh 와 같이 이러한 증후군에 시달린 몇 명의 예술가들은 그들의 예술적 작품 속에서 이러한 독특한 세계관을 반영하고 있다. 이러한 예들을 통해 볼 때 병리학적인 증상과 더불어 나타나는 생생한 지각들은 예술가로 하여금 독특한 힘을 지닌 작품을 만들 수 있도록 돕는 것 같다.

정치적·종교적인 운동을 계획하거나 과학 작품이나 예술품을 만들려고 할 때, 비범한 사람들은 그 상황에 전혀 어울릴 것 같지 않은 자극들까지도 골라내어 검토해가면서 오랜 시간을 자신의 관심사에 집중할 수 있다. 물론 이와 같은 집중은 바람직한 것이지만 너무 집착한 나머지 정상적인 사람들과 교류할 수 없을 정도로 자폐증과 유사한 경향을 보이는 경우도 있다. 이와 같은 사실로 미루어보면 수학·과학·공학과 같은 학문 분야에서 놀라운 성취를 보이는 사람들의 집안에서 자폐증의 발생률이 높다는 것은 놀랄 일이 아니다.

이러한 특별한 집중력은 종종 대단한 에너지를 동반한다. 많은 비범한 사람들은 오랫동안 자지 않고, 동료들보다 훨씬 적게 자고 걷고 뛰거나 일반인들보다 훨씬 오래 이야기한다. 사실상 그들은 그들의 에너지를 분출할 수 있는 배출구로서 관심 분야가 없다면 정상적으로 살아갈 수 없을 것이다. 그리고 그들은 경험, 음식, 성에 대해 지나치게 집착하는 경향이 있다. 그들이 많은 에너지를 자신의 일에 투여할 수 있는 잠재력을 이미 가지고 태어났다 할지라도 이처럼 많은 양을 할당하는 능력은 쉽게 얻어지는 것이 아닐 것이다. 초자연적인 현상이 그렇듯이, 이런 행동은 아직 관련성이 밝혀지지 않았지만 과잉 활동증이나 투렛 증후군 같은 증상과도 관련된다.

마지막으로 어떤 결함과 재능 간에 명백한 관련이 있는지 고찰해 보자. 신경학자 노먼 게쉬윈드 Norman Geschwind 와 그의 가까운 협력자 앨버트 갈라버다 Albert Galaburda 는 '우월성에 대한 병리학'을 언급했다. 특별히 그들은 태아 상태에서의 좌반구 병리학과 언어적 문제들, 공간과 예술적 능력과 관련된 발달 사이의 결합을 두드러지게 하는 흥미로운 증후군에 대해 설명했다. 이 증후군에 대한 그들의 설명에는 논쟁의 여지가 있지만 게쉬윈드와 갈라버다의 일반적인 주장은 우리의 '생산적인 비동시성'의 개념과 일치한다. 즉 인지적·정의적 영역에서의 결함이 다른 종류의 장점을 개발할 수 있는 원동력이 될 수 있다. 부모 중 한 사람을 여의었거나 희귀한 신경학적인 병을 가지고 있거나 에너지와 관심의 특이한 전개가 있더라도 이런 상처로부터 발생하는 고통은 활시위와 같이 변화될 수 있다. 자신에게 생긴 비동시성을 개발해서 그것을 전망 있는 문제나 분야와 연결시킴으로써 좌절을 또 다른 성취의 기회로 다시 만들어가야 한다. 그리고 무엇보다 끈기 있게 노력해야 한다.

절정기 사회

대부분의 역사가들은 비범한 사람들과 그렇지 않은 사람들을 비교할 수 있는 것과 마찬가지로 역사의 특정 시기·특정 지역·특정 사회 또한 다른 지역과 비교해 양적·질적으로 눈에 띄는 성취를 이룬다는 것에 동의한다. 예를 들면 B.C. 5세기의 아테네, 예수 그리스도가 살아 있을 당시 로마 제국, 8세기의 중국 당 왕조, 중세 후반의 이슬람 사회, 15세기 이탈리아 도시 국가, 18세기의 프랑스, 20세기 초의 유럽 중부의 도시들이나 20세기 중반의 뉴욕이 바로 그 절정기의 도시들이다.

어떤 사람들은 역사가가 역사상 기점을 찾기 편하게 하기 위해서 이런 의견을 냈거나 혹은 그런 도시의 출현이 우연히 일어나는 흥망성쇠에 불과하다고 대답하면서 절정기 도시라는 견해에 냉소적인 입장을 취한다. 그러나 나는 이에 동의하지 않는다. 개인적·가족적·분야적·역사적 결과에 의해 천재가 나타날 수 있는 것처럼, 절정기의 사회 역시 우연히 일어나는 지속하기 어려운 사건과 힘듦, 그리고 그것을 극복하는 과정에서 나타나는 것이라 생각한다.

대표적인 예로 15세기의 피렌체 지방을 생각해 보자. 피렌체는 여러 지역의 중심으로 번영하고 있었다. 북부 이탈리아 지역의 상업 발달로 인해 지중해 전역의 사람들은 정기적으로 이 지역을 통과했다. 그 지역은 베네치아, 시에나, 밀라노, 그리고 로마와 같은 이탈리아의 다른 도시들과 경쟁 상태에 있었다. 새로운 문화가 싹트는 것처럼 고대 예술과 수공업 등이 재발견되었으며 과학과 지리학의 발전으로 새로운 영토를 개척하려는 열망이 천 년 동안의 침묵을 깨고 다시 일어나고 있었다.

암흑의 중세 분위기에서 벗어나 전반적으로 종교적·정신적 각성이 일어나고 있었다. 사람들도 밀폐된 묵상보다 외적 찬양을 지향했다. 특히 메디치 같은 명문가 가 지도적 역할을 하며 로렌초 기베르티 Lorenzo Ghiberti, 다빈치, 미켈란젤로 Michelangelo, 브루넬레스키 Filippo Brunelleschi 같은 뛰어나게 창의적인 사람들의 후원자가 되어주었다. 13~14세기에는 이 비옥한 지역에서 일찍이 동요의 기미가 있었으며, 15세기에는 일시적으로 높아졌다가, 그 이후로는 상대적으로 급격한 하락을 보인 것을 쉽게 알 수 있을 것이다.

비슷한 이야기는 다른 '절정기의 사회'에서도 볼 수 있다. 그런 사회에는 재능 있는 사람들을 문화의 중심으로 끌어내서 협동하게 할 뿐 아니라 경쟁의 대열에 서게 하는 등 그를 지원하는 활기찬 모습을 보였다. 재능 있는 사람들을 키워준다는 면에서 그 체제가 민주적일 필요는 없다. 사실상 약간의 권위주의가 야심 찬 계획을 성취하는 데 도움이 될 수 있다. 그러나 거기에는 아이디어의 탐색과 그 한계를 검증할 수 있는 인내력이 있어야 한다. 가능성에 대한 평가는 필수적이다. 앞에서 살펴본 모범적 대가 네 명 모두 이와 같은 희귀한 역사적 흐름에 합류하고 있었다. 모차르트는 계몽 운동의 영향을 받았으며, 프로이트는 빈 출신으로서 지적으로 상반되는 경향의 영향을 받았고, 울프는 독특한 블룸즈버리 모임에 의해 고무되었으며, 간디는 20세기 초의 동양과 서양이 가진 전설적인 주제들을 종합하고자 했다.

절정기 사회는 해외로의 정복 사업과 국내의 흥청망청한 분위기로 인해 극단적인 상태가 되었다. 빈과 런던은 더 이상 1세기 전의 최고 도시가 아니다. 그리고 뉴욕, 도쿄, 베를린 또는 리우데자네이루도 언젠가는 우리 시대에 이와 비슷한 문화적 이동을 경험하게 될 것이다. 나이 든 창의적인 과학자나 예술가들이 젊고 재능 있는 후배들에게 그 자리를 내어주는 것처럼, 절정기 사회 역시 결국 선두를 차지하게 될 다른 사회에 길을 내주어야 할 것이다.

또 다른 점에서 두드러진 사회도 있다. 이집트는 전혀 변치 않고 남아 있음으로써 천 년 동안 유지되었다. 유교사회가 오랫동안 살아남을 수 있었던 것은 큰 기상 변화를 피했으며 과학적·기술적인 진보 자체에 대한 믿음이 적었기 때문이다. 비록 인구는 적었지만 여러 개의 석기 시대 부족들은 수세기에 걸쳐 그들의 이웃과 때로는 우호적이고 때로는 적대적인 관계로 일종의 균형을 이루면서 견뎌냈다. 뉴멕시코의 케레스 인디언과 같은 미국 원주민 사회들은 전적으로 다른 재능의 개념을 가지고 있었다. 즉 그들은 전적으로 그 사회에 무엇인가 공헌할 수 있는 사람에게 중점을 두었다. 그리고 병리학적인 주제를 연구해보면, 인류학자 콜린 턴불 Collin M. Turnbull 에 의해 묘사된 히틀러 치하의 나치당원, 소비에트동맹 같은 몇몇의 사회에서는 짧은 기간에 그들 스스로를 소멸시켜 갔다.

몇 가지 질문들

비범성을 연구하는 것 자체가 많은 질문들을 만들어낸다. 개인에 대한 나의 관심은 몇 가지 어려움을 안고 있다. 특히 오늘날과 같이 포스트모던적이고 학문간에 서로 제휴하는 시대에는 더욱 그렇다. 만일 누군가가 문화적 맥락과 개인을 제외한 요소에 초점을 맞추면서 상당히 배울 것이 많다는 내 입장에 이의를 제기한다면 나는 그 의견을 수용할 자세가 되어 있다. 사실 나는 전문 분야와 사회심리학적 환경에 대해 새롭게 인식하긴 했지만, 그와 같은 요소들은 심리학자의 입장에서 봐도 지나치게 심리학적으로 분석하려고 노력하고 있다.

그럼에도 불구하고 나는 인간 본성을 파악할 때 생물학적·문화적인 요소를 고려해야 하는 것처럼, 푸코나 레비스트로스식의 연구 양식에서 개인의 역할과 작용을 제외해서는 안 된다고 본다. 이 책은 다소 개인주의적 관점에서 쓰여지긴 했으나, 내가 관심을 갖고 있는 현상을 설명하기 위해서는 개인을 포함시킬 수밖에 없다고 생각한다. 모차르트의 행동이 안토니오 살리에리의 행동보다 더 좋거나 나쁘다고 단순히 말할 수 없으며, 버지니아 울프의 의식이 마르셀 프루스트나 캐서린 맨스필드의 의식으로 쉽게 대치될 수 있는 것은 아니다.

이러한 관점에는 긍정적인 동기가 포함되어 있다. 나는 인간은 어느 정도의 발전성에 대한 감각 없이는 발전하기 어렵다고 생각한다. 즉 한 인간이 성장하고 있느냐, 정체 상태에 있느냐를 판단할 수 있는 감각 없이 발전하기 어렵다고 생각하다. 비범성의 정의에 따르면, 우리 모두 비범해질 수는 없다. 그러나 비범한 사람들은 나머지 사람들이 자신에게 주어진 선택, 위험, 기회를 이해하는 데 도움을 줄 수 있다. 뛰어난 작품을 연구해야 미술 공부를 할 수 있고, 중요한 이론과 효과적인 검증 방법을 숙지해야 과학을 공부할 수 있는 것이다. 나는 "우리는 위대한 인물들을 사랑하고 존경해야 하며, 학자들에게 부과된 과제는 이런 위대한 인물들이 계속 우리의 정신을 이끌어갈 수 있도록 하는 것이다"[2]라고 말한 니체의 견해에 동의한다. 다른 사람들이 갖고 있는 풍부한 지식 없이 인생을 계속 살아간다는 것을 이해할 수 있겠는가?

나의 연구 과제가 전적으로 인정받는다 할지라도 연구 방법과 편견이라는 중요한 문제를 해결해야 한다. 이 책에서 취한 접근은 엄밀한 의미에서 과학적이라고 단정할 수는 없다. 왜냐하면 내 연구의 대부분은 각 인물들에 대한 출판 자료들을 인용하거나, 직접 관찰, 인터뷰 등의 일반적인 사례 연구의 방식을 취하고 있기 때문이다. 그러나 나는 세 가지 의미에서 내 연구가 단순한 사례 연구가 아닌 과학적인 접근을 취하고 있다고 주장할 수 있다.

첫째, 나의 관찰들은 지난 세기에 심리학·사회과학을 통하여 형성된 지식에 기초하고 있다. 둘째, 한 개인을 연구하는 데에 그치지 않고 모범적인 창조자나 모범적인 지도자와 같이 유형을 만들어가는 데 집중했다. 셋째, 다양한 비범성의 유형들에서 일반성을 찾아낼 수 있는 경험적 연구에 전념했다. 나는 곧바로 법칙과 검사 개발에 도달할 수 있다. 그러나 예외적인 경우뿐 아니라 법칙을 발견하기 위해서는 먼저 일종의 패턴으로 나타난 환경을 자세하게 알아야 한다.

내 연구 결과를 다른 시대, 다른 문화에까지 일반화하는 데는 한계가 있다는 것을 기꺼이 인정한다. 내 연구의 대부분은 현대라는 시대적 배경과 서구라는 문화적 배경에 근거하고 있다. 따라서 다른 시대, 장소, 분야를 엄밀히 조사하는 연구가 필요하다. 또한 내가 개인적으로 존경하거나 알고 있는 인물들에 편향되어 있다는 것을 시인한다. 그리고 나는 여기서 간디가 자신의 가족에게 했던 행동이나 프로이트가 그의 동료들에게 했던 태도 등을 있는 그대로 기록하는 자세를 취하기보다는 그들의 좋은 측면에 초점을 두었다는 것 또한 인정한다.

그러나 나의 결론이 긍정적이고 모범적인 사례에서만 나왔다는 견해는 인정할 수 없다. 나는 각 연구실에서 거의 존경받지 못하는 인물들도 마찬가지로 공정하게 관찰하고자 했다. 앞에서 이야기한 것처럼 완벽하게 비범한 인물은 없다. 물론 도덕성에 관해서도 연구할 가치가 많지만 그 당시의 사람들과 여러 활동 영역에 영향을 끼친 한 인물을 연구할 때 표준적인 도덕 검사를 적용할 수는 없을 것이다.

비판에 대한 마지막 논평은 '매우 지적이고 유명한' 삶에 대해 주목하도록 한다는 주장에 관한 것이다. 그와 같은 삶에 집중·조명하는 것은 우리 시대, 우리 문제, 우리 삶을 살아가는 데 필요한 힘을 제공하지 못한다는 비판이다. 이런 비판을 하는 사람들은 나의 초기 연구를 참조해보는 것이 더 적절할 것이다. 그러나 나는 우리 가운데 비범한 사람들을 이해하는 것이 모든 사람에게 도움이 된다고 항상 믿어왔다. 마지막 장에서 이에 대한 몇 가지 교훈들을 찾아보자.

9장

무엇을 배울 것인가?

비범한 삶의 대가

남보다 비범한 사람들이 더욱 흥미로운 삶을 영위하는 것은 확실하다. 그들은 때때로 우리에게 고통도 주지만 기쁨과 정신적인 풍요로움도 준다. 그러므로 나는 다음과 같은 질문을 제기해보고 싶다. 당신은 자신이나 당신의 아이 또는 당신이 사랑하는 누군가가 그런 비범성의 운명을 가지길 바라는가?

분명히 비범성에는 어떤 보상이 주어진다. 때로는 중요한 인물로 대우받기도 한다. 아마도 비범한 사람들 자신이 더 큰 의미를 부여해 자신의 삶 그리고 사후에까지 다른 사람과는 다른 무엇이 있다고 느끼기도 한다. 그러나 비범성으로 점철된 삶을 살기 위해 치러야 할 대가 역시 크다.

우선 비범한 사람들은 자신의 관심 분야나 임무에 엄청난 노력을 쏟아부어야만 한다. 한 분야를 정복하는 데는 최소한 10년이라는 세월이 걸린다. 그리고 그 후에도 계속적인 발전을 원한다면 이런 집중된 노력을 끝없이 계속해야만 한다.

비범한 사람은 또한 일시적이지만 고통이나 다른 사람들로부터의 따돌림, 고독 등과 싸워야 한다. 개혁가들의 개혁은 대부분 처음에는 다른 사람들에게 잘 받아들여지지 않거나 평가받지 못한다. 기존 체제는 보수적이고 동료들은 질시하며 대중들은 적대적이다. 그러므로 비범한 사람들의 결점을 찾아내려는 그러한 사람들 속에서 버텨내기 위해서는 뚝심이 필요하다. 사실상 비범하기 위해 노력하는 사람들은 비판의 북소리가 끊임없이 울려대는 삶에 대비해야만 한다.

그리고 성공이란 보상이 주어졌을 때에도 역시 우연히 또는 의도적으로 자신의 생각이나 작품이 왜곡될 수도 있다는, 즉 질서와 비판의 새 장이 열린다는 사실을 예고하는 것임을 알아야 한다.

때때로 비범한 성취를 이루면서도 동시에 자신들의 삶의 모든 분야에서 균형 있게 살아간 특별한 경우가 있기도 하다. 그러나 비범성에는 이런 균형을 유지하기 어려운 속성이 있다. 일반적으로 비범한 사람들의 삶은 끝까지 내적·외적인 압력들로 인해 다른 모든 것은 배제하고 자신의 일에만 집중하게 된다. 자신의 임무를 완수하는 데 일생을 바칠 준비가 되어 있는 사람들은 동료나 가족과는 가까운 관계를 유지할 수 있으나 자신의 주장을 말하려는 사람들, 혹은 자신의 일과는 무관하다고 생각되는 사람들과의 접촉을 피하게 된다.

비범한 사람들의 삶은 종종 어떤 심리적이고 치명적이기조차한 불상사들로 장식되기도 한다. 사실상 내가 연구해온 대부분의 비범한 사람들은 사귀기에 매우 까다로운 사람으로 밝혀지고 있다. 많은 경우 그들의 성격은 비뚤어져 있고, 가까운 사람들에게 고통을 준다. 그런 재능 있는 사람들이 개인적으로 불행하거나 좌절감을 느끼고 자살하고 싶은 충동을 느끼거나, 가까운 동료들과 단절하여 동료들조차도 그들의 삶이 파멸에 이르게 되지 않을까 우려하는 것은 흔한 일이다.

간디와 같은 도덕적인 거인조차도 이 유형에서 예외가 아니다. 그는 아내와 끊임없는 긴장 상태에 있었으며, 그의 장남 하리랄은 그에게 사라지지 않는 재앙이었다. 결론을 요약하면 한 영국 신문의 다음과 같은 기사 제목과 같다. "천재성에서 훌륭한 성품을 빼면 아인슈타인이 된다(아인슈타인= 천재성 – 훌륭한 성품)."

비범성의 높은 가치에 대한 이러한 폄하가 항상 옳은 것은 아니다. 우선 비범한 사람들이 분명히 힘든 삶을 영위하긴 하지만, 한편 비범한 사람들의 고통이 다른 분야에서 특출한 사람들이 겪는 고통보다 항상 더하다는 명백한 증거가 있는 것은 아니다(비범한 사람들에 대비되는 특출한 인물이 누구일까 의아스럽기는 하다). 둘째로, 비범한 사람들 역시 종종 친절하고 관대할 수도 있음을 강조하는 것이 중요하다. 그들은 괴물과 같이 행동할 때도 있지만 천사일 때도 있는 것이다.

마지막으로 중요한 것은 비범한 인물들이 처음부터 까다로운 사람이 되도록 운명 지어진 것은 아니라는 점이다. 그들이 스무 살의 나이에 심리학적으로 특별히 '까다로움'의 객관적 측정치에서 두드러진다는 증거도 없다. 오히려 그들의 비뚤어진 성격은 종종 그들 자신의 괴로운 경험에서 비롯된다. 초기 단계에서의 '혼자서 버텨내야 한다'라는 압박감은 일단 그들이 성공했을 때 쏟아지는 거대한 기대감과 더불어 그들의 대대수를 감상적인 베스트셀러나 영화의 주인공에 적당하게끔 만든다.

일종의 공식인가, 분위기인가

이러한 경고에도 불구하고 많은 사람들과 그들의 가족들은 한 분야에서 최고의 자리에 오르려고 한다. 적어도 우리 사회에서 만큼은 물질적인 성공에 대한 열망이 자신들의 문화에 영원한 흔적을 남기려는 열망보다는 더 강한 삶의 동기가 된다. 그러나 나는 여기에서 대가, 창조자, 내관자, 지도자로서의 역할을 추구하는 사람들에게 초점을 맞추어 이야기하고자 한다.

'비범한 삶'을 연구하는 사람들은 표면적인 특성에 관심을 두기도 한다. 예를 들면 지도자들이 잠을 많이 자지 않는다는 것을 알면 지도자를 꿈꾸는 사람들은 단 몇 시간만 자면서도 생활할 수 있도록 하는 훈련을 시도할지도 모른다. 사실 빌 클린턴도 젊었을 때 이렇게 했었다. 혹은 창조자들이 자신들의 작품을 드러내려는 경향이 있다는 것을 보고 대중과 친해지기 위해서 많은 시간을 보낼 수도 있다. 극단적인 경우에 많은 비범한 인물들이 어렸을 때 부모를 잃었거나 부모와 떨어져 지냈다는 이유만으로 어떤 부모들은 일부러 자녀와 떨어져서 지내는 경우도 있을 수 있다. 이런 예들은 혼동에서 비롯된 것 같다. 왜냐하면 비범하다는 것은 단순히 어떤 대가나 창조자의 겉모습을 흉내낸다고 되는 것이 아니기 때문이다.

비범성의 표면적 특성에만 집중하는 데에서 오는 우스꽝스러운 예는 우리 시대의 위대한 피아니스트 중 하나인 알프레트 브렌델 Alfred Brendel 의 다음과 같은 말에 잘 나타나 있다.

나는 음악가 집안이나 지식인 집안에서 태어나지 않았다. 나는 동유럽인도 아니다. 내가 알고 있는 한 나는 유대인이다. 나는 신동도 아니었고 어떤 유년 시절의 특별한 기억도 없다. 나는 다른 사람보다 더 빨리 연주를 시작한 것도 아니었고 통찰력 있는 독서가도 아니며 여덟 시간의 잠을 필요로 하는 사람이다. 내가 정말 아플 때에만 콘서트를 취소하는 것도 아니다. 내 음악가로서의 경력은 너무 느리게 진행되었고 서서히 이루어진 것이어서 나 스스로에게 어떤 문제가 있지는 않나, 혹은 이 계통에 있는 다른 사람들에게 문제가 있지는 않나, 하고 느끼기도 했었다. …… 독서와 작문 같은 문학 활동이나 미술을 감상하는 것은 내 시간의 극히 일부분을 차지한다. 내가 연주해온 모든 곡들을 언제 어떻게 배웠느냐에 대해서, 게다가 내가 다소 완벽한 남편도 아버지도 아니라고 말해야 할 때는 당혹스럽다.[1]

나는 창의력이나 리더십을 훈련시키는 프로그램에 대해서 회의를 갖고 있다. 그중 일주일 이내에 무엇을 할 수 있다는 것에는 특히 그렇다. 그런 경험들은 확실히 본인의 능력에 대한 태도를 바꾸게 하거나 그 사람에게 이미 발달되어 있는 창조자나 지도자로서의 능력을 발현시킬 수 있도록 해주기도 한다. 그러나 비범성이란 수년 또는 수십 년 동안 이룩한 경험의 결과이지 며칠간의 훈련으로 이루어질 수 있는 요소들로 구성되어 있는 것은 아니다.

나는 연구를 통해서 비범성의 증진에 도움이 되는 환경에 대해서 몇 가지 시사점을 제안하고자 한다. 나는 질서 정연한 중산층의 삶을 추천하고 싶다. 그런 삶은 때로 따분하게 보이기도 한다. 이런 삶 속에서 어떤 한 분야를 통해 자신의 능력을 개선시키기 위해서 꾸준히 노력해야 한다고 믿는 어른을 만나는 것이 도움이 된다. 사랑이나 다른 형태의 지원도 중요하다. 어떤 젊은이가 하나의 과제에 집중하여 그 영역에서 꾸준한 발전을 이룰 때 애정을 보이는 것이 전략적으로 중요하다.

역할 모델도 중요하다. 야망을 가지고 있는 젊은이에게 어떤 종류의 상징적 물체들을 통해, 즉 과거에는 책, 요즈음에는 영화나 TV, 미래에는 전자망을 통해 자신의 일이 난관에 부딪혀도 굴하지 않고 밀고 나가는 사람들과 접촉할 수 있도록 해야 한다. 부모나 코치 역시 그들이 불가피하게 맞이하게 되는 실망과 좌절 앞에서도 굴하지 않는 힘을 키워줄 수 있다. 실패를 무시한다는 것은 비현실적이긴 하지만, 순간적인 실패에 의해 좌초하는 것과 그 실패를 교훈을 위한 토대나 도전의 기회로 이용하는 것에는 상당한 차이가 있다.

'절망에 빠져 있는' 젊은이와는 반대로 '낙관적인' 젊은이는 다른 재능 있는 사람들과의 만남을 지속하면서 되도록이면 주어진 환경에서 자신이 이룰 수 있는 최선의 임무를 선별해낼 수 있어야 한다. 미래의 창조자들은 다들 똑같은 이유로 문화의 중심지로 모여든다. 물론 꿈을 갖고 뉴욕으로 모여든 화가들의 작품이 휘트니 박물관 전시실에 걸리는 것은 아니다. 결국 그들 대부분은 보험 상품을 팔러 다니게 되거나 운이 좋으면 고등학교나 미술 학원에서 가르치게 된다. 하지만 그들에게 알맞은 그 시대의 영역과 분야에 접근할 수 있는 기회가 주어진다면 그들 역시 남보다 월등한 사람으로 선택될 수 있는 기회가 있지 않겠는가?

사회의 분야가 점점 더 전문화되어 가고 있기 때문에 훈련을 계속 받지 않으면 어떤 분야에서 두각을 나타내기 어렵다. 예컨대 80년 전에는 학사 학위를 취득하면 과학자가 될 수 있었는데 지금은 최소한 박사 과정을 거쳐야 한다. 야심 있는 예술가들도 줄리아드에서 대가와 함께 작업하면서 많은 시간을 보내야 한다. 단지 최첨단 분야, 예를 들어 소프트웨어 제작 같은 영역에서만 기존의 자격증 없이도 일하는 게 가능하다. 그러나 어떤 사람은 영원히 훈련만 받기도 한다. 하지만 적당한 순간에 그는 자신의 날개를 점검해 적대적인 환경에서 혼자 날아야 하는 위험을 감수해야만 한다.

유능한 지도자적 비범성과 관련된 요소들은 아직 덜 구체화되어 있다. 능력 있는 이야기꾼이 지니고 있는 성격적·언어적·실존적 기술들은 교실뿐만 아니라 거리에서도 습득할 수 있다. 그리고 누구나 감동할 수밖에 없는 명작을 쓸 수 있도록 하는 인생의 경험들은 사실 공식적인 학교 교육에 의해서 쉽게 획득되는 것이 아니다. 분명히 말하면 사람이 자신의 이야기를 '글쓰는 사람'을 시켜서 글쓰는 공식에 맞추어 쓰게 한다면 자율성을 잃게 된다. 그런 과정은 길게 보면 성공할 가능성이 희박하다.

지도자가 되고자 하는 사람에게 중요한 경험은 아마 전체적으로 거부당하지 않으면서 권위에 도전할 수 있는 기회를 갖는 것이다. 도전을 경험할 때 그 경험의 장점들이 토대가 되고 거기에 적절한 자신감과 겸손함이 어우러진다면 성공할 가능성이 높아진다. 다시 말해 그곳에서는 공식이란 가능하지 않다. 그러나 이런 종류의 도전에 영향을 미치는 역할 모델들을 살펴보고, 예측할 수 있는 저항에 대처하는 기회를 가져 보는 것은 중요하다. 히틀러조차도 공직을 차지한 유명인들에게 대적하기 위해 사전에 술집에서 대화를 통해 설득하는 법을 끊임없이 연습했다.

창조자가 되려는 사람이 해당 분야의 권위 있는 인물들과 직접적으로 대결할 필요는 없다. 그러나 그 역시 궁극적으로 같은 딜레마에 직면하게 된다. 왜냐하면 한 분야에서 어떤 두각을 나타낸다는 것은 그 분야의 권위 있는 부분의 변화를 가져올 것이기 때문이다. 버지니아 울프나 마사 그레이엄 같은 창조자들은 인습 타파의 상징적 산물을 통해 간접적인 방식으로 한 발자국 물러서서 권위에 도전한 사례다.

비범하고자 하는 사람들이 이런 비범한 모델을 관찰하게 된다면 비범성이 발현될 가능성이 높아진다. 즉, 이런 모델이 보여주는 교훈을 생각해보고, 핵심적인 부분을 연습해서 실제 상황에서 훈련을 받는 것이 중요하다. 그러나 사람들은 누구나 자신의 고유한 방식대로 비범성을 발휘하게 되므로 자신만의 고유한 이야기를 가진 새로운 대가, 창조자, 내관자, 지도자가 등장할 수 있다는 사실을 기억하는 것이 중요하다.

세 가지 주요 요인

◇▨◇

나의 연구는 비범한 성취를 이루게 한 세 측면, 특히 상호작용을 하는 역동적인 측면들에 초점을 맞추어왔다. 나는 이 세 요소가 대표적인 인물들의 삶 속에서 어떻게 나타나고 있는지 살펴볼 것이다.

●**자기 성찰**　어른이 되어 특정 분야에서 경지에 이르렀다고 해서 우리의 비범성이 자동적으로 싹트는 것은 아니다. 우리는 우리에게 일어났던 일, 그 일이 의미하는 것, 우리가 성취하려고 했던 것, 그리고 성취에 대해 이해하려는 노력을 기울일 필요가 있다. 성찰은 매우 귀중한 요소다. 장기간 자신의 소망에 비추어 매일 삶 속에서 일어나는 사건들을 의식적으로 꼼꼼하게 고려해보는 것이다. 이런 성찰은 잡지나 노트를 통해 또는 꼭 언어라는 상징적 기호로 이루어져야만 하는 것은 아니다. 피카소는 미술가로서 오랜 삶의 여정에서 거의 2백 권에 달하는 기록 노트를 남겼다. 그러나 그 노트 속에는 극히 몇 마디만이 들어 있을 뿐이다. 오히려 미술과 관련된 상징체계로 늘 사고하는 습관이 그에게 더욱

도움이 되었다.

이런 관점에서 네 명의 대표 인물을 살펴보자. 프로이트는 어려서부터 줄기차게 자신의 하고자 하는 것을 추구해나갔고, 그 길을 걸으면서 겪게 된 성공과 실패에 대해 언제나 성찰했다. 자신의 사례 연구에 대한 설명, 자신의 꿈에 대한 분석들은 그의 사고를 진전시키는 데 필요 불가결한 요소들이 되었고, 결국 직관이 어떻게 형성되었는가에 대한 프로그램을 만들어냈다. 버지니아 울프는 사람들과 나눈 대화나 기록된 글을 통해 스스로의 존재에 대한 사실상 거의 모든 측면을 성찰했다. 즉 에세이, 일기, 편지를 통해 자신을 성찰한 사례를 기록해놓은 것이다.

또 다른 두 가지 경우는 비록 차이가 있지만 역시 경렬한 자기 성찰을 보여준다. 간디는 매일 산책을 하면서 그날 일어났던 일을 다시 생각해보고, 가장 가까운 동지들과 정기적으로 전략 회담을 가졌으며, 언제나 신문·책·포스터 제작에 몰두했다. 이것은 매일 부딪혔던 도전에 대해 자신만의 고유한 성찰로 시도한 '진실에 대한 실험'이었다. 모차르트는 가족에게 쓴 많은 편지를 통해 그가 어린 시절에 자신을 성찰할 수 있는 능력이 있었음을 보여준다. 이 편지에 그날 일어난 사건에 대해 유쾌하게 부가 설명을 할 뿐 아니라 자신이 직면한 음악적 문제나 도전에 대한 토론도 적고 있다. 그러나 후반기에는 애석하게도 아버지와의 어려운 관계, 악화되어가는 그의 재정 상황에 대한 내용 외에는 사색의 글을 거의 찾아볼 수 없다. 그러나 그가 하이든의 현악 4중주에서 영향을 받아 6곡의 현악 4중주를 작곡할 때처럼 음악적 도전에 직면했을 때는 자신의 투혼이 담겨진 '악보'를 남기고 '존경스러운 하이든에게 바침'이라고 강조해 언급하는 대목은 우리에게 역시 성찰에 대한 교훈을 준다.

비범한 사람들에게는 자신에 대한 성찰뿐만 아니라 자신의 잠재적인 청중들, 즉 그들이 가족이건 친구건 동료건 최종적으로 창작품이나 작업에 대한 판단을 내려줄 무명의 청중이건 간에 그들의 의견을 성찰하는 것 역시 중요하다. 이제 이러한 인물에게서 얻어낼 수 있는 교훈은 분명하다. "다른 사람의 말에 귀기울이고 반응하라. 결코 제압당하지 마라. 자신에게 핵심이 될 수 있는 능력을 저버리지 마라." 그러나 비범한 사람으로 성장하기까지는 그 분야에서 유명한 사람들이 주는 교훈을 조심스레 받아들이는 것이 아주 중요하다. 성찰이란 의식의 활동이다. 다음에 언급할 두 가지 활동들도 뚜렷이 드러나지는 않지만 역시 중요하다. 그리고 그 활동들은 궁극적으로 성찰과 상호작용을 하고 있다.

●균형 잡기　　우리 모두는 한 가지 또는 그 이상의 여러 측면에서 표준으로부터 벗어나 있기 마련이다. 출생, 지능, 성격, 가정, 학교, 거리에서 겪게 되는 경험이 모두 다를 수 있다. 그런데 어떤 사람은 다른 사람에 비해 아주 많이 벗어나 있을 수 있다. 모차르트의 경우, 몸은 어린아이였지만 음악적으로는 이미 성인의 수준만큼 성숙해 있었고, 프로이트의 경우 반유대주의가 풍미하는 도시 빈에서 인정받으려고 한 유대인이었으며, 울프는 공식적인 학교 교육을 받지 않았으면서도 영국 문학의 새로운 장을 연 양성적

인 사람이었으며, 간디는 당대 세계 최강국의 정책을 변화시키고자 한 촌뜨기 인도인이었다.

그러나 비범한 인물들을 구별해내는 요소가 비동시성이란 의미는 아니다. 중요한 것은 그들이 남과 다른 점을 알아차리고 그 점을 활용했다는 것이다. 장단점의 균형을 잡는 능력은 자신의 취약 분야는 무시하고, 대신에 "내가 추구하려는 영역에서 경쟁력을 갖기 위해 나의 장점을 어떻게 활용해야 할 것인가"라는 질문을 스스로 제기하고 효과적인 답을 찾아 대응한다는 것이다. 가장 존경받는 과학자이며 작가인 스티븐 제이 굴드 Stephen Jay Gould 는 이런 점에서 모범이 된다. 그는 논리나 수학 분야에 강하지 못한 자신의 취약점을 한탄하면서 다음과 같이 말하고 있다.

모든 사람들은 자신에게만 고유하게 발달되어 있는 능력을 갖고 있다. 그러나 대다수가 자신의 독특성을 제대로 찾아내지 못한다. 나는 탁월한 자연의 여신으로부터 선물을 하나 받았다. 그 행운은 하나의 중심적인 전문 활동과 나의 독특성을 결합시킬 수 있는 행복한 능력이다. 나는 언제나 관련성이 없을 것 같은 사실들 속에서 합리적이고도 자연스러운 연결 고리를 찾아낼 수 있다. 이런 점에서 나는 시험 제조 기계와 같다.[2]

우리가 살펴본 네 인물들은 모두 독특한 방법으로 자신의 장점에 접근했다. 모차르트에게는 어려움이 없었다. 어린 시절부터 신동이었던 그는 단순히 모든 걸 자신의 음악 인생에 바쳤다. 프로이트의 장점 찾기는 힘든 과정이었다. 그는 과학자의 길을 걷기 위해서 언어·인성·능력 같은 자신의 장점을 활용하고 공간·논리 능력과 같은 자신의 단점을 보완해야 했다. 그는 신경학 분야에서 자신이 소원했던 바를 이루지 못했을 때, 사고나 조직을 잘하는 자신의 장점을 활용하여 동료들보다 우위에 설 수 있는 심리학 분야로 발길을 돌렸다.

버지니아 울프 역시 언어와 인성 분야에서 재능을 부여받았다. 그러나 그녀는 자신의 천재성을 남에게 영향을 미치는 쪽으로 활용하기보다는 자신을 성찰하는 방향으로 돌렸다. 그녀는 자신의 장점을 알고 있었지만 프로이트보다 비평 앞에서는 나약했다. 얼굴을 맞대고 대중들과 논쟁을 벌이는 것을 피하고 그녀는 자신이 가장 강한 분야에서 다른 사람들과 만났다.

간디는 자신의 정신과 인도인들에 대한 깊은 성찰로 독립을 위한 인도식 투쟁이라는 이상적인 저항 운동을 창조해냈다. 그는 자신이 훌륭한 학생이 아니었다든가 기성세대의 일원으로서 지녀야 할 신념이 부족하다는 사실을 걱정하지 않았다. 대신에 그는 모든 사람들과 동등한 인간이자 동료로 만나는 것을 중시했고, 그리하여 인종·계층·지역성에 따른 편견을 벗어날 수 있었다.

장점을 확인하게 되면 그에 따른 이점이 있다. 종종 새로운 시각으로 익숙한 문제를 보고 새로운 도전에 대응할 수 있으므로 난관을 돌파할 수 있게 된다. 정신 문제에 도전한 프로이트를 생각해보자. 그는 신생아부터 성인까지를 대상으로 하여 병리학에 몰두할 수 있었고, 간디는 서양인과 동양인의 관점을 접합시킨 사회적 투쟁 방법을 발견해냈다. 이런 재개념화는 한 문제를 다각도로 볼 수 있게 되면 성취할 가능성이 높아진다. 만일 어떤 사람이 한 문제에 대해 다각도로 생각할 수 있게 되면 이전에는 그 문제와 상관없다고 생각되었던 독특한 방식이 의미 있는 것임을 알게 된다. 한 개인이 어떤 문제를 공략하기 위해서 자신의 고유한 장점을 잘 이용하면 할수록, 그때까지 찾아내지 못했던 해결 방식을 찾아낼 가능성은 더 높아질 것이다.

●**틀짜기(프레이밍)**　자신의 독특한 점을 발견해내고 그것을 경쟁력 있게 이용할 수 있는 능력이 비범성의 세 번째 특성이며 이것에 '틀짜기'란 용어를 붙일 수 있다. 간단히 말해 틀짜기란 두 가지 능력을 포함하는데, 경험을 재해석하여 긍정적이고 적절한 교훈을 찾아내 에너지화하는 능력과 자신의 삶을 개선시키는 능력을 말한다.

사람들은 매일 좋은 경험과 나쁜 경험을 한다. 비범한 사람은 현실에서 도피하려고 하지 않는다. 그는 실패라는 붓을 가지고 성공의 그림을 그리지 않는다. 그렇다고 실패를 무시하지도 않는다. 중요한 것은 실패를 좋게 보라는 것이 아니라 거기에서 교훈을 얻으라는 것이다. 다른 사람들이 실패의 경험을 되도록 빨리 잊고 싶어할 때, 자신을 성찰하고 그 일을 거듭 검토하여 생각하고 미래에 어떤 식으로 살아갈 것인가를 식별해내라는 것이다.

그러한 도태와의 누적된 효과를 과소평가하지 말라. 장차 창조자나 지도자가 될 인물이 한 주에 하나의 경험을 하고 거기에서 중요한 교훈을 한 가지씩 배운다고 가정해보자. 몇 년 안에 수백 개의 경험이 쌓일 것이고 이런 성취를 이루게 되면 교훈을 얻어내지 못하거나 그런 경험을 완전히 소화하지 못한 사람과는 분명히 다른 독특한 위치를 얻게 될 것이다.

우리같이 평범한 대다수의 사람들에게는 특이하고 이상하게 보이는 것들이 비범한 인물에게는 생활의 일부가 된다. 그리고 그들의 수십 개의 색다른 경험이 우리의 삶과 큰 차이를 가져오지는 않겠지만 수백 개의 색다른 경험은 진정한 차이를 만들게 될 것이다.

나는 로널드 레이건의 색다른 경력을 대다수의 사람들이 과소평가하는 것이 놀랍다. 이는 아마 그가 일을 무리 없이 진행하려는 성향을 가지며, 자기를 낮추고, 지도자적 위치에 있는 사람들이 갖추어야 할 점이라고 기대되는 분석적 능력이 부족했기 때문일 것이다.

그러나 레이건은 인생의 틀짜기에 있어 대가의 수준에 이른 사람이었다. 그는 긍정적인 면을 찾기 어려운 확실한 실패 앞에서도 밝은 면을 찾아낼 수 있었을 뿐만 아니라, 더욱 중요한 것은 자신의 경험이 성공적이든 그렇지 않든 간에 거기서 교훈을 얻어 다음 위치에서는 그것을 자신의 틀로 삼았다. 대학 스포츠 해설가에서 백악관 주인의 모습을 상상해낸다는 것은 매우 어려운 일이다. 그러나 만일 라디오 아나운서로부터 이류 영화배우, 영화배우협회 대표, 제너럴 일렉트릭사의 순회 대변인, 캘리포니아 주지사에서 공화당 후보로 출마하기까지 그의 삶의 단계들을 추적해본다

9장 무엇을 배울 것인가?

면 상상 가능한 일이다.

앞에서 설명한 네 명의 인물이 틀짜기의 대표적 인물이 될 수 있는지 살펴보자. 모차르트는 기회와 승리로 장식된 어린 시절을 보냈으나 성인이 되자 계속적인 난관에 부딪혔다. 그는 이런 실패를 결코 무시하지 않았다. 그러나 작곡은 계속해야겠다고 결심했다. 점차로 인생을 자신의 작품에 대한 대중들의 반응에 비추어보기보다 오히려 자신이 세운 기준과 틀에 어느 정도 맞아떨어지는가를 생각하기 시작했다. 작곡에서 위안을 얻었고 정신적 중압감을 받지 않았다.

프로이트는 과학 영역에서 자신의 입지를 찾으려 했고 그 후 통찰력으로 다른 사람을 설득해내는 투쟁의 과정을 겪으면서 끊임없는 좌절에 직면해야만 했다. 그러나 좌절하기보다 오히려 그것을 자신의 길을 걸어가는 데에 교훈으로 받아들였고 때때로 자신을 설득하려고 했다. 몇 년에 걸쳐서 그는 자신의 관점에서 학문을 계속할 수 있는 기반을 만들었다.

버지니아 울프는 틀짜기 측면에서는 예외적인 인물이었다. 왜냐하면 그녀는 비판에 위협을 느끼기도 했고 결국 삶의 종결이라는 결정을 내렸기 때문이다. 그녀는 조울증이라는 짐을 벗어버릴 수가 없었다. 그러나 울프의 삶의 여정을 보면 그녀는 자신의 능력에 대해 점차 자신감을 갖게 되었고 차츰 혹독한 비판을 견뎌낼 수 있었다. 사실상 우리가 보아왔던 것처럼 그녀는 비판을 성공을 위한 자극제로 전환시키는 경지에까지 도달해 있었다. 이것은 성공적인 틀짜기의 대표적 예다.

마지막으로 마하트마 간디는 성인이 되자 어려움과 비판을 수용하는 놀라운 능력을 보였고 그것들을 유용하게 활용했다. 간디는 인생을 위해서는 나름의 청사진을 세워야 하며, 옳은 것을 추구하는 사람은 성공할 수 있다는 믿음을 가지고 있었다. 장애가 있더라도 그것으로 인해 그가 방향을 잃거나 하지는 않았다. 그는 자신의 힘으로 주변에서 일어나는 일들을 긍정적인 방식을 통해 인생의 틀로 만들 수 있었을 뿐만 아니라, 놀랍게도 동료들을 설득하여 그들 역시 패배가 분명한 순간에서도 승리를 낙관할 수 있는, 틀을 가진 사람들로 만들었다.

만약 우리가 인간의 잠재된 비범성을 이 세 가지 측면에 비추어 살펴본다면 그 중요성을 쉽게 이해할 수 있을 것이다. 만일 어떤 사람이 결코 자신의 경험을 성찰해보지 않는다면 그는 그런 경험으로부터 아무 이득도 얻을 수 없을 것이다. 자신을 성찰하지 못하는 사람은 세계를 변화시키는 데 부적합하다. 만일 누군가 자신의 능력을 최대한 이용하려고 노력하지 않는다면, 장점을 제대로 활용할 수 있는 사람과 비교할 때, 불리한 쪽에 서 있는 자신을 발견하게 될 것이다. 마지막으로 만일 그가 모든 일에서 똑같이 성공하려고 하거나 단순히 사람의 비평이나 반응에만 귀기울인다면 그때 그는 남다른 성취를 이루는 길을 걸어갈 수 없게 될 것이다. 그런 태도는 의미를 찾아내고 성장할 수 있는 능력이 부족한 것이며, 이는 분명히 부정적인 경험을 통해서 인생을 자신 있고 효과적으로 이끌어 갈 수 있는 교훈을 얻는 능력을 상실하고 있는 것이다.

내가 밝혀온 이 세 가지 측면은 서로 밀접하게 연관되어 있다.

성찰은 가장 기본적인 능력이자 자신을 거리를 두고 바라볼 수 있는 능력이며 자신의 경험을 효과적인 자기 발전으로 이끌어 갈 수 있는 필수적인 능력이다. 이런 성찰은 전형적으로 두 가지 방향으로 진행된다. 하나는 자신의 강점과 약점에 대한 검증의 방향, 다른 하나는 매일의 경험에서 얻은 교훈에 대한 검증의 방향이다. 때때로 이런 성찰이 분명히 드러나기도 하나 내면화된 습관처럼 은연중에 일어날 수도 있다. 실제로 사람은 자신 인생의 틀을 짜거나 토대를 쌓거나 장점을 찾으려고 할 때 자신을 성찰하는 노력을 하게 된다.

어떤 사람도 자신의 운명을 완전히 통제할 수는 없다. 즉 우리의 장점은 역사를 통해서만 의미 있게 나타나며, 우리의 경험은 대개 우연한 기회를 통해 찾아온다. 그러나 장점을 찾아내고 이런 경험을 자신의 틀로 만들 수 있는 기회를 포착할 때 운명에 대한 통제가 가능해진다. 그리고 그러한 통제력으로 앞으로의 경험을 다룰 수 있는 더 강한 위치에 자신을 올려놓음으로써 자신의 장점과 가능성에 대한 인식을 바꿀 수도 있다.

평범한 사람들을 위한 교훈

✧ ❀ ✧

대다수의 사람들은 위대한 창조자, 위대한 대가, 위대한 내관자, 위대한 지도자의 경지에 도달할 수 없다. 사실상 이것은 논리적 귀결인지도 모른다. 고정적인 청중이나 평가를 내려줄 수 있는 판단가들이 없다면 잠재적으로 뛰어난 성향을 지닌 사람이라도 그들의 능력을 발휘하여 영원한 업적을 남길 수 있는 활동 무대에 제한을 받을 것이다.

나는 평범한 사람과 비범한 사람의 차이가 어렸을 때는 비교적 적었으나 점점 더 질적으로 분명해지고 커진다고 주장해왔다. 베토벤이나 울프, 히틀러, 간디가 한 살이었을 때는 우리와 비교한다고 해도 그리 큰 차이가 나지는 않았을 것이다. 그러나 스물다섯이나 쉰이 되면 우리와 그들 사이의 차이는 엄청나다. 만일 피아니스트 알프레트 브렌델이 보통 사람과 차이가 없는 사람으로 시작했다면 그는 비범한 사람의 부류에 속하기까지 많은 것을 성취해야만 했을 것이다.

그렇다면 평범한 사람들은 이런 비범한 사람들로부터 어떤 교훈, 특히 우리들의 삶에 의미 있는 교훈을 이끌어낼 수 있을까? 내 대답은 긍정적이다. 내가 설명해온 네 명의 비범한 인물을 통해서, 이런 비범한 사람들에게 나타나는 세 가지 특성에서 그 답을 얻어낼 수 있다.

우리는 삶 속에서 불가피하게 한두 분야에서 주로 일하게 된다. 보통 사람들도 지속적인 노력을 통해 한 분야의 핵심적인 능력을 습득하여 높은 수준에 이를 수 있다. 즉 최소한 전문가의 수준에 도달할 수 있다. 그러나 우리는 그 분야에서 최고의 작품을 만들어낼 수 있는가, 혹은 우리에게 의미 있는 방식으로 그 영역을 변화시켜야 하는가 하는 선택의 문제에 직면하게 된다. 피카소가 했던 방식처럼 우리 모두가 화단에 새로운 혁명을 가져올 수는 없다. 또는 요리사처럼 새로운 요리법을 만들어 요리할 수는 없다. 그러나 우리는 가장 가까운 사람들에게 기쁨을 가져다주는 것과 같은 식으로 이 분야를 변화시켜나갈 수는 있다.

대인 관계로 돌아와서 자신을 깊이 성찰하거나 다른 사람에 대해 영향을 미치는 능력은 인간 조건의 일부다. 그러므로 우리가 할 수 있는 일은 기존의 세계를 맹신하느냐, 아니면 새로운 길에 과감히 도전하느냐 둘 중 하나다. 우리가 울프처럼 내면 성찰의 깊은 곳까지 도달하거나 프로이트와 간디가 했듯이 다른 사람에게 영향을 줄 수는 없다. 그러나 좀 더 평범한 분야에서 자신에 대한 통찰력과 다른 사람에 대한 직관이 우리에게 가까운 다른 사람들에게 긍정적인 영향을 미칠 수 있다는 데에는 의심의 여지가 없다.

네 명의 비범한 인물들이 성취한 분야 중 하나 또는 그 이상에서 성공을 이룰 수 있는가의 여부는 내가 밝혀온 중요한 세 가지 측면에 달려 있다. 만일 어떤 사람이 인정된 영역에서 어떤 영향을 미치거나 또는 이 세계에 영향력을 발휘하기 원한다면 그는 규칙적으로 자기 성찰을 해야 하며, 자신의 뛰어난 영역을 감지하고 가능하면 최대한 그것과 자기의 장단점을 균형 있게 엮어나가야 하며, 마지막으로 패배에서 좌절하기보다는 실수로부터 교훈을 얻을 수 있는 자세로 혹독한 경험들과 미래의 경험을 예상하면서 새로운 삶의 틈짜기에 성공해야 한다.

언제나 중요한 것은 비범성과 높은 기준에 주목하는 것이다. 세계를 변화시키거나 개인적인 존재로서 최고에 도달하길 원하든 그렇지 않든 간에 언제나 약간 높은 것을 목표로 해야 한다. 일본인들은 매일 약간씩 발전하려는 노력, 즉 그들 말로 '가이젠^{改善}'이라는 것에 대해 말한다. 비록 개선의 발걸음이 세계적인 인물이 되는 데 충분치 않을지라도 그로 인해 더 나은 실천과 성취를 이루게 될 것이다. 사회 비평가인 존 가드너는 그의 〈우월성^{excellence}〉이라는 글에서 이 점을 꼭 기억해야 한다고 서술했다.

> 배관 작업이 비천한 일이라는 이유로 그 작업에서 탁월성을 인정하지 않는 사회는, 그리고 철학이 고상한 활동이라는 이유로 철학에서의 조잡함도 미화하는 사회는 훌륭한 배관술도, 훌륭한 철학도 갖지 못할 것이다. 배관 방법과 철학의 이론 그 어느것도 정연해지지 못할 것이다.[3]

종종 나는 "어떻게 하면 더욱 강력한 창조자가, 더욱 성공적인 지도자가 될 수 있을까?"라는 질문을 받는다. 슬프게도 자신의 생물학적 상태와 성인기의 자신의 지적 강점과 인성을 통해 이룰 수 있는 일이란 그리 많지 않다. 이것들을 통해서 단지 테두리 정도만 다듬을 수 있을 뿐이다. 그러나 시인이 됐건 배관공이 됐건 자신의 영역을 연구하고 그 궤적을 예측해보려는 노력을 통해 많은 것을 배울 수 있다. 같은 논리로 사람은 자신의 존재, 조작 형태, 판단이 내려지는 관련 분야의 사람들이 12명이건 1만 2천 명이건 그들을 이해함으로써 교훈을 얻을 수 있다. 성인기에 이르러 유리한 위치를 점할 수 있는 방법은 종종 그 영역과 분야의 작용에 대한 세심한 평가를 통해 그 영역의 기술을 정복하는 것이다.

또 "나는 뛰어날 수 있을까?"라는 질문에 "그럴 수도 있고 그렇지 않을 수도 있다"라는 답을 할 수도 있다. 왜냐하면 그 분야라는 것은 오랜 시간 천천히 움직이기 때문에 본인이 비범했다는 것을 깨닫지 못한 채 죽을 수도 있기 때문이다. 반면에 그 분야가 아주 미묘하기 때문에 본인이 뛰어나지 않다는 것을 알지 못할 수도 있다.

이런 의문에 대해 한 가지 더 중요한 점을 언급하고자 한다. 당신이 축복받았건 저주받았건, 다른 사람과 비교해서 당신의 독특한 점을 찾아내 그것을 최대한 이용하라는 것이다. 당신의 독특한 점을 이익이 되게, 축복을 받을 수 있게 만들어라. 많은 경험을 쌓아라. 그 경험은 자신에게 소중한 것이 되기도 하고 자신을 자극할 수도 있다. 그리고 그것을 가장 긍정적인 방식으로 추슬러라. 여기에서 긍정적이란 것이 반드시 자기 만족을 의미하지는 않는다. 오히려 그것은 당신에게 생긴 일들을 미래의 자신에게 가장 득이 될 수 있는 방향으로 이해하려고 노력하는 것을 의미한다.

나는 이런 측면들을 검토하면서 이 내용들이 특별히 이 책의 독자들에게는 놀라운 사실이 아니라는 것을 알고 있다. 이 책에서는 지적하지 않은 특징이 있다는 데도 주목하라. 예를 들면 그 어떤 사람의 유전자, 종교, 형제 관계, 정치나 이데올로기들을 강조하지는 않았다. 나는 세상에 의미 있는 것을 만들어내기 위해 상당 기간 동안 일련의 요소들이 복합적으로 작용하도록 한 어떤 사람의 인생의 초상을 그려내기를 희망했을 뿐이다.

미래를 위한 비범성

사람들은 그들 주변에 널려 있는 도구를 사용하는 능력을 통해 그들의 비범성을 이루어왔다. 최초의 창조자는 도끼나 칼을 휘두르는 실력으로 자신의 부족을 이끌 자격을 인정받았고, 지도자는 잘 무장된 부대를 지휘하여 세상을 정복했다. 예술가나 과학자들은 언제나 사회의 가장 선두에서 혁신적인 것들을 주도해왔다. 그리고 모든 작곡가들이 전자 음악을 만들거나 모든 그래픽 예술가들이 컴퓨터를 이용한 디자인을 이용하지 않는다 해도 장차 예술가가 될 사람들은 이런 의사소통 도구를 무시해서는 안 된다. 사실 유명한 영화 감독이며 제작자인 조지 루카스의 말에 따르면, 영화는 더 이상 로케이션을 나갈 필요가 없으며 그 비용의 극히 일부를 가지고 전자 스튜디오 내에서도 제작할 수 있다고 한다.[4]

그러나 지금까지는 인간이 모든 것의 중심이었다. 우리는 컴퓨터 프로그램을 설계하고 컴퓨터를 언제 사용할지를 결정할 수 있기 때문에 비범한 것이다. 만일 컴퓨터가 인간의 능력을 넘어서는 어려운 문제를 제시하는 시대가 온다면 비범성은 그런 문제를 풀기 위해 존재할 것이다. 그때에는 도구가 아닌 것들, 즉 고통, 취약함, 유한성 등이 더욱 중요한 요소가 될지, 오히려 그 의미가 약화될지는 아직 잘 모른다.

생물학적 관점에서의 발달에도 비슷한 염려가 있을 수 있다. 우리는 유전공학이 중요한 영향을 미치는 시대에 빠르게 접근해가고 있다. 곧 우리는 특정 유전자 또는 유전자군이 어떤 성격 조합

9장 무엇을 배울 것인가?

(우울증, 강박증, 모험성, 성격적 균형)을 만드는지, 어떤 인지적 능력 (높은 학업 적성, 음악적 재능, 신체 기술)에 중요한지를 알게 될 것이다. 만일 우리가 이런 입장에서 인간을 키우거나 유전공학의 형태에 관여한다면 그때 비범성은 생물 실험실이나 공학 실험실에서 여전히 필요한 것이 될 것이다.

내가 서술한 엄청난 일들이 비현실적인 이야기로 끝날지, 아니면 놀라운 속도로 실제로 우리에게 닥쳐올지는 아무도 모른다. 그러나 만약 이러한 가능성들이 현실화될 때엔 그 상황이 서서히 전개되어온 우리의 문화 제도와 전통에 대변혁을 가져올 것임을 의심할 여지가 없다. 그 깊이를 알 수 없는 이러한 도전에 성공적으로 대처하기 위해서는 창조성과 지도성이 혼합된 특이한 비범성이 필요할 것이다.

어떤 일은 언제나 사람들의 통제권 밖에 있는 것 같은 느낌을 준다. 그리고 역사를 통해서 많은 사람들은 대부분의 사건들이 그들의 기호나 기질에 맞추어 진행되어오지는 않았음을 감지한다. 우리의 변화 정도와 취향이 우리를 압도하는 시대에 살고 있음은 분명하다. 그 어느 누구도 컴퓨터의 고속화, 네트워킹, 레이저 공학, 냉전 종식, 세계 조직의 출현, 새로운 원리주의와 부족주의가 우리 삶에 던지는 함의를 완전하게 예언하지는 못한다. 칼럼니스트 제인 브라이언 퀸은 최근에 다음과 같이 냉소적으로 말했다. "당신은 지금 무슨 일이 일어나고 있는지 안다고 생각하는가. 실제로 당신은 지금 진행되고 있는 일에 대한 단서조차도 잡지 못하고 있다."

이런 상태는 일반적으로는 인간 발달에, 특히 전문성이 필요한 분야에 급진적이면서도 문제가 될 만한 시사점을 던져준다. 이전 시대에는 대부분의 사람들은 자신이 이상적이라고 생각하는 세계를 형성해나갈 후손을 키워낼 수 있다는 상당한 자신감을 갖고 있었다. 최근까지도 현대사회에서 의사, 변호사, 회계사같이 중요한 직업과 공장 직공, 가정 청소부, 병원 잡역부 같은 노동 직업의 역할이 지속될 수 있었다. 사람들은 또한 직장, 공장, 학교, 병원, 미술 센터같이 중요한 기관들을 존속시킬 수 있었고 이런 기관에서 일하는 고급 인력들을 안정된 직업을 지닌 혜택받은 사람들이라고 생각했다.

이제 이런 모든 것이 바뀌었다. 의사의 역할은 지난 100년보다 최근 20년 사이에 더 많이 변했다. 컴퓨터나 로봇은 우리 인간이 수행해온 많은 역할을 대신할 수 있다. 병원이나 회사같이 너무 익숙한 기관들이 근본적인 변화에 직면하고 있어서 미래사회에서는 이런 것들이 보이지 않을지도 모른다. 대부분의 시민들에게 가장 고통스러운 것은 이제 더 이상 직업상의 보장이 없다는 것이다. 사람들은 그들이 살아가는 동안에 직업과 삶에 대한 자세를 바꾸어야 할 것이다. 거의 모든 사람들은 구조적인 실업이나 자신의 머리에서 떠나지 않는 시대에 뒤떨어진 기술이나 '데모클리언의 검(항상 몸에 다가오는 위험)'을 머리에 이고 살아가야 한다.

어떤 사람들은 이런 변화를 환영한다. 반면 나를 포함한 많은 사람들은 이런 변화에 어려움을 느낀다. 분명히 각 개인들은 자신에게 닥친 도전이나 위협, 새로운 기회를 다루는 정도에 있어 매우 큰 차이를 보여준다. 그 범위는 에리히 프롬이 말하는 '자유로부터의 도피'를 원하는 사람으로부터 그들이 익숙치 않은 도전에 직면할 때 미하이 칙센트미하이의 용어로 '범람'을 겪게 되는 사람까지 다양할 것이다. 내가 연구하는 관점에서 비범한 업적을 성취할 가능성이 가장 높은 사람은 바로 열의 있는 창조자일 것이다. 그들은 친숙한 것을 못 참아내거나 싫증을 내며 새로운 것을 좋아한다. 그와 반대로 미지의 것에 놀라거나 위축되는 사람들은 그들의 전문 분야 속에 갇혀서 최소한 그의 일생 동안, 그리고 자신의 자식들까지도 이렇게 사는 것이 충분하다고 생각한다.

그러나 미래에 대해서 이것 혹은 저것이라는 이분법은 너무나 극단적이다. 그러므로 특별히 환경이 우호적일 때 어떤 모험을 시도하는 사람과 변화가 너무나 빨리 그리고 예상치도 않게 진행될 때 변화에 압도되는 사람들을 구분해보는 것이 의미 있을 것이다. 사실은 사람마다 변화를 수용하는 한계의 정도는 유전적 요소와 그들이 겪는 경험에 있어서 서로 다르다. 즉 사람들은 그들이 가진 염색체와 그들이 전에 어떤 삶을 살았으며, 미지의 세계에 가능한 새로운 경험에 회의를 가지며 두려워하느냐 등에 의해 변화의 수용 정도를 형성해왔다. 강점과 약점의 균형을 잡는 능력이 이곳에서부터 어떤 차이를 이루다가 이 작업이 망상의 일종이 되면 더 이상 진전하지 못한다.

대다수의 평범한 사람들은 시나 소설을 쓰는 것처럼 위대한 비범성은 아니지만 '그런대로 비범한' 활동에 참가하는 데 만족하고 있다. 단지 소수만이 '위대한 비범성'에 도달하기 위해 노력하여 스타의 자리에 앉을 재능과 용기를 갖고 있다. 그리고 실제로 그들의 기여는 인간 경험의 중요한 분야를 새로 개척하는 데 도움을 줄 것이며, 이런 사람들은 앞으로 다가올 모험적이고 새로운 세계에 계속해서 늘어나는 책임을 수용해야 할 것이다.

인간적 비범성

우리는 비범한 스승들로부터 몇 개의 단서를 얻어 나의 작업을 낙관적으로 매듭짓고 싶다. 이 지구에 존재하는 인간들의 문화적 다양성 때문에 개개인들이 나름대로 뛰어날 수 있으며, 또한 차별화될 수 있는 여러 가지 방식이 존재한다. 우리는 정신과 마음의 유한성과 의사소통의 제한성 때문에 단지 소수의 비범한 사람들의 예에만 집중하는 경향이 있다. 예컨대 루터, 모차르트, 그레이엄과 같은 사람들에 대해서만 이야기한다. 우리의 삶 속에서 우리 모두는 인생의 질적인 차이를 만들어내는 예상 밖의 많은 사람들을 알고 있다. 《미들 마치》의 마지막 부분에서 조지 엘리엇은 여주인공 도로시아에 대해 다음과 같이 쓰고 있다.

그녀 주변에 있는 사람들에게 그녀의 존재는 헤아릴 수 없을 만큼 널리 퍼져 있다. 왜냐하면 이 세계의 선善의 증가는 역사적으로 빛나는 행위에만 의존하는 것은 아니기 때문이다. 그리고 어떤 일들이 그럴 가능성이 있었는데도 당신과 나에게 그렇게 나쁘지 않았던 것은 어쩌면 그것의 반 정도는 드러나지 않은 은둔의 삶을 충실하게 살았던, 그리고 쓸쓸한 무덤 속에 묻혀 있는 사람들 덕택일지도 모른다.[5]

지금까지 우리는 엄청난 사치를 누려왔다. 우리는 단지 몇 년 동안 이것을 사용하고는 영원히 잃어버렸다. 한때 우리의 재능을 어떤 방식으로든 자유롭게, 충분히 개발할 수 있도록 허락해준 사치도 있었다. 이렇게 자기 능력을 개발할 수 있는 기회는 어렵게 획득된 것으로, 주로 서양에서, 그리고 17세기 이후에 이루어져온 것이다. 그전에는 사람들이 대중들과 다르게 비범성을 드러내도록 동기화되지 않았다. 그렇게 비범성을 드러낸 사람에게는 판테온 신전의 꽃장식의 수만큼이나 무수히 사형 선고가 내려졌다.

이 책의 독자를 포함한 많은 사람들은 우연하게 자기 재능을 개발할 수 있는 혜택을 받았다. 나를 포함한 많은 사람들이 자신의 마음을 자유롭게 조정할 수 있는 기회를 포기하지도 않고 다른 사람으로부터 이 기회를 박탈하지도 않는다.

그러나 세계를 파괴하거나 급진적으로 재구성할 수 있는 가능성이 커짐에 따라, 그리고 문명이 점차적으로 우주적인 것이 됨에 따라 우리는 새로운 시대의 딜레마에 봉착하게 된다. 만일 우리가 스스로를 창조자나 지도자로서 결과에 신경쓰지 않고 자신의 능력을 자유로이 표현하도록 한다면 방향을 잃은 유전 실험 덕에 이 세계에서 더 이상 살기가 어려워질 수도 있다. 이와는 반대로 만약 아테네 이후의 스파르타처럼, 바이마르 공화국 이후의 나치에서처럼 표현의 자유를 가혹하게 억압한다면 훌륭한 뜻을 지닌 많은 사람들이 그렇게 오랜 세월에 걸쳐 획득해낸 선행 의지에 대한 자유를 위축시킬 것이다.

미하이 칙센트미하이와 윌리엄 데이먼, 그리고 나 세 사람은 우리 문제의 해결에 적절한 단어를 만들었다. 우리는 그것을 '인간적인 창의성'이라고 불렀다. 우리는 자신의 정신과 자원을 자유롭게 사용할 수 있는 무한한 기회를 가지면서 동시에 인간을 위해 사용해야 하는 의무를 느껴야 한다. 검열이 필요하다고 요구하는 것이 아니라 사람이 만들어낸 것과 그것이 미칠 영향에 대해 사회·경제·정치·문화적인 측면에서 계속 신중하게 이해해야 한다는 것이다. 개인이든 조합이나 학파의 구성원이든 간에 비범한 일에 참여할 기회를 갖고 있는 사람들은 그 일을 책임 있게 사용하기 위해 모범적으로 노력해야 한다. 마찬가지로 이런 비범한 사람들은 자신들이 노력해야 하는 합리적 이유를, 그들이 지지해주고 그 결과를 안고 살아나가야 하는 사람들에게 설명해주어야 한다. 우리는 한 사람의 창작품에서 나오는 결과에 대한 책임을 전가할 수는 없다. 다시 말해 우리는 우리의 창작품, 언어 사용, 발명품에 대한 책임을 종교나 법원이나 다른 지역이나 사회에 전가할 수는 없다. 오히려 그런 각성은 각자가 책임져야 할 몫이며, 비록 전적인 책임을 질 수는 없을지라도 그것은 획기적으로 새로운 창작품을 만들어낼 개인이 져야 할 것이다.

인간적 비범성이라는 씨앗은 존재한다. 이 씨앗은 전통적으로 예술과 전문적인 영역의 핵심 주도 원리들에 부분적으로 존재해 이 사회를 이끌어왔다. 예를 들어 의사를 위한 히포크라테스식 맹

세, 학자들의 진실성 추구, 법관의 정의에 대한 집착과 노력, 정치가들의 중립성 등이 이에 해당된다. 그러나 안타깝게도 이런 신념과 실천이 최근에 와서 희미해지고 빛을 잃었다. 왜냐하면 자기 흥미에 취했거나 판매에 대한 강력한 유혹을 받기 때문이었다. 그러나 아직 이들은 완전히 사라진 것이 아니며 아마도 다시 희생될 수 있을 것이다.

여기에 인간적인 차원의 이야기가 있다. 사람은 도덕에 관한 책들을 수백 권 만들어 낼 수 있고 모든 인간을 위해 윤리 강좌를 열 수 있다. 그러나 모두는 아니더라도 재능 있고 전망 있는 재원들의 일부가 인간적인 비범성의 살아 있는 모범으로서 역할해야 한다. 그러지 못하면 이들은 이런 문제를 심각하게 받아들이지 않고, 또한 삶을 위해 어떻게 그것과 싸워야 하는지 모르게 된다. 그러므로 교육자들이 그 조류에 대항하여 사려 깊은 창조력을 줄 비범한 사람들과 제도를 확립하는 것이 중요하다. 조지 워싱턴, 닐스 보어, 마틴 루서 킹, 도러시 데이와 같은 과거의 인물들을 연구하고, 그들이 영향을 미치는 수단들이 무엇이었는지 이해한 뒤, 그들이 현대의 우리 사회 속에 도움을 줄 수 있도록 재탐구해야 한다. 바로 여기에 비범성을 연구하는 궁극적인 목적이 있다. 그들은 비범하다고 말하기 어려운 평범한 사람들이 그들의 삶을 그려낼 수 있는 가장 좋은 지표를 제공해줄 수 있는 것이다.

이런 연구를 할 때 비범한 사람들의 문제적인 부분들을 부정해서는 안 된다. 지그문트 프로이트, 마하트마 간디, 토머스 에디슨, 마리 퀴리의 이야기는 크게 보면 고무적인 예들이다. 그러나 눈에 잘 보이지 않는 미세한 점에도 주의를 기울여야 한다. 인간은 신처럼 될 수 있는 동시에 동물처럼 될 수 있다는 것을 명심해야 한다. 사실상 영웅에 대한 지나친 집착은 불가피하게 과거에 이상주의자들이 가졌던 환상에 빠지게 할 수도 있다. 그러나 부분적으로 그런 예가 없다면 우리는 창의성, 리더십, 영혼 속에 들어 있는 더욱 인간적인 면은 무엇인가에 대해 생각도 할 수 없게 된다. 그러므로 이미 내가 공언해온 것처럼 이 책을 처방전이 아니라 설명을 하려는 목적으로 쓰려고 했음에도 불구하고 나는 이 책이 고무적인 저술이 되기를 바란다.

비범성에 대한 과학적 탐구

|

역사의 도도한 흐름은 민중의 힘에 의해 밀려가지만, 그 힘이 에너지가 되어 어느 방향으로 어떤 계기를 통하여 분출하는가는 창조적 소수에 의해 결정된다. 대다수의 사람들은 음악과 미술 그리고 무용을 즐기고, 그렇게 예술을 즐기는 사람들 때문에 예술의 역사는 지속되는 것이다. 그러나 그런 예술에서 새로운 장르를 찾아내고 새로운 깊이와 맛을 개척해내는 것은 창조적 소수다. 예컨대 음악에서는 모차르트와 베토벤, 미술에서는 피카소와 고흐, 무용에서는 마사 그레이엄 등이 여기에 속한다. 평범한 대다수는 과학의 혜택을 행복하게 누리고 있을 뿐이지만, 그런 과학의 새로운 장르와 편리한 기자재를 만들어낸 사람들은 아인슈타인, 마담 퀴리 그리고 에디슨 같은 비범한 소수다. 민중들의 결집된 힘이 역사의 진로를 바꾸게 하지만, 그런 혁명과 변혁의 계기를 만드는 것은 소수의 비범한 사람들이다. 예컨대 마르틴 루터, 마하트마 간디, 카를 마르크스 등이 그렇다.

그래서 인간의 삶의 의미와 그 역사를 제대로 이해하려면 대중의 힘과 그 힘의 작용 원리를 연구하는 일과 아울러 창조적 소수자, 즉 비범한 사람들에 대한 연구도 필요하다. 근대에 접어들면서 인문과학과 사회과학이 대중이라는 집단을 연구하는 데 몰두하게 되면서부터, 소수의 엘리트 계층(귀족, 부유층, 권력자)에 대한 부정적 감정을 내포하게 된다. 그 여파로 소수의 창조적 엘리트에 대한 무관심도 덩달아 파급되기에 이른다. 흡사 창조적 소수에게 관심을 보이는 것이 역사가 민중의 힘에 의해서 주도된다는 사실을 부정하는 것이라도 하듯이 말이다.

하워드 가드너의 이 책은 이런 편견에 정면으로 도전한다. 이 책에서는 역사는 비범한 소수에 의해서 변혁의 계기를 만들고 단서를 얻게 된다는 주제를 다룬다. 이런 전제를 바탕으로 가드너는 교육심리학적 관점에서 비범성의 비밀을 탐구하고 있다. 그는 이 책에서 비범한 네 사람(모차르트, 프로이트, 버지니아 울프, 간디)의 사례를 분석하면서 비범한 이들의 공통점과 상이점을 추적한다. 아울러 그런 특성들이 평범한 일반인들 속에는 어떻게 잠재되어 있는지를 논의하고, 마지막으로 그런 비범성의 특징들이 어떻게 생산적으로 일반인들의 일상생활 속에서 활용될 수 있는지를 교육적인 관점에서 논의하고 있다.

비범성이라는 말은 지금까지는 특히 IQ와 예술적 재능과 관련해서 언급되었다. 이러한 비범성의 연구의 역사적 맥락과는 다르게 가드너는 자신이 이미 주창했던 다중지능 이론 Multiple Intelligence

옮긴이의 말

Theory의 맥락에서 비범성의 비밀을 풀어내고 있다. 그러한 지적 능력에 대한 연구에 더하여 그는 비범성의 탐구가 비범한 사람의 개인적 특징person, 적성에 맞는 분야domain, 그리고 그의 업적을 인정해주는 영역으로서의 사회field의 세 가지 측면에서 이루어져야 한다고 주장한다. 이 세 가지가 창조적 소수를 규정하는 조건이기도 하다. 따라서 비범한 인물은 선천적 특성만의 산물이라기보다는 그에 상응하는 교육 경험과 사회적 조건이 구비될 때 나타날 수 있다. 이 책에서는 비범성이 가지는 이러한 측면과 조건에 따라 네 가지 유형의 인물을 잘 분석해내고 있다.

모차르트는 다중지능 중에서 음악 지능이 탁월한 인물이었다. 그는 자신의 가정 및 시대적 환경 속에서 천재성을 키워나갔다. 프로이트는 다중지능 중에서 대인 지능과 언어 지능, 내성 지능이 높았던 인물이다. 이러한 자신의 지적 특성을 인식하고 순수한 과학자가 아닌 정신분석이라는 새로운 영역을 개척했다. 그는 새로운 영역의 개척에 비범성을 드러내기 위해서 필요한 사회적 지지를 적절히 활용했다.

울프는 내성 지능과 언어 지능을 강점으로 가지고 있었던 인물이었다. 그녀는 여성에게 교육의 기회가 거의 주어지지 않았던 시대의 역경을 무릅쓰고 문학의 영역에서 당당하게 자신의 비범성을 드러냈다. 또한 간디는 내성 지능과 대인 지능이 높았던 인물이었다. 이런 자신만의 지적 특성을 가지고 독특한 경험을 자신의 비범성을 드러내는 방향으로 재해석하면서 새로운 형식의 저항운동을 만들었다.

이 책에서 가드너의 핵심적인 관심은 이러한 비범한 인물들 그 자체가 아니다. 그런 인물들을 연구하여 평범한 이들 속에 잠재된 비범성과 그 가능성이 완성되기까지의 비밀을 풀어내는 데 더 큰 관심이 있었다. 가드너는 이 비밀의 꾸러미를 비범성의 세 가지 구성 요소와 발달 과정의 묘사를 통해 풀어내려고 한다.

비범성의 세 가지 구성 요소란 사람, 물리적 대상, 그리고 상징적 실체를 말한다. 즉 어떤 인간적 특질을 가지고 있는가 하는 인간적 측면, 주변의 사물과 대상에 대해 어떤 관심을 가지고 있는가 하는 대상적 측면, 그리고 어떠한 상징체계(언어, 색깔, 음계, 논리 등)에 관심이 있고 능숙했는가 하는 상징적 측면이다. 발달 과정의 묘사란 타고난 비범한 특성들이 연령과 더불어 가정, 교육, 그리고 기타 사회환경적인 조건에 따라 어떻게 변화하는지를 살펴보는 것이었다.

가드너는 세 가지 구성 요소와 발달 과정의 분석을 통하여 비범성에 대해 제기되는 중요한 질문의 해답을 제시한다. 왜 그토록 많은 비범성의 가능성을 가진 사람들이 비범해지기도 하고, 또는 그 비범성을 상실하게 되는가를 설명하며 우리 자신의 비범성을 어떻게 발견해내고 또 어떻게 키울 수 있는지, 그리고 결코 간과해서는 안 되는 문제인 비범성과 사회적 책임을 어떻게 관련시킬 수 있을지에 대한 답을 제공하고 있는 것이다.

또한 가드너의 말대로 비범성이란 수년, 수십 년 된 경험의 결과이지 며칠 만의 교육과 훈련으로 이루어지는 것은 아니기 때문에 가능성 있는 아동과 청소년에게 어떤 소질을 개발하도록 안

옮긴이의 말

내하고 어떤 교육적 경험을 제공해주어야 하는가도 중요한 문제인데, 가드너는 이러한 부분도 놓치지 않고 꼼꼼하게 풀어나가고 있다.

이 책은 비범성을 중요한 연구 주제로 인식하고 이를 하나의 학문 분야로서 설정하려는 하워드 가드너 자신의 야심에 걸맞게 비범성에 대한 과학적 탐구의 가능성을 열고 있다.

이 책은 분명히 가드너의 이 분야 연구에 대한 집대성이다. 자신의 지적인 강점을 최대한 살려 더욱더 의미 있는 삶을 살려는 청소년과 어린이를 기르고 가르칠 우리나라의 모든 부모와 교육자들은 이 책에서 큰 시사점을 얻게 될 것이다.

이 책의 번역에는 서울대 교육학과 석·박사과정 학생들의 강독과 토론의 도움이 컸다. 이에 지속적인 관심을 보여준 류숙희와 김현진에게 고마운 마음을 전한다.

문용린

참고문헌

Alvarez, A. (1996). The playful pianist. *The New Yorker*, April 1, 1995, pp. 49~55.

Arnold, K. (1995). *Lines of Promise*. San Francisco: Jossey-Bass.

Astington, J. (1994). *The child's discovery of mind*. Cambridge: Harvard University Press.

Bamberger, J. (1982). Growing up prodigies: The mid-life crsis. In *Developmental approaches to giftedness*. Ed. D. H. Feldman. San Francisco: Jossey-Bass, pp. 265~279.

Banks, J. T. (Ed.) (1989). *The Selected letters of Virginia Woolf*. New York: Harcourt Brace Jovanovich.

Bate, W. J. (1963). *John Keats*. Cambridge: Harvard University Press, pp. 260~261.

Bate, W. J. (1975). *Samuel Johnson*. New York: Harvest.

Bell, A. O. (Ed.) (1977, 1978, 1980, 1983, 1984). *The diary of Virginia Woolf*. Vols. 1~5. New York: Harcourt Brace Jovanovich.

Bell, Q. (1972). *Virgina Woolf: A biography*. 2 vols. New York: Harcourt Brace Jovanovich.

Blom, E. (Ed.) (1956). Mozart's Letters. Harmondsworth, England: Pelican.

Blom, B. (1985). *Developing talent in young people*. New York: Ballantine Books.

Bondurant, J. (1958). *Conquest of violence: The Gandhian Philosophy of Conflict*. Berkeley: University of California Press.

Bouchard, T. J., D.T. Lykken, M. McGue, N. L. Segal, and A. Tellegen. (1990). Source of human psychological differences: The Minnesota Study of Twins Reared Apart. *Science* 250, pp. 223~228.

Brown, J. M. (1989). *Gandhi: Prisoner of hope.* New Haven: Yale University Press.

Clark, R. (1980). *Freud: The man and the cause.* New York: Random House.

Colby, A., and W. Damon. (1992). *Some do care.* New York: Free Press.

Coles, R. (1997). *Moral intelligence.* New York: Random House.

Csikszentmihalyi, M. (1990). *Flow.* New york: HarperCollins.

Csikszentmihalyi, M. (1996). *Creativity.* New York: HarperCollins.

Edel, L. (1978). *Henry James.* New York: Avan Book.

Einstein, A. (1945). *Mozarts: His character, his work.* New York: Oxford University Press.

Eliot, G. (1962). *Middlemarch.* New York: Crowell-Collier.

Ericsson, A., R. T. Krampe, and C. Tesch-Romer. (1993). The role of deliberate practice in the acquisiton of expert performance. *Psychological Review* 100(3): pp. 363~406.

Erikson, E. (1959). *Identity and the life cycle.* New York: International Universities Press.

Erikson, E. H. (1969). *Gandhi's truth.* New York: Norton.

Feldman, D. H. (1994). *Beyond universals in cognitive development.* Norwood, N. J.: Ablex.

Feldman, D. H. (with L. T. Goldsmith). (1986). *Nature's gambit.* New York: Basic Books.

Fischer, L. (1950). *The Life of Mahatma Gandhi.* New York: Harper and Row.

Fischer, L. (1983). *The essential Gandhi.* New York: Vintage.

Freud, S. (1895). *Project for a Scientific psychology. In The origins of psychoanalysis: Letters to Wilhelm Fliess, drafts, and notes, 1887~1902.* New York: Basic Books, 1954.

Freud, S. (1900). *The interpretation of dreams. In The basic writings of Sigmund Freud.* Ed. A. A. Brill. New York: Modern Library, 1938 ed.

Freud, S. (1958). *Creativity and the Unconscious.* Ed. B. Nelson. New York: Harper and Row.

Freud, S. (1961). *Dostoevsky and Parricide. In The standard edition of the complete psychological works of Sigmund Freud.* Ed. J. Strachey. Vol. 21. London: Hogarth Press.

Fromm, E. (1941). *Escape from freedom.* New York: Rinehart.

Gandhi, M. (1948). *Autobiography: The story of my experiments with truth*. New York: Dover.

Gardner, H. (1983). *Frames of mind: The theory of multiple intelligences*. New York: Basic Books(second edition, 1993).

Gardner, H. (1991). *The unschooled mind: How children think, how schools should teach*. New York: Basic Books.

Gardner, H. (1993a). *Creating minds*. New York: Basic Books.

Gardner, H. (1993b). *The arts and Human development*. New York: Basic Books.

Gardner, H. (1993c). *Multiple intelligences: The Theory in practices*. New York: Basic Books.

Gardner, H. (1995). *Leading minds: An anatomy of leadership*. New York: Basic Books.

Gardner, H. (In press). Extraordinary cognitive achievements. In *Handbook of child psychology*. Ed. W. Damon. and R. Lerner. Vol. 1. New York: Wiley.

Gardner, J. (1961). *Excellence*. New York: Harper.

Geschwind, N. (1977). Behavioral changes in temporal lobe epilepsy. *Archives of Neurology* 34: 453.

Geschwind, N., and A. M. Galaburda.(1987). *Cerebral lateralization*. Cambridge: MIT Press.

Goertzel, V., and M. G. Goertzel. (1962). *Cradles of eminence*. Boston: Little, Brown.

Gould, S. J. (1977). *Ontogeny and phylogeny*. Cambridges: Harvard University Press.

Gould, S. J. (1995). *Dinosaurs in a haystack*. New York Harmony.

Grove's Dictionary of Music and Musicians. (1980). New York: St. Martin's Press.

Gruber, H. (1981). *Darwin on man*. Chicago: University of Chicago Press.

Gruber, H. (1982). Piaget's mission. *Social Research* 49. pp. 239~264.

Herrnstein, R., and C. Murray. (1994). *The bell curve*. New York: Free Press.

Hildesheimer, W. (1982). *Morzart*. New York: Farrar Straus Giroux.

Hollingworth, L. (1942). *Children above IQ 180*. Yonkers, New York: World Book.

Jamison, K. (1993). *Touched with fire: Manic repressive illness and the artistic temperament*. New York: Free Press.

Janik, A., and S. Toulmin. (1973). *Wittgenstein's Vienna*. New York:

Touchstone Press.

Jones, E. (1961). *The life and work of Sigmund Freud*. Edited and abriged by Lionel Trilling and Steven Marcus. New York: Basic Books.

Kagan, J. (1994). *Galen's prophecy*. New York: Basic Books.

Kaufmann, W. (Ed.) (1980). *The portable nietzsche*. New York: Viking.

King, J. (1995). *Virginia Woolf*. New York: Norton.

Lucas, G. Quoted in *New York Times*, Dec. 25, 1995.

Masson, J. M. (1985). *The complete letters of Sigmund Freud to Willhelm Fliess, 1887~1904*. Cambridge: Harvard University Press.

Mehta, V. (1976). *Mahatma Gandhi and his apostles*. New York: Viking.

Miller, L. L. (1989). *Musical savants: Exceptional skill in the mentally retarded*, Hillsdale, N, J.: L. Erlbaum.

Nanda, B. R. (1985). *Gandhi and his critics*. Dehli, India: Oxford University Press.

Nechita, A. (1996). *Outside the line*. Atlanta: Longstreet Publisher.

Payne, R. (1990). *The life and death of Mahatma Gandhi*. New York: Dutton.

Perner, J. (1991). *Understanding the representational mind*. Cambridge: MIT Press.

Piaget, J. (1983). Piaget's theory. In *Handbook of child psychology*. Ed. P. Mussen. Vol. 1. New York: Wiley.

Plomin, R., M. Owen, and P. McGuffin. (1994). The genetic basis of complex human behaviors. *Science* 264, pp. 1733~1739.

Policastro, E., and H. Gardner. (In press). From case studies to robust generalizations: An approach to the study of creativity. In *Handbook of creativity*. Ed. R. J. Sternberg. New York: Cambridge University Press.

Poole, R. (1990). *The unknown Virginia Woolf*. Atlantic Highlands, New Jersey: Humanities Press International.

Robbins-Landon, H. R. (1988). What Haydn taught Mozart. *New York Times*, Aug. 19, 1988, sec. 2, p. 23.

Sacks, O. (1990). The twins. In *The man who mistook his wife for a hat*. New York: Harper Torchbook.

Sacks, O. (1995). *An anthropologist on Mars*. New York: Knopf.

Schonberg, H. (1969). It all came too easily for Camille Saint-Saëns. *New York Times*. Jan. 12, 1969. sec. 2, p. 17.

Selfe, L. (1977). *Nadia*, New York: Academic Press.

Shirer, W. L. (1979). *Gandhi: a memoir*. New York: Simon and Schuster.

Simons, J. (1990). *Diaries and journals of literary women from Fanny Burney to Virginia Woolf*. London: Macmillan.

Simonton, D. K. (1994). *Greatness: Who makes history and why*. New York: Guilford Press.

Solomon, M. (1995). Mozart: A life. New York: Harper Collins.

Sternberg, R. J. (1996). *Successful intelligence*. New York: Simon and Schuster.

Stevenson, H., and J. Stigler. (1994). *The learning gap*. New York: Simon and Schuster.

Storr, A. (1996). *Feet of clay*. New York: Free Press.

Sulloway, F. (1996). *Born to rebel*. New York: Pantheon.

Suzuki, S. (1969). *Nurtured by love*. New York: Exposition Press.

Terman, L. M. (1925). *Genetic studies of genius*. Vol.1: *Mental and physical traits of one gifted childern*. Stanford, Calif.: Stanford University Press.

Terman, L. M., and M. H. Oden. (1947). *Grenetic studies of genius*. Vol.4: *The gifted Child grows up grows up*. Stanford, Calif.: Stanford University press.

Toulmin, S. (1978). The Mozart of psychology. *New York Review of Books* 25, pp. 51~57.

Turnbull, C. (1972). *The mountain people*. New York: Simon and Schuster.

Turner, W. J. (1956). *Mozart: The man and his works*. Garden City, New York: Doubleday Anchor.

Wellman, H. (1990). *The child's theory of mind*. Cambridge: MIT Press.

Weschler, L. (1990). *Shapinsky's karma, Boggs's bills, and other true life tales*. New York: Penguin.

White, M. (1987). *The Japanese educational challenge*. New York: Free Press.

White, S. (1965). Evidence for a hierarchical arrangement of learning processes. In *Advances in child development and behavior*. Ed. L. Lipsitt and C. Spiker. Vol. 2. New York: Academic Press.

Wilson, E. (1961). *The wound and the bow*. London: Methuen University paperbacks.

Winner, E. (1996). *Gifted children: Myths and realities*. New York: Basic Books.

Woolf, L. (1964). *Beginning again: An autobiography*. New York: Harcourt, Brace and World.

Woolf, V. (1919). *Night and day*. London: Duckworth.

Woolf, V. (1925). *Mrs. Dalloway*. New York: Harcourt, Brace.

Woolf, V. (1927). *To the lighthouse*. New York: Harcourt, Brace and World.

Woolf, V. (1928). *Orlando*. New York: Harcourt, Brace.

Woolf, V. (1929). *A room of one's own*. New York: Harcourt, Brace.

Woolf, V. (1931). *The waves*. Harmondsworth, England: Penguin.

Woolf, V. (1985). *Moments of being*. New York: Harcourt, Brace.

◈

주

2장
마음의 발달 과정

1 Gardner, H. (1993b). *The arts and Human development*. New York: Basic Books. p. 6

2 Freud, S. (1961). *Dostoevsky and Parricide*. In *The standard edition of the complete psychological works of Sigmund Freud*. Ed. J. Strachey. Vol. 21. London: Hogarth Press. p. 117

3 Gardner, H. (1993c). *Multiple intelligences: The Theory in practices*. New York: Basic Books.

3장
비범한 지능의 탄생

1 Hollingworth, L. (1942). *Children above IQ 180*. Yonkers, New York: World Book.

2 Bate, W. J. (1975). *Samuel Johnson*. New York: Harvest. p. 252.

4장

위대한 대가, 모차르트

1 Robbins-Landon, H. R. (1988). What Haydn taught Morzart. *New York Times*, Aug. 19, 1988. sec. 2, p. 23.

2 Solomon, M. (1995). *Mozart: A life*. New York: Harper Collins. p. 314.

3 Bate, W. J. (1963). *John Keats*. Cambridge: Harvard University Press. pp. 260~261.

4 *Grove's Dictionary of Music and Musicians*. (1980). New York: ST. Martin's Press. pp. 682~684.

5 Blom, E. (Ed.) (1956). *Mozarts Letters*. Harmondsworth, England: Pelican. p. 16.

6 Blom, E. (Ed.) (1956). *Mozarts Letters*. Harmondsworth, England: Pelican. p. 128.

7 Blom, E. (Ed.) (1956). *Mozarts Letters*. Harmondsworth, England: Pelican. p. 61.

8 Blom, E. (Ed.) (1956). *Mozarts Letters*. Harmondsworth, England: Pelican. p. 45.

9 Schonberg, H. (1969). It all came too easily for Camiles Saint-Saëns. *New York Times*. jan. 12, 1969. sec. 2, p. 17.

10 Turner, W. J. (1956). *Mozart: The man and his works*. Garden City, New York: Doubleday Anchor. p. 200.

11 Hildesheimer, W. (1982). *Morzart*. New York: Farrar Straus Giroux. p. 462.

12 *Grove's Dictionary of Music and Musicians*. (1980). New York: ST. Martin's Press. p. 710.

13 Hildesheimer, W. (1982). *Morzart*. New York: Farrar Straus Giroux. p. 193.

14 Turner, W. J. (1956). *Mozart: The man and his works*. Garden City, New York: Doubleday Anchor. pp. 263~264.

15 Turner, W. J. (1956). *Mozart: The man and his works*. Garden City, New York: Doubleday Anchor. p. 316.

16 Toulmin, S. (1978). *The Mozart of psychology*. New York: Review of Books 25, pp. 51~57.

5장
위대한 창조자, 프로이트

1 Clark, R. (1980). *Freud: The man and the cause*. New York: Random House. p. 158.
2 Masson, J. M. (1985). *The complete letters of Sigmund Freud to Willhelm Fliess, 1887~1904*. Cambridge: Harvard University Press. p. 417.
3 Clark, R. (1980). *Freud: The man and the cause*. New York: Random House. p. 131.
4 Jones, E. (1961). *The life and work of Sigmund Freud*. Edited and abriged by Lionel Trilling and Steven Marcus. New York: Basic Books. p. 157.
5 Jones, E. (1961). *The life and work of Sigmund Freud*. Edited and abriged by Lionel Trilling and Steven Marcus. New York: Basic Books. p. 366.
6 Masson, J. M. (1985). *The complete letters of Sigmund Freud to Willhelm Fliess, 1887~1904*. Cambridge: Harvard University Press. p. 180.

6장
위대한 내관자, 버지니아 울프

1 Bell, A. O. (Ed.) (1980). *The diary of Virginia Woolf*. Vols. 1~5. New York: Harcourt Brace Jovanovich. p. 110.
2 Banks, J. T. (Ed.) (1989). *The Selected letters of Virginia Woolf*. New York: Harcourt Brace Jovanovich. p. 195.
3 Woolf, V. (1929). *A room of one's own*. New York: Harcourt, Brace. p. 52.
4 Woolf, V. (1927). *To the lighthouse*. New York: Harcourt, Brace and World. pp. 240~241.
5 Banks, J. T. (Ed.) (1989). *The Selected letters of Virginia Woolf*. New York: Harcourt Brace Jovanovich. p. 188.
6 Woolf, V. (1985). *Moments of being*. New York: Harcourt, Brace. p. 176.
7 Woolf, V. (1928). *Orlando*. New York: Harcourt, Brace. p. 176.
8 Banks, J. T. (Ed.) (1989). *The Selected letters of Virginia Woolf*. New York: Harcourt Brace Jovanovich. p. 204.
9 Banks, J. T. (Ed.) (1989). *The Selected letters of Virginia Woolf*. New York: Harcourt Brace Jovanovich. p. 238.

10 Bell, A. O. (Ed.) (1978). *The diary of Virginia Woolf*. Vols. 1~5. New York: Harcourt Brace Jovanovich. p. 234.

11 Simons, J. (1990). *Diaries and journals of literary women from Fanny Burney to Virginia Woolf*. London: Macmillan. p. 174.

12 Bell, A. O. (Ed.) (1983). *The diary of Virginia Woolf*. Vols. 1~5. New York: Harcourt Brace Jovanovich. p. 39.

13 Woolf, V. (1931). *The waves*. Harmondsworth, England: penguin. p. 308.

14 Bell, Q. (1972), *Virgina Woolf: A biography*. 2 vols. New York: Harcourt Brace Jovanovich. p. 148.

15 Woolf, L. (1964). *Beginning again: An autobiography*. New York: Harcourt, Brace and World. pp. 76~77.

16 Woolf, V. (1925). *Mrs. Dalloway*. New York: Harcourt, Brace. p. 26.

17 Banks, J. T. (Ed.) (1989). *The Selected letters of Virginia Woolf*. New York: Harcourt Brace Jovanovich. p. 79.

18 Banks, J. T. (Ed.) (1989). *The Selected letters of Virginia Woolf*. New York: Harcourt Brace Jovanovich. p. 201.

19 Banks, J. T. (Ed.) (1989). *The Selected letters of Virginia Woolf*. New York: Harcourt Brace Jovanovich. p. 146.

20 Simons, J. (1990). *Diaries and journals of literary women from Fanny Burney to Virginia Woolf*. London: Macmillan. p. 188.

21 Bell, Q. (1983), *Virgina Woolf: A biography*. 2 vols. New York: Harcourt Brace Jovanovich. p. 45.

22 Banks, J. T. (Ed.) (1989). *The Selected letters of Virginia Woolf*. New York: Harcourt Brace Jovanovich. p. 280.

23 Bell, A. O. (Ed.) (1984). *The diary of Virginia Woolf*. Vols. 1~5. New York: Harcourt Brace Jovanovich. p. 189.

24 Bell, A. O. (Ed.) (1977). *The diary of Virginia Woolf*. Vols. 1~5. New York: Harcourt Brace Jovanovich. p. 298.

7장
위대한 지도자, 간디

1 Erikson, E. H. (1969). *Gandhi's truth*. New York: Norton. p. 51.

2 Brown, J. M. (1989). *Gandhi: Prisoner of hope*. New Haven: Yale University Press. p. 121.

3 Fischer, L. (1983). *The essential Gandhi*. New York: Vintage. p. 170.

4 Fischer, L. (1983). *The essential Gandhi*. New York: Vintage. p. 170.

5 Brown, J. M. (1989). *Gandhi: Prisoner of hope*. New Haven: Yale University Press. p. 167.

6 Nanda, B. R. (1985). *Gandhi and his critics*. Dehil, India: Oxford University Press. p. 133.

7 Gandhi, M. (1948). *Autobiography: The story of my experiments with truth*. New york: Dover. p. 54.

8 Brown, J. M. (1989). *Gandhi: Prisoner of hope*. New Haven: Yale University Press. p. 32.

9 Bondurant, J. (1958). *Conquest of violence: The Gandhian Philosophy of Conflict*. Berkeley: University of California Press. p. 94.

10 Shier, W. L. (1979). *Gandhi: a Memoir*. New York: Simon and Schuster. p. 98.

11 Gandhi, M. (1948). *Autobiography: The story of my experiments with truth*. New york: Dover. p. 424.

12 Gandhi, M. (1948). *Autobiography: The story of my experiments with truth*. New york: Dover. p. vii.

13 Gandhi, M. (1948). *Autobiography: The story of my experiments with truth*. New york: Dover. p. 270.

14 Fischer, L. (1983). *The essential Gandhi*. New York: Vintage. p. 85.

15 Payne, R. (1990). *The life and death of Mahatma Gandhi*. New york: Dutton. p. 367.

16 Brown, J. M. (1989). *Gandhi: Prisoner of hope*. New Haven: Yale University Press. p. 381.

17 Gandhi, M. (1948). *Autobiography: The story of my experiments with truth*. New york: Dover. p. viii.

8장
비범한 마음의 종류

1 Coles, R. (1997). *Moral intelligence*. New York: Random House.

2 Kaufmann, W. (Ed.) (1980). *The portable Nietzsche*. New York: Viking.

9장
무엇을 배울 것인가?

1 Alvarez, A. (1996). The playful pianist. *The New Yorker*, April, 1995, p. 49.

2 Gould, S. J. (1995). *Dinosaurs in a haystack*. New York Harmony. pp. xi-xii.

3 Gardner, J. (1961). *Excellence*. New York: Harper. p. 86.

4 Lucas, G. Quoted in *New York Times*, Dec. 25, 1995.

5 Eliot, G. (1962). *Middlemarch*. New York: Crowell-Collier. p. 768.

찾아보기

찾아보기

하워드 가드너 심리학 총서 3 재능 편

창조성은 어떻게 만들어지는가

2016년 3월 14일 초판 1쇄 발행
2019년 6월 17일 개정판 1쇄 인쇄
2019년 6월 27일 개정판 1쇄 발행

지은이 하워드 가드너
옮긴이 문용린

편집장 김정민
책임편집 정승호
편집 이단네 김가람 고명수
마케팅 남궁경민
북디자인 박진범
본문디자인 윤은주

펴낸이 윤철호
펴낸곳 (주)사회평론

등록번호 10-876호(1993년 10월 6일)
전화 02-326-1182
팩스 02-326-1626
주소 서울시 마포구 월드컵북로12길 17
이메일 editor@sapyoung.com

ISBN 979-11-6273-048-5 04180
ISBN 979-11-6273-045-4 04180 (세트)